生命需要新高度

Record Life with a New Altitude

刘传辉 著

图书在版编目（CIP）数据

生命需要新高度 / 刘传辉著. ——北京 : 民主与建设出版社,
2014.11
ISBN 978-7-5139-0509-1

Ⅰ. ①生… Ⅱ. ①刘… Ⅲ. ①随笔－作品集－中国－当代
Ⅳ. ①I267.1

中国版本图书馆CIP数据核字(2014)第256551号

出 版 人：许久文
责任编辑：李保华
整体设计：后声文化
出版发行：民主与建设出版社有限责任公司
电　　话：(010)59419778　　59417745
社　　址：北京市朝阳区曙光西里甲六号院时间国际8号楼北楼306室
邮　　编：100028
印　　刷：大厂回族自治县德诚印务有限公司
版　　次：2014年11月第1版　　2014年11月第1次印刷
开　　本：710mm×1000mm 1/16
印　　张：26
书　　号：ISBN 978-7-5139-0509-1
定　　价：48.00元

生命需要新高度

请了八个英文甚好的朋友，为我的书翻译一个英文名。收到他们给出的十余个英文名时，我突然感到，原来「生命需要新高度」这七个汉字，在不同人的心目中，竟然有如此多义的理解和诠释。我的理解又是什么呢？在自序中我提到本书的大多观点都基于常识。常识是浅白自然、不得不如此的普通知识，当然也被古今圣贤都说透、说完、说烦了。可我的常识，都是从我的生活中点滴渗透出来，是用我一半的人生趟出来的常识。和谁雷同就不用在意了，因为每个人都有自己不同的人生之路和感悟，就像我登一次山，只是用这次登山的高度记录一次自己而已。我的生命，总是需要新的高度来记录。

自序

我从未受过专业的写作训练，之所以还不时写几笔，是基于爱好。一路走来内心深处深受儒家文化的一些影响，比如“立功、立德、立言”。

如今年届不惑，功未建，德未立，倒是十余年来攒了一腔废话，有时候不吐不快。拉拉杂杂、零零碎碎的文章原来也都是一时兴起，随手写写，并不在意。有时候随手就丢到抽屉里，或压在某个废纸堆里，读者也不过二三人，包括自己。感谢网络的兴起，2009年作为70后386的一代开始使用QQ，并开通了空间，我尝试着贴了几篇文章，不想还有人不时过来捧场，跟帖转载。开始的时候大多是公司内部的员工看看，权且当作一种企业文化的宣讲，后来一些朋友也不时给些鼓励，慢慢地有了集结成册的想法。

身处商海起起落落的沉浮中，经常浏览各类财经杂志，其中一些企业界名人写的关于企业管理的专栏文章，深受影响，如冯仑、宁高宁、王石、任正非等企业家。如果说看某人的书或者文章就像偷窥一个人的灵魂，那么那些高尚睿智的灵魂一直在影响着我。这些专栏文章大多是作者信手拈来，写得举重若轻，大多是工作中的一些感悟，读来让人感觉浅显易懂。但这样看似浅显易懂的文章却让人无法模写，浅白文字之后正是作者多年厚积薄发的写照。他们的文章言简意赅，朴实无华，在娓娓的叙述中，把企业、事业管理的哲理浅显地表述出来，很有趣味。他们善于把身边的小事随手拾来，细读他们的文章就像发生在自己的身边。没有纵横捭阖、鸿篇巨制的大道理，有的只是针砭时弊的真知灼见。捧卷读之，就像与长者在对话。许多契合的观点甚至激发人提笔应合，但往往难以神合，因为这种看似波澜不惊、深入浅出的文章正应了“深藏若虚、厚积薄发”这八个字。我辈只能仰止，但这些文章敦促自己也提笔写写感受，磨砺去了许多惰性。

此外，在写作中还受到作家林语堂、老舍、梁实秋，画家黄永玉，专栏作家刘瑜等大家的影响。

许多的感悟是在旅行的飞机上、车上，家里的马桶上，临睡的床头等片刻闲暇时，偶然迸发的火花所发出的感叹、感悟和感想。往往随手写在书的扉页上、身边的废纸上和烟盒上，在一切能随手写的东西上，或是短暂地记录在手机的记事本上。在此，我要感谢一千多年前日本僧人吉田兼好，他那些随手写在各处佛经或废纸上，后来得以编辑成册——《徒然草》，对我影响甚深。

有些文字是一时的激情感想，挥笔而就，少有思考，如影评《少年派的奇幻漂流》。而有些文字则经过了长期的思考，在内心里反复打磨，终于落笔，完稿之后仍觉词不达意，或意犹未尽，如《如何智慧地思维？》、《抵制话霸》、《自我管理从小处开始》等。

一个有所追求的人总是不断地在否定昨日之我。如今翻看过去的文字，就像董桥在他一本集子的序言中所说的："看到过去幼稚青涩的文字，不忍卒读了，如果可以再写一遍，但人生哪有那么多如果呢？"我亦深有同感，过去的文字就像自己的孩子一样，虽然生得丑些，可毕竟还是自己的孩子，是孩子都是要成长的，想到这儿又有些释然。于是不加羞愧地把这些孩子呈现给读者，也勇于面对原来的那个自己是如何从这样一个丑陋的模样长大的。

本书稿的大多观点都基于常识。无数前人先贤都有类似更深刻的表达，其实无需再赘述。但就像我经常给员工培训时所说的，大道理是什么？大道理就是很多人知道很少人做到。在本书中我更想表达的是，有些常识我知道了，并且在努力地做到。

在此，感谢我的爱人王灿，她往往是我的第一个读者，在某个深夜写就一篇文章，未知臧否，拉起睡眼迷离的她，让她看后说说感受。这让我想起白居易写好一首诗首先让老婆看看，如果连老婆都无法感动，自然无法打动更多的人。幸好，大多的时候老婆能够看完后从迷离中醒来，击节叫好，这也激发了我再写下去的乐趣。

感谢卢劲，我生命中最好的朋友。一个资深的编辑，在这个溽热的夏天，用他多年难得的职业休闲时间专门为我编辑这本书，甚至他的父亲——著名作家卢惠龙，也要为我来斧正这些业余的文章，这让我内心充满了无比的感动。有卢劲这样的资深媒体编辑做至交，对于我这样一个业余作者，面对专业的标杆，内心里总有些不足够，自己的文字似乎只有经过他的法眼才能被验明正身，如今经过他的编辑、校对、润色，精心打扮一番，终于可以呈现给各位了。

最后，感谢生命中遇到的每一个人，每个人来到我的生命中都是一份礼物，带给我独特的体验，以至有本书的成型。

刘传辉
2014年7月30日于丽江云上公馆

目录 | Contents

职场观复

来时的路

好为人师

阅读悦读

乘物游心

故人故事

齐家之乐

不惑有问

别人的成功并不是抢了我们的饭碗才成功的，成功的容量不是你多我少的零和游戏，成功的范畴是无边界的，无可定量的。所以，为他人鼓掌，就是加持自己。

二〇一四年元月四日 于北京
你是谁？看你和谁在一起！更要看谁和你在一起。

福从何来？

2010年春节后，一群人去一个朋友家做客。

朋友的父亲是一位年近七旬的老人，当地一个知名的企业家，已经全身而退，把偌大的家族事业顺利地交接给了晚辈。刚从海南度假回来，时值年后，我们一群后生去看望他，也算给他去拜个晚年。

老人与我这个晚辈也算是忘年之交，一个偶然的机会认识他，此后经常在一起聊天。他小学文化，四十八岁开始创业，年轻时孩子多，吃尽苦头，此后适逢上世纪八十年代的改革开放，放下锄头开始创业，二十多年来，一点点地，踏踏实实地积累了一份产业。

他很多的经验教训都是实践出真知，朴素、实用、辩证、精炼。那天大家坐定，寒暄之后给他拜过年，他坚持要给大家每人发一份压岁钱。我们一伙后生都快奔四十的人了，大多也都是各个行业的精英，一份压岁钱啊，把刚刚开始的晚宴一下子推向了高潮。

等他开始说话，一帮青年才俊屏息凝神，停箸止杯，听他唠嗑。先聊起时事热点，海南的房价，他儿子悄悄和我说老爷子1月6日在海南一口气买了十套房子，现在已经翻了一番。那时海南旅游政策刚出来，大家还没有迷过神来，可他一言未提买房子的事。老人说：要高调做事，低调做人；差距就是怨怼，贫富产生仇恨；有情领导，无情管理；诚实做人，吃亏是福；有多大家底办多大的事（稳健、真知）；既要唯心又要唯物，事物都要辩证地看，比如说劳动人民最光荣，为什么惩罚犯人叫劳动改造；内因决定外因，石头孵不出小鸡，鸡蛋就能孵出小鸡吗？不一定，还需要条件配合；说到自己他挂在嘴上的一句话就是：我就是一个农民，一个掏大粪的。苏格拉底说——认识你自己，老子曰：知人者智，自知者明。我纳闷他那些道理都是怎么琢磨出来的，对自己的认识和定位，一个谦卑而智慧的人上帝也无法剥夺他的好运；他说到自己的一个习惯：“每天睡前都要想想这一天对不起谁，哪件事做得不对。”我估计他没看过《论语》，不知道“吾日三省吾身”，但我想一个人从实践中得出的真知灼见，远比一个满腹经纶学富五车的人要实用。读万卷书不如行万里路，句句大实话，句句都是拈来能用、用之有效的朴实道理。

一个人之所以成功一定有成功的道理。席间他说起两件事：

一件是早年市场环境很混乱，还不怎么讲诚信的时候，有外地未谋面的客商打电话要他的货，销售人员不知道厂里不能生产那种型号的产品，就答应了客户，客户当即把钱打过来了。他知道后已经过了一段时间，由于不能生产该类产品，他要求马上给客户道歉，并把客户的钱连本带息退给客户。财务人员想不通，说把钱退回去就行了，没有必要再付上利息。但他坚持这样做，后来这个客户最终成为他最忠实的一个客户。现在看这是再正常不过的一件事，但放在上世纪八十年代的市场环境下就是难能可贵的事了。

另一件事是20世纪八十年代赚钱后在农村盖房子。一日夜半出差回来，月色皎洁，临近家门的时候，忽然发现门口有一辆人力架子车，借着月色看见有人正在往车上装他们家准备盖房的砖瓦——原来撞见贼了！月光下能够看清那个人的身形。我们一群年轻人在此时发挥自己的想象力：如果是我，我会怎么办？我们平时常说遇事要三思，但一般遇贼的情况下很少能三思的，大多都血脉贲张，怒发冲冠了，估计一般人会操起砖头就砸过去了，一砖头下去，看你丫儿还偷不偷，最不济也是大喝一声：住手，爷爷在此。

而一个有智慧的人在此却做了和我们完全不一样的选择，他停住脚步，转到街角，掏出烟抽上。想想一个拉平车的人一定不是远路来的人，估计就是自己村子里的人。这人一定不是多富有的人，可能是家里过不下去了，有钱的人不会半夜去偷人家的砖瓦。一车砖瓦算什么，值不了几个钱，为了这点小事和熟识的人闹了矛盾就不值得了，让一个人为此颜面扫地，以后见面彼此都尴尬，不如就当是接济穷人了吧。等那人把一车砖瓦拉走他才悄悄回家。

给别人台阶下自己就能上台阶，给别人出路就是给自己留路；少一个敌人，就多一份力量；少一个对立面，就少一分阻力；会犯错的是人，能原谅人的是神；地广而不平，人将平之；财聚而不散，人将争之。不如主动散了就平了，破财消灾，也算积福积德了。

这让我想起刘向《说苑·复恩》中记载的一个庄王绝缨的故事：

> 楚庄王赐群臣酒。日暮酒酣，灯烛灭，乃有人引美人之衣者，美人援绝其冠缨，告王曰："今者烛灭，有引妾衣者，妾援得其冠缨持之，趣火来上，视绝缨者。"王曰："赐人酒，使醉失礼，奈何欲显妇人之节而辱士乎？"乃命左右曰："今日与寡人饮，不绝冠缨者不欢。"群臣百有余人皆绝去其冠缨而上火，卒尽欢而罢。居三年，晋与楚战，有一臣常在前，五合五奋，首却敌，卒得胜之，庄王怪而问曰："寡人德薄，又未尝异子，子何故出死不疑如是？"对曰："臣当死，往者醉失礼，王隐忍不加诛也；臣终不敢以荫蔽之德而不显报王也，常愿肝脑涂地，用颈血湔敌久矣，臣乃夜绝缨者。"遂败晋军，楚得以强。
>
> 此有阴德者，必有阳报；有隐行者，必有昭名。利施者福报，怨往者祸来，形于内者应于外，不可不慎也，此书之所谓德无小。

福从何来？

想想都是自己修来的。

2010年3月24日

钱从何来?

钱从何来?

钱的来路很重要，不了解钱的来路就不知道钱的去向，最后钱就会迷路。

有钱能使鬼推磨，钱似乎是万能的，人为财死，鸟为食亡，几乎每个人都逃不过钱字。似乎很多人也就是为钱活着，不管有钱的还是没钱的。每个人都想知道答案，拥有钱的数目不同，答案也不同。

在了解钱从何来之前，首先需要明白钱是用来干什么用的。

钱是干什么用的? 钱不是用来拥有的。如果钱仅仅是用来赏心悦目盘点数字，那不如去做金库的保安和银行的出纳。钱是用来实现理想的，钱不是目的地，不是终点站，而是创造理想世界的工具。

在了解钱从何来之前还要明白人和钱的关系。人和钱一般会经历三个阶段，第一个阶段一般是人找钱的阶段，也就是所谓的“挣”钱阶段。从“挣”的字面上就很容易理解，“挣”就是靠双手去“争”，争取、争先、争夺、争抢、争胜、争斗……不仅需要付出艰辛的劳作和勤奋的精神，有时候甚至还要付诸武力和血的代价。一般情况下动手的多，动脑的少。在这个阶段钱主要满足一个人穿衣吃饭的基本生活需求。比如刚刚毕业白手起家的大学生需要先去找个单位起早贪黑地工作，比如做个小本生意需要争地盘争顾客，比如混江湖没有一出马就当大哥的也需要先当马仔，无非是混口饭吃，这是挣钱的初级阶段。

第二个阶段是钱找钱，也就是所谓的“赚”钱阶段。经过资本的积累淘到第一桶金之后就可以依靠钱来生钱。顾名思义，“赚”字是左边一个贝，在金银成为硬通货之前“贝”也就是钱；右边一个兼，就是让钱为自己兼职，以钱生钱的阶段。比如有钱了做投资、做股票、买房产、搞收藏、办企业。不单单依靠个人劳动来获得报酬，要让钱为自己工作。也就是说一个人除了自己的工作收入之外，还有另一笔收入，这样人和人的财富差距就从此被拉开。比如2005年两个人同时在一线城市工作，一个勒紧腰带举债首付加按揭买了一套房子，一直过着紧巴巴的日子；另一个逍遥自在过着月光族的生活，五年后大家虽然还拿同样的工资，但彼此的财富已经天壤之别了，后者几乎一辈子不可能再买到房子了（附：2005年以来北上广三地的房价七年内涨了几乎七倍）。

第三个阶段是钱找人。一般的人很难达到这个阶段，必须经过多年的积累，特别是信誉的积累，通过无数次证明你值得投资。不是说你是常胜将军而是你跌倒了还能爬起来，经过千难万险屹立不倒，才会有投资者向你投钱。这时候你整合资源的能力进一步加强，指挥钱的能力得到很大的提高，就像一个没有领兵打过仗的人，给他再多的部队他都不会指挥一样。一个人的钱有多少，不是看你储蓄账户里有多少钱，而是看你能够影响多少钱，指挥多少钱。当你把信誉（这需要你把你的信誉视同你的生命一样可贵，来不得半点闪失和侥幸，一次失信等于一生的信誉破产）打造成金字招牌树立起江湖地位以后，钱就会取之不竭用之不尽。美国资本家摩根在死去时的净资产，比当时的美国首富洛克菲勒相差好多倍，甚至洛克菲勒都有些不屑地说："摩根不算个有钱人。"但这并不妨碍摩根整合了美国二十世纪初的几大产业，是华尔街最有影响力的人，他以一己之力拯救了当时崩溃的美国经济。

钱和女朋友的关系很相似，如果只是追求，而自身没有吸引力，那么女朋友是追求不到的。钱也一样！钱不是追求而来的，而是感召而来的。吸引钱，感召钱，当你创造的条件吻合了钱的需求，钱就会不请自来，要不就不会有"财富逼人"一说。有些人不想发财都挡不住财富滚滚而来，正是因为从开始的时候，就没有想着挣钱而是想着如何提供价值，如何帮助别人，如何解决问题，如何满足市场的需求，如何实现理想，在实现理想的同时钱不期而至。

许多百年老店的创始人都有着独特的赚钱秘笈。

美国纽波特纽斯造船及船坞公司创办人柯利斯·亨廷顿曾经在1866年说过这样一段话："我们要造好船。如果可能的话，赚点钱；如果必要的话，赔点钱，但永远要造好船。"直到1987年，他的这段话还被他公司的副总裁引用并铭刻在公司最显眼的地方，成为公司的文化和信仰。

创建于1891年的德国默克制药公司的创始人乔治·默克创业伊始就说：“药品旨在治病救人不在将本逐利，如果我们记得越清楚，利润就会越大。”

再看看中国的百年老店同仁堂的店训：“炮制虽繁必不敢省人工，品味虽贵必不敢减物力。修和无人见，存心有天知。但愿世上人无病，不怕架上药生尘”。

这三家企业都延续了上百年，他们的钱惠及几代人。正如培根所说：“财富是德行的陪嫁品。”当一个人的德行修行到一定阶段之后，财富就会如影随形。德不配位时有多少财富迟早也会付诸东流。

关于钱的数量，一个是绝对数量，一个是相对数量。事实上除了生活必需品之外的钱都是多余的钱，多余的钱只会买来多余的东西。

第一个一百万最难积累，可能需要十年，二十年，或许更长，有些人或许一辈子也积累不到一百万；第二个一百万也许仅仅需要一年，此后如果不犯低级错误，遵循正道，循序渐进，直到财富变成数字，不断刷新，只能估算无法精确计算。所谓的十年磨一剑正在于此吧，不要妄想会跨越时间的积淀一步登天，少年得志不如大器晚成。

钱从创造价值中来，不是从缺斤短两、低买高卖、囤积居奇中来，不是从坑蒙拐骗、巧取豪夺中来，不是从升官发财、贪污受贿中来，这样的钱来了还得回去；这样的钱是孔方兄，是缺了心的钱，来路不正的钱，自然也就活不久、待不长、留不住，最后也会因钱惹事，因钱生病，因钱招灾，遗祸于人。

钱从布施中来，千金散尽还复来！布施的钱正像耕种庄稼，播撒种子，收获银子，春种一粒粟，秋收万颗子。布施是在干上帝的工作，干佛祖在人间的工作，在替上帝和佛祖工作，所以佛祖和上帝有知会让你赚更多的钱以便帮助他来完成拯救世界的工作。看看比尔·盖茨和巴菲特就知道为什么上帝要让他们来当世界的首富。

要时常想想钱如粪土。一个有钱人最大的悲哀在于人在天堂，钱在银行。如果有了钱还是向西方的慈善家学习，在临死之前“把子弹统统地打光”。留给谁都是遗祸，因为钱不是他征服而来的自然也不会俯首称臣，钱像匹烈马一样难以驾驭，除非你掌握了驯服钱的本领。一个没有经历积累财富的人陡临大财会不知所措，除了炫耀和挥霍还能干些什么呢？正如林则徐的名言："子孙若如我，留钱做什么？贤而多财，则损其志。子孙不如我，留钱做什么？愚而多财，益增其过。"

钱从专注中来，从专业中来，从冒险中来，从失败中来，从勤奋中来，从正道中来，从正义中来，从满足人们的需要中来，从提供价值中来，从提供便利中来，从创新中来，从解决问题中来，从提供方便中来，从追求理想中来，从改变世界的愿望中来，从为人民服务中来。正所谓：为人民服务就是为人民币服务，你服务的人群越多你得到的钱也就会越多。

追求赚钱，顺便理想，理想越来越远；

追求理想，顺便赚钱，理想越来越近。

整理于2011年5月21日

何谓贵人？

贵人不是攀附而来的，趋炎附势、攀援巴结、摇尾乞怜都不能得到真正的贵人。

贵人不会自动来到你身边，只有自己去感召。

贵人都是自己修来的，是一个人的至诚至善、精神才华吸引到他身边的人愿意来提携他、指点他、帮助他、成就他。

贵人的身份不以贵贱而有区别，不以地位的高低而有区别，贵人之于人在于对一个人是否有影响力，使他向正确的方向上走。

所谓的贵人有多种表现形式，不一而定。生命中的第一个贵人当属父母，其次乃是生命中遇到的贤德师长，其他的乃属上司、朋友、同学、同事等。

贵人并非只是在经济上帮助你的人，或在事业上助你一臂之力，或在方向上指引你前进，或点拨你迷津，或给你某个机会，或帮你疏通关节、推进你的事业，或大难临头救你于不济，或是左膀右臂的股肱骨干，或是相濡以沫默默付出的家人。

贵人亦可能是见微知著，使你规避错误、免遭横祸、避免失败的诤友。也或是对手，或是敌人，或是仇家。贵人以不同的形式不同的方式，砥砺你的心智，磨砺你的性格，使你变得成熟。

一个人的成就离不开生命中的每一个人。生命中遇到的每一个人都当属贵人，每个人来到我们的生命中，都是一份独特的礼物。一个人是否是我们的贵人取决于我们对待这个人的态度，若我们谦恭待人，则这个人有可能由小人而转至君子继而成为贵人；由对手而至朋友；由敌对而至友好。是不是贵人，能不能助我来自我们的感召能力和德行操守。

卑微之人皆不可傲之，佛曰：一切众生皆有如来智慧德相。卑微之人亦是未来之佛，他身上亦具有慧根佛性，亦有在未来成为大富大贵，大贤大德，成佛成道，也或成妖成魔。我们现在傲慢他，卑视他，疏离他，待他真的贵了，我们以何面目待他呢？他又以何面目待我们呢？

2010年的春节，大年三十晚上，短信如潮，都是感谢和祝福，一时不知该如何回复答谢每一个关注自己、祝福自己的人，内心深处涌起的感动挥笔而就：

所谓贵人，就是把生命中遇到的每一个人都当作未来的佛来恭敬，因为佛说：众生皆佛。佛于菩提树下开悟后，手指对天说：奇哉，奇哉！大地众生皆有如来智慧德相，只因妄想执著不能证悟。祝福所有的朋友在虎年里都能开悟成佛！

2010年2月

你是谁?

你是谁?

看你和谁在一起;

更要看谁和你在一起。

你是谁?

看你认同谁,欣赏谁,褒扬谁,爱戴谁;

看你否定谁,远离谁,排斥谁,憎恶谁。

你是谁?

看你的时间在哪里,

不仅看你朝九晚五,还看八小时之外;

不仅看你周一到周五,还看周六和周日。

你是谁?

看你选择了什么;

看你做了什么——世人以此来评价你的成就;

看你坚持不做什么——世人以此来判断你的价值取向和信仰;

看你想做什么还没有做,想成为什么还没有成为——只有你自己知道答案和谜底,那就是真正的你!

你是谁?

不仅要时常在磅秤上称称体重增了还是减了,还要在心里不断掂量自己几斤几两；

一个人很容易误认为头衔就是自己，而忘了自己姓甚名谁！

你是谁？

很多时候你是你的职业，你的职位，你的职务，你的职称，但真正决定你是谁的是你的职责！

你是谁？

有时候你是董事长、总经理，市长、局长，某某长，但你忘了你还是家长，什么长都替代不了家长！

有时候你是职工，是车工、钳工、电工、维修工、清洁工、农民工，但你别忘了你还是主人公。

你是谁？

有时候你会误以为你穿的牌子，开的车子，住的房子是你，或者至少诠释了你，表达了你，但那不是你，那只是华丽的酒瓶，与里面装什么酒无关；

有时候你会误以为你拥有的职位、权力、名头是你，直到你失去它你才发现那不是你，那只是错觉、幻觉和无知；

有时候你会误以为网络上那个标新立异的名字是你，戴上它在虚构的世界里演绎着另一个你，那不是你！那只是一个空虚的灵魂需要用无聊来填满！

有时候你误以为生活中那个戴着各色面具，顶着各种头衔，说些言不由衷的话，做些身不由己的事的人是你，那不是你，那只是只玩把戏的猴子！

你是谁？

> 你是谁用不着声张，不需要包装，更无需标榜，越想证明越不是你，你是谁还用得着说吗？
>
> 你是谁遮着掩着藏着，都包裹不了你，因为你是谁无法掩饰，即使世人不知道，神也知道！

你是谁?

一生不能只是一个“谁”!

你既是老婆的老公也是母亲的儿子,既是孩子的父亲也是父亲的孩子,既是妈妈的女儿也是婆婆的媳妇,既是兄弟的兄弟也是朋友的朋友……

不论你是何职业,是何职务,白领还是金领,新贵还是老贵,你还应是某非盈利组织的义工,业余社团的票友……

人生有很多角色,演好每个角色,人生才丰富多彩!

你是谁?

你是谁不重要,重要的是别人认为你是谁;

别人认为你是谁不重要,重要的是你自己知道你是谁。

你是谁?

泰戈尔说:你看不见你自己,你所看见的只是你的影子。

当你知道自己是谁的时候,你就开悟了,明了了,不惑了!

2010年6月20日

我是谁?

近来有几件事深深触动了我。在很多场合下,我发现别人介绍自己时有些困难,茶楼、服装、地产,不知该用哪个头衔来界定了。这或许在外人眼里是件风光的事,但对于自己却是件非常羞愧和无奈的事。人们通常会用职务或头衔来介绍,也有用职业来介绍一个人,比如这个人是某校教授,这个人是某公司的董事长,这个人是某处处长、某市市长。当一个人无法用一句话来介绍自己的时候,他就迷失了,一个没有明确定位的人生一定是一个失败的人生。

也经常看到有朋友拿出名片,是那种折叠的相当于两张的名片,上面印满了各种头衔,除了众多互不相干的公司董事长、总经理之外,还有人大代表、行业协会会长、某理事、某EMBA,等等,生怕漏掉一个,最后一个也没记住。

人这一辈子干好一件事已经不容易了,何况要面对那么多的诱惑呢?人一旦迷失了自己,可能会内心惶恐不知所措,还可能会胆大妄为无法无天,因为他不知道他是谁。

记得某年春晚,那时牛群和冯巩还是一对绝佳的搭档,在一段相声里冯巩调侃牛群:“牛哥那是说相声圈里摄影最好的了,摄影圈里说相声最好的。”牛群那时开始业余拍摄名人肖像,一时很叫好,后来又报道牛群到某县去挂职副县长养牛,被一时炒得火热,再后来春晚没了牛群,只有冯巩招牌式的一句话:“亲爱的观众朋友们,我想死你们了!”现在牛群在哪呢?谁还关心他在哪呢!

古希腊圣殿的神柱上刻着一句话:认识你自己!伟大的人总是对自己有清醒的认识,知道自己的边界在哪里,优势在哪里,劣势在哪里,能干什么,不能干什么,知道自己几斤几两。地产圈里有几个大佬对自己都有清醒的认识,他们很清晰地界定了自己和企业的定位，如：

胡葆森：河南建业集团董事会主席

建业：在河南，做地产，为河南人民盖好房子

冯仑：万通地产董事会主席，地产思想家

万通：城市综合体，商业地产

王石：万科集团董事局主席，登山家

万科：建筑无限生活

潘石屹：SOHO中国董事长，地产商人

SOHO中国：专注中国商业地产

这些人这些企业都是用一句话表达了自己，定位准确目标清晰，简单而坚定，让人一看就懂。这些人这些企业开始的时候他们也迷茫过，什么都干过，比如万科，最早的时候几乎涉足零售、饲料、外贸、电子产品，把能干的都干了，最后开始经营地产，把其他的行业都卖掉专注做地产，成就了现在的万科，这是一个不断蜕变化蝶的过程。

一个企业，一个产品，一个人，都要有明确的定位。一个人什么都干，什么都干不好；什么都好，什么都不精。一个企业同样也不能什么都干，德鲁克说："最糟糕的企业就是涉足很多领域，在每个领域里都浅尝辄止。"

然而当我们小的时候，很少有能力选择说"不"。小企业就是抓机会，先解决生存问题，再说发展问题。大多数的创业者在开始的时候并没有明确的理想，而是慢慢发现需要一个明确的目标。草创阶段大多是为了赚钱，无论名人传记上有多少成功的企业家，如何被传记描绘成从小就怀抱远大理想，然后在理想的照耀下成就一番经天纬地的大事，但至少在中国，大多数创业者都是为了生存为了赚钱改善生活，那时候我们做了只要不违法只要能赚钱干什么都行的选择。在野蛮成长的过程中慢慢发现，要么是开始就营养不良，饥不择食，寒不择衣，有什么吃什么最后长成了畸形，要么开始就入错了行当越陷越深无力自拔，要想重生练好神功只好挥刀自宫。

现在到了自宫以厘清方向的时候了。

而对于自己另外的称呼也是一件令人纠结和值得反省的事。很多时候在不经意的场合，一般人会介绍说："这是个文人。"在同学圈里常会被介绍说："这是我们班里的才子。"朋友圈里有人说："这是个儒商。"（我觉得这实在是抬举并深以为愧，儒不儒，商不商）有时候别人说你文人，这话里有几分的敬意还有几分的不屑；有人说你诗人，这基本就等同于骂你说你这个人神经有点不正常了。而我深知自己就是一个努力想创造价值的商人，这是我给自己的第一特征和定位。所谓的文人才子无非是多读了几本书有些不合时宜和不妥协的狷介，以及对事物的细致觉察、偏执和敏感，这成了我的第二特性。当第二特性占据了第一身份，只能说是自己做事的悲哀。人要首先认清自己，知人者智，自知者明。自己内心非常坚定，我首先希望自己是一个企业家，致力于创建一家永续经营的企业，幸运的话创造了某个品牌成了百年品牌的缔造者，这是今生追求的第一目标，其他所有的爱好兴趣皆服务于此。

人要分清主次，不能偏废，人生就是这么短暂，弹指一挥间四十年都快过去了，而想做的事又太多，所以我们只能选择做重要的事。可是认识自己是多么漫长而又片面的过程，需要付出惨痛的代价不断尝试、反省、修正。智慧如尼采、叔本华也有彷徨的时候，何况我等一般的凡夫。一个深具潜力的书法家朋友被任命为一个企业的总经理，我见到他没有一丝的欣喜而是满脸的纠结，鱼与熊掌不可兼得，这句话人人都知道，可有几人能做到。

摄影的艺术是减法的艺术。其实何止是摄影，艺术到最后都是极其简约的艺术。人生也一样，人生需要减法。后世能够被记住的人几乎都是在某一方面某个领域有杰出贡献的人，而不是这个人无所不能。

我终极的追求是希望自己首先是一个优秀的商人，再好一点希望是一个企业家。如果上天还能眷顾我，我希望在做好企业的同时还能把我的经验和感悟记录下来做一个写随笔的记录者，一个启人智慧的牧师。退休后如果能积累足够多的财富，我希望能成立一家非盈利机构，做一些有益于社会的事。

这就是我对自己，对我们的企业尚不全面的认知。

2012年5月26日

谁第一个听到掌声?

人时有嫉贤妒能之劣根，即见不得别人的成功，特别是见不得自己亲近之人的成功。人们可以同情弱者，怜悯不如自己的人，甚至愿意慷慨相助，援手弱者，而不能为亲朋的成功喝彩。尽管理性上十分明白，亲朋的发达与自己亦是件好事，至少在自己落魄的时候尚且有个发达的朋友可以投靠倚仗，可以求助。然而人性的劣根正在于此。因为一般人的心胸狭隘，视野局促，看不到更大的世界，倘若是和自己无关的人飞黄腾达了，说不定还想着攀援巴结，以求沾些福气喜气。或距离自己很远的人一时富贵了，则除了艳羡还有尊敬，因为此时只是看到富贵发达的晕轮，不曾见发迹前的窘迫和蜕化前的一身毛发。

为什么不能容忍自己身边的人比自己强呢？因为狭隘的比较，人们不会拿自己的财富、权力、地位、成绩和自己无关的人比较，因为很难找到相同的坐标。但人们很容易拿着这些和自己身边的人比较，以期获得我比你强的优越感和成就感。因为比较的对象就在同一个坐标系里，很可能原来大家都在一个起跑线上，或是同学、同乡，甚至兄弟姐妹，也或是一起起步的人，所以容易找到比较的参数和比较之后的认同感。

狭隘的比较是因为视野局促，看不到更广阔的世界，所以只能同自己身边的人比较。本来是很幸福的，吃穿不愁，有钱有闲有地位，可是一比较发现原来身边的一只猴子摇身一变，三日不见怎么成了大圣。于是便跳出来，恨不得画幅咒语把他压在五行山下，最好没有解救的唐僧，再踏上一只脚，叫他永世不得翻身。人性中的阴暗正在于容不得他人的成功，而怜悯身边的弱者。因为自身不足够强大和自信，于是只好找比自己差的人来寻找虚荣的自我。

常会听到有些人求助亲朋遭到拒绝之后说“以后我要饭也要隔过你的

门”，或者说“饿死也不再向他张口”。在这类貌似坚强有力的话语背后是无奈的嫉妒和缺乏自我审视反省的表现。

为什么不能放开更大的视野范围，将目光投向更广阔的天地，投向更高成就的人群呢？为什么不能心怀“人之有技若己有之”的宽阔胸怀呢？如果一个人能将目标放得更远些，站得更高些，就会由衷地为别人的成就喝彩。

别人的成功并不是抢了我们的饭碗才成功的，成功的容量不是你多我少的零和游戏，成功的范畴是无边界的，无可定量的。每个人的成功都是自己内在世界的外在表现，都是自己感召的结果，都是自我影响力的表现。你赞美别人，别人会在第一时间收到，你嫉妒别人诅咒别人，别人也会在第一时间收到，哪怕隔着千山万水，心灵散发的磁场不分地域，没法包裹和掩饰。嫉妒别人的成功并不能为自己的成功添砖加瓦，反而会有巨大的反作用力来阻碍你的成功。

幸福源于比较，不幸也源于比较，一个人追求幸福的过程就是不断战胜人性的过程。

为他人鼓掌，就是加持自己。

谁第一个听到掌声？

草于2009年12月9日
修改于2010年7月13日

谁囚禁了你?

公司刚组织项目部的时候，临时在一家宾馆的楼上办公。那层楼一半已经投入使用而另一半还在施工，我的办公室就在施工区，每天都有民工在门口吃饭抽烟，会丢下些烟头饭渍。有一天我忍不住叫住正在办公区打扫卫生的宾馆保洁工说："请你帮我把门口打扫一下。"那个保洁工看了看我说："那不归我管，我只负责打扫这边。"她指了指办公区边上的一条线说，似乎她过来就会犯很大的错误，严格遵守规定的范围不敢越雷池一步。

我一时无语。是的，她没有错，这不归她管，这不是她的工作范围，即使面对一个求助的人办一件举手之劳的事。

无独有偶，售楼部认筹排号的时候，那一天早上排号的人很多。我们的工作人员都是早上五六点就过来上班了，给一大早来排队的顾客安排免费早餐。但由于工作的疏忽，到了八点的时候还没有安排我们的工作人员吃饭。不经意地听到一个借调过来的保洁工抱怨一大早来上班，公司也不安排早餐。我马上停下手头的工作，深感愧疚，只顾着满足顾客的需求而忘记员工的需求了，我让这个保洁工到仓库领取食品解决早餐问题。由于大家都没有吃，她就装了一大袋食品，这时候恰好路边有几位等待排号的顾客也没有吃，很客气地向她要几个面包，这个保洁工很生气地说："我们都还没吃，你自己去拿吧。"我叫住她，把食品袋拿过来分几个面包给顾客，她十分不情愿一脸不快。那天我们的食品是无限量供应的，不存在吃完的问题，只是早吃一会儿和晚吃一会儿，是先人后己还是先己后人的问题。

为什么这些问题大多会发生在收入较低的人员身上？为什么这样幼稚的错误一再发生在成人身上？当一个人身处收入不高的职业时，往往会抱怨为何我的命这么苦，为何我的收入这么低？

为什么？这当中其实是两个问题。

1. 只看见眼前利益，不看长远利益。

给多少钱干多少活，精于计算得失，生怕多干了会吃亏。还有些人对不起所得的报酬，在工作期间不要说竭尽全力了，根本就是懈怠懒惰，这种人与窃贼没有两样。

2. 是先人后己，还是先己后人，这个简单的逻辑思维是人与人的根本差别。

对于锱铢必争，斤斤计较的人只能得两斤，而无私无畏的工作，则获得无限无量的回报。只干自己认为分内的事，只能获得分内的回报，要想获得额外的回报就需要付出额外的努力。

为看得见的报酬工作，只会获得看得见的报酬。

为看不见的报酬工作，才会获得看不见的报酬。

很多人有狭隘的地盘意识，在心里为自己画地为牢。中国人造字多么有智慧：囚，就是一个人画一个圈把自己圈进去。一个人只有自己囚禁自己，只想自己地盘上的事，只扫着门前雪，哪管他人瓦上霜。没有主动服务他人的意识，是一个人成长路上最大的绊脚石。从内心里满脑子都是我的利益，是无法真诚为别人服务的。所以收入低命苦怨不得别人，可怜之人必有可恨之处！

什么人命会好一些，收入会高一些呢？

眼里有活的人一定有前途，因为总能看到别人的需求，并积极满足别人的需求，乐于帮助别人，其实帮助别人就是成就自己。所有优秀的人有成就的人都在做着这项工作——满足别人的需求。

一个企业家的成功在于满足人民生活的需求，一个政治领袖的成功在于满足民众的政治主张和推动社会变革的需求。而只关注自己的人，只能做满足自己需求的事——顾及温饱而已。从小处而言，你服务的人越多获得的报酬就越多，为人民服务就是为人民币服务；从大处而言，当你服务的人群足够多，多到没有边界的时候，你就成了神，成了佛，成了上帝。就像比尔·盖茨、巴菲特、李嘉诚一样，他们努力赚钱，努力捐钱，上帝看到这个孩子在帮自己干事，于是就让他们赚更多的钱，去帮助更多的人。

在狭窄的小街上，迎面过来一辆车，路边停了一辆自行车挡住了汽车，司机摁了几声喇叭无人响应。我紧走两步，帮忙把自行车挪到一边让司机顺利过去。这事不归我管，但司机报我以微笑说："谢谢！"

生活中我们不见得干了惊天动地的大事让别人记住，而是从生活中的点滴做起，勿以善小而不为，力所能及地帮助身边的人，积极主动地去多做一些事。春种一粒粟，秋收万颗子，今天我们投给世界一个小小的善意，明天就会有滚滚福报回馈给我们。一个人得到的微笑和谢谢越多，得到的加持就越大，就越有力量，越有能力获得更多的财富、权力和影响力去管更多的事，影响更多的人，从而改造这个世界，影响这个世界。

世界如此之大，谁能把你囚禁？

2010年8月10日

如何打造灵感空间?

曾给朋友们转发了一条短信“提升自己的12条箴言”，其中有一条是“打造你的灵感空间”。有好几个朋友给我回复不知道打造灵感空间是什么意思，这引发了我的思考：如何打造灵感空间?

那么什么是灵感? 古人说是兴会、神会、妙悟；今人说是问题忽然澄清时的顿悟。当代诗人毛翰先生说得很实在：“灵感只是渴望创新的人们，由于知识和经验不断积累，而突然产生了一个创造性的思路，是长时间冥思苦想的豁然开朗，是主客观世界撞击而迸发的闪电。”灵感遵循两条路径：一是刻意探寻，偶然触发；二是无意之间，突然爆发。但这两点都建立在长期积淀的基础上。

在我们的知识和思维系统中，大脑就像迷宫。在大脑的迷宫里有时候会迷路，有时候会不假思索直接到达目的地。随着年龄的增长，经验的积累，书本的寓言，教条的约束，错误的提示，成功的范例，大脑陷入路径依赖的思维惯性当中，见到一个问题就沿着经验和教条的通道，找到一个以往解决问题的答案，并且是我们认为最正确的答案。但这个答案很多时候是过时的、僵化的和毫无新意的，有时候是无解的、毫无用途的，这时候我们渴盼灵光闪现。

灵感会迷路，通往灵感的路上时常被各种垃圾（信息）堵塞，思维被切割成零零碎碎的片段，无法让我们集中精力思索，从而无法有效地整合我们的经验和知识系统中所有的资源，于是灵感无处可寻，成了杂乱无序的苦思。

那么，如何才能打造灵感空间呢?

积累，厚积薄发。无论是知识的积累还是经验的积累，都需要达到一定的厚度、深度和高度，才能由量变到质变，遇到问题在某个时候灵光闪现。记得听台湾著名广告人陈薇薇的一个讲座，她谈及创意空间来源。她讲述了她在进入广告业之前经历了很多职业和行业，很多职业角色都不成功，直到她进入广告业，以前的工作经历和不断学习的积累使得她在广告业一鸣惊人，创作出了很多优秀的作品，之前失败的职业经历恰恰是她在广告行业很好的积累。她的代表作有公益广告《支持就是力量》，乐百氏的《二十七层净化》等。

阅读，是了解资讯、积累知识的必要途径。阅读报纸杂志、网络媒介，阅读主要是快餐式的浏览，猎取最新的时事新闻和有关自己行业的动态。一个优秀的广告创意人每天至少要阅读五份以上的报纸和杂志，了解最新的资讯和新闻。一个优秀的管理者，一个领导者，一个富有创新精神的企业家，首要的任务就是收集信息，拥有丰富的资讯，这需要大量地阅读、阅人、阅事、阅物。

读书主要是帮助我们系统地思维和借鉴性地思考，读书是知识积累的重要途径。学习新知识、新技能、新文化、新理念、新的语言系统和新的价值观，都会帮助我们打开一扇窗户，看到从未看到的景象，灵感由此而来（在此介绍几本读后令人灵感迸发的书，《将心注入》，作者舒尔茨；《可口可乐的营销革命》，作者塞尔希奥·齐曼；《一个广告人的自白》，作者大卫·奥格威；《乔布斯传》，作者沃尔特·艾萨克森；《我为伊狂》，作者凯文·弗莱伯格；《创新与创业精神》，作者彼得·德鲁克；《顾客为什么购买？》，作者昂德希尔。如还有时间，就读读维珍集团总裁《理查德·布兰森自传》，也不错）。

阅读中如果看到其他地方或其他行业有效的营销方法，马上就可以模仿过来应用到我们的工作当中。看到我们的行业状态在发达地区呈现的趋势，就可以思考下一步是否会蔓延到我们的地区。根据这种趋势就可以做出判断并做出应对的策略，这就是灵感。现象引发思考带来灵感，淘宝商城每年11月11日的光棍节全场五折销售，会给实体经济带来什么？保障性住房，限购，4万亿投资，“7·21”的高铁事件背后的影响；招工难和整个亚洲生育率下降与中国的二胎政策之间的关系；微博的兴起，信息泛滥化、碎片化和传递的低成本会带来什么？90后的价值观会给劳动关系带来什么？当我们见到问题不是停留在阅读和娱乐的层面上，而是不断思考事件的影响和结果的时候，探索QBQ（问题背后的问题），灵感会在某个路口等着我们。

敏锐的观察与深度的思考是触发灵感的前提。

一位获得诺贝尔奖的教授，一天深夜看到实验室的灯还在亮着，走进去看到他的学生正在做实验，就问学生 ："你上午在做什么？"学生说："做实验。""你下午在做什么？"学生回答："做实验。"教授厉声问："那你用什么时间思考？"

宁静可以澄清混沌的心灵，从而获得灵感的空间。静处、禅修、空灵、登山、散步，都可以使我们的心从纷繁复杂的乱象中抽离出来，把心灵里填塞的垃圾清理一下，思维就会变得畅通无阻，灵感也会随即而来。热闹的地方产生不了智慧，热闹处尽是喧嚣，寂静里方显智慧。

跨行业的交流和借鉴可以带来经验和灵感。已故的苹果CEO乔布斯是公认最有创意的人，他经常参加各种工业艺术展，逛街时观察各种商品，从商场里摆放的双立人刀具和其他工业设计中获得手机设计的灵感；他是禅宗忠实的实践者，他参悟禅宗并从中获得简洁唯美的艺术灵感。所以，苹果手机只有两个颜色：黑色和白色，构成了所有色彩最简单的基本元素，最永恒、最简洁、最明快。乔布斯说苹果的产品应该是科技与人文的完美结合，他甚至不认为苹果的产品是商品，而是被复制的艺术品。

差异化与多样化是灵感空间的重要来源，如旅行。久处在一个地方或环境中会缺乏灵感的空间，比如长时间在一个城市里，长时间在办公室里，长时间接触同一类人，长时间从事同一工种，长时间的安逸生活，长时间的紧张工作，都会固化思维，使思维形成定式。从现有的环境中脱离，哪怕只是在办公室移开座位站在某个静处无所事事地发一会儿呆，或许就会有灵感迸发。外出旅行会获得灵感，旅行不是赶路，不是走马观花，不是看热闹，不是购物。旅行的目的在于转换空间和时间，在路途中思考，借鉴不同风物文化的差异，引发我们去思考、碰撞、融合、进化。

一个朋友是做煤炭生意的，一次和一群朋友去草原上旅行，晚间吃烧烤，围着篝火唱歌跳舞，夏末秋初草原上凉意袭人，大家不由自主地向篝火靠拢。朋友忽然灵感闪现，很多人都是冷了才知道冬天来了，夏天不会关切冬天的事或者忽略了，于是马上打电话给后方：囤煤。此后的冬天煤价一路上扬，那个冬天他赚得盆满钵满。

读诗可以获得灵感，诗不单是情感的表达还是经验的结晶、灵感的升华，诗是理性思维到抽象思维高度的概括和凝练。诗人往往具有超常的想象力和敏锐的洞察力，灵感匮乏恰恰是想象力缺乏的表现，洞察力缺乏恰恰是觉知能力的麻木和蜕化。诗人和常人的区别在于看到同样的环境，看到的却是不一样的风景，而不一样的景致来源于深厚的生活积淀、深邃的洞察力和敏锐的觉知能力。一个优秀的创新者必是一个生活中的诗人，他们用自己的方式表达着诗意，乔布斯用苹果的iPod、iPad、iPhone，摄影师用唯美的图片，导演用经典的影片，厨师用美食，音乐家用作曲，书画家用笔墨，服装设计师和理发师用剪刀，广告文案和平面设计师用情理之中想象之外的画面和情节表达。从某种意义来讲，只要他们持续创新，灵感不断涌现，他们就是诗人！

诗用赋直叙，用比拟、比喻、比兴、排比、借代、联想、隐喻、移情等手法，把不同的事物通过诗话的语言完美整合，把寻常事物升华为美学的高度。诗人艾青在他的《诗论》中说：“联想是由事物唤起的类似的记忆；联想是经验与经验的响应；联想是情绪的推移，由这一事物到那一事物的飞翔”，显然联想能够产生灵感。

不妨拈几首诗，如读苏东坡的诗《题西林壁》：“横看成岭侧成峰，远近高低各不同。不识庐山真面目，只缘身在此山中。”就会提醒我们从不同侧面、不同角度看同一问题得到不同的答案。读刘禹锡的名句“沉舟侧畔千帆过，病树前头万木春”，也让人耳目一新，获得“山重水复疑无路，柳暗花明又一村”的豁然开朗。读张孝祥的词《念奴娇·过洞庭湖》后半阙“应念岭海经年，孤光自照，肝胆皆冰雪。短发萧骚襟袖冷，稳泛沧浪空阔。尽挹西江，细斟北斗，万象为宾客（按：对空间的超脱）。扣舷独啸，不知今夕何夕（按：对时间的超脱）。”有了超脱的胸怀，灵感便会无处不在。

女诗人郭六芳在《舟还长沙》中写道：“侬家住在两湖东，十二珠帘夕照红，今日忽从江上望，始知家在画图中。”“忽从江上望”就是脱离现有环境，通过审视距离得到的美感和灵感。

脱离现有环境，放弃旧有观念，借鉴其他行业的经验通过交流、碰撞，头脑风暴，不同行业、不同职业、不同年龄的人为解决同一问题在一起碰撞思想，就会从不同侧面发现问题，从而激发出灵感的火花。

乔布斯会定期召开头脑风暴会。在苹果公司里挑选100个最优秀的人，封闭起来，每人以重要程度排序写出接下来公司应该研发的产品和技术，或者认为最应该干的十件事，然后分组讨论，得出100个人共识的十件事，当大家都认为这是最后十件事的时候，乔布斯走到前面划掉后面的七件事，只保留前三件，这就是为什么苹果会不断有惊世产品出现的秘密。

参与不为获得报酬的活动并乐此不疲，灵感就会在我们生活和工作的其他方面呼之即来，如业余马拉松比赛，业余合唱团，登山协会，义工组织，非盈利机构，慈善团体等活动。

灵感来自于模仿与借鉴，学习艺术、书法、音乐、绘画、雕刻，都会融会一体，把人文的精神移植到工作中，任何艺术、学术、科学、哲学上升到高级阶段，都能触类旁通、相辅相成。

毛泽东是军事家、思想家，更是书法家、诗人。爱因斯坦不仅是个伟大的科学家，他拉小提琴的造诣可以去知名乐团担任首席。王羲之爱鹅，在会稽山，从鹅的形态步履中获得书法的灵感，张旭从“观公孙大娘舞剑”而悟出笔法，是由舞蹈剑法到运笔遒劲而来的灵感。

在书法史上有“屋漏痕”的一段佳话，是唐代的两位书法家颜真卿和怀素一段对于书法心得的对话，可以为灵感作佐：

> 颜真卿曰：“师亦有自得乎？”素曰：“吾观夏云多奇峰，辄常师之，其痛快处如飞鸟出林、惊蛇入草。又遇坼壁之路，一一自然。”真卿曰：“何如屋漏痕？”素起，握公手曰：“得之矣。”（《释怀素与颜真卿论草书》）

其他行业经验和学科的嫁接可以产生灵感，并产生成果。如仿生学：雷达是模仿蝙蝠，吊桥和降落伞绳是对蛛丝的研究得到的高抗拉绳索，船和潜艇来自人们对鱼类和海豚的模仿，响尾蛇导弹是模仿蛇的“热眼”功能研制开发出来的现代化武器，火箭升空利用的是水母、墨鱼反冲原理，电子蛙眼顾名思义是来自青蛙眼。

灵感来自于对生活细致入微的观察和思考，来自于对未知世界永不停息的探索，来自于一颗充满童贞的好奇心，来自于对完美的不懈追求。

无关生智，局外生慧，当一个人学会站在旁观者的角度审视一件事物的时候，灵感就会不请自来。

草于2011年11月15日
改于2012年3月14日
再改于2012年3月18日

后记：

本文经过多次修改，历时几个月，几易其稿，仍觉不能详尽。但怀胎总要生产，至于孩子生产之后的美丑，留待各位朋友不吝斧正。

一个优秀的创新者必是一个生活中的诗人，他们用自己的方式表达着诗意。

如何智慧地思维?

由点、线、面、立体到系统思维

一个人的思维模式决定了一个人的做事方法和成就。人一般会分为几种不同的思维模式,大致有点状思维,线性思维,面性思维,到立体思维,最后到系统思维。

点状思维的典型特征是:一叶障目,不见森林。就事论事,只考虑自己,不考虑别人;只考虑主观的,不考虑客观的,是一种以自我为中心的思维方式。只考虑问题的表面现象,不考虑问题的实质情况;只考虑当下,不考虑未来;只考虑我的,不考虑你的;只考虑对的,不考虑错的;只想有利的,不想不利的,或者只想坏的,不想好的。把问题孤立起来,认为问题是没有来由的,突然发生的,没有原因的。得知别人发的奖金比自己的多就责怪老板不公平,看到别人升职就抱怨领导有眼无珠,听到某人发迹了就认为是撞大运来的,做投资失败了就怪运气不好,失恋了就怪对方抛弃了自己……

叔本华说:人类最可悲的在于把自己认为世界的极限,当作世界的极限。典型的点状思维的人,就是俗话说的一根筋、死脑子的人。早些年农村里经常会有喝农药、上吊、吃安眠药等自杀行为,自杀的原因有时候竟是一些鸡毛蒜皮、无足轻重的琐事,可为什么会上演这样的事呢?还有近年来的富士康十二跳事件,大学里的跳楼也每年都会发生,这样的事并非都发生在愚昧无知的人身上,也发生在有知识的人身上。有知识并不见得有智慧,智慧就是如何化解人生的难题和矛盾,把问题看开、看透、看破。

突破点状思维模式,就是认可问题还有其他的解决办法,相信事物还存在其他的可能性,愿意尝试新的方法或换个角度思考问题。突破了就打开了通往新世界的一扇窗户，会看到更广阔的世界，看到人生原来还有其他的色彩，而不是死路一条。

线性思维比点状思维有了很大的进步，就是把问题拿到时间的横坐标系上来考虑，看问题的来龙去脉。问题从何而来，将从何而去。每一个问题都不是孤立存在的，用历史的眼光来看问题，用当下的眼光来看问题，用发展的眼光来看问题。用线性思维看问题就有了前瞻性和归纳性，看历史就是看规律，看历史就是看概率。看未来就是看趋势，就是摸索事物的内在，预知事物的发展动态，判断事物的态势，根据规律来思考、来做决策。

当一个人会用发展的眼光来看问题的时候，很多问题就不是问题了，就会把很多问题淡化，不会被眼前的问题所困扰。很多的问题都有时间性，如果当下看一个问题有对错、是非、好坏，把它放在时间的轴线上去衡量，往往就会发现这个问题根本就无足轻重，或者原来认为错的现在对了，原来认为的好事现在变成了坏事。如果还不能看清问题，就把时间的横轴再拉长。

时间会改变一件事的性质，三岁孩子觉得天大的问题，可能仅仅是没有拿到一块糖，或者想要的玩具被别人拿跑了。二十岁的问题可能因为失恋了而夜不能寐，甚至寻死觅活。三十岁时对失恋这个问题会觉得无所谓，四十岁时会觉得很幼稚，五十岁时只剩下会心的笑了。刚开始创业投入几万元赔得精光好像天都要塌下来了，如果能看到十年后每年创造成千上百万的收入还会苦恼吗？这时回味当时的困境，反而成了人生中最美好最幸福的时光。塞翁失马焉知非福，就是动态地看问题，辩证地看问题，就是站在时间的横轴上看问题。

有一个历史故事可以借鉴。当年郑板桥在外做官，家人因为宅基地和邻居打官司，千里捎信给郑板桥，让他给家乡的父母官说情。郑板桥回信写诗一首："千里捎书为一墙，让他几尺又何妨。万里长城今犹在，如何不见秦始皇。"这就是站在时间和历史的角度上看问题，从长远看来很多事是无得亦无失的，如果执著于某一点、某一时、某一个角度，就会产生得失观、对错观、好坏观，矛盾由此而生，痛苦也由此而生。

面性思维考虑问题的因素会更多，就是从横坐标和纵坐标这两个维度来看同一个问题。就像下棋，业余的选手争一颗一子，初段的选手争一边一角，九段的选手不争一城一池而是看全局、看结果。

毛泽东在面对牢骚满腹的柳亚子时和诗一首：“牢骚太盛防肠断，风物宜长放眼量。莫道昆明湖水浅，观鱼胜过富春江。”柳亚子的“牢骚太盛”就是原点看问题，现象看问题，单向看问题。毛泽东的“放眼量”就是放宽看问题的视野，而能比较看“昆明湖”与“富春江”各具特色就是用不同视角看问题。所以，伟大人物的视野与胸怀，看问题的角度和深度都值得我们去学习。

换一个角度看问题的时候，就会豁然开朗，好与坏都是相对而言。有个禅师久不开悟，有一天出去托钵，看到一个屠夫正在卖肉，一个买肉的说：“割一块好肉。”屠夫说：“都是好肉，你要哪一块？”禅师顿悟，在屠夫的眼里，每一块肉都是好肉，而在顾客眼里就有好坏之别。

立体思维就是考虑问题由点到面，由面到立体，把时间与空间结合起来，从三维的角度来看问题。从上到下，从左到右，从不同侧面对同一问题进行剖析，很多问题就清晰起来。把烫手的山芋变成好吃的美味，就在于如何审视问题。烫手的山芋放一放就好吃了，棘手的问题静一静就看到了契机，看问题不能只看到困难的一面，也不能只看到有利的一面，困难中隐藏着机会，危机中蕴含着转机。在几何学中有剖面图、立面图，这样看问题就是比较全面地看问题。事物往往呈现多样性，有有利的一面也有不利的一面。有许多伟大人物在光辉耀眼的背后都有阴暗狭窄的一面，只是晕轮效应使我们只看到了光辉的一面。许多历史事件也并不像我们现在理解的一样。

有些人和事我们不理解，这种不理解源于无知。把事物放在当时的背景中来看，就会理解当事人和当时的事，比如“文革”中被打倒的人都是坏人吗？为什么当时被认为是坏人？如何评价同一个人在不同历史时期的对错，比如上世纪二三十年代和六七十年代的蒋介石和毛泽东？抗日战争中的国民党与共产党？国民党的部队真的那么蠢吗？红军为何当时被称为“共匪”？在当时的地主阶级和有产阶级看来红军其实就是匪，在很长一段时间内，红军就是打着“打土豪分田地”的名义打家劫舍，具体怎么杀富济贫就要根据当时的历史背景作解释了。

许多事我们觉得很有利，利益让人忽视或者遮蔽了危害的一面，当事情的发展出现不利情况时，当事人往往觉得很意外，其实都是情理之中意料之外而已。

苏东坡的《题西林壁》就是用立体思维方式看问题，“横看成岭侧成峰，远近高低各不同。不识庐山真面目，只缘身在此山中。”就是从不同角度看同一问题，岭也好峰也罢，站在不同的角度看到的问题是不同的侧面。我们看不到事物的真相就是我们身在问题当中，跳不出问题本身来看问题，就会囿于成见。看不清庐山真面目只是因为身处庐山之中，所谓“无关生智，局外生慧”，就是和自己无关的事作为独立的第三方，这样一般情况下都能较为客观地看待问题，但如果我们是问题的当事人就容易偏执和主观臆断。

系统思维就是接近真理的思维，就会把一切事物当作一个整体来看待。没有一件事物是孤立存在的，任何事物都有着千丝万缕的联系，任何事物都不会是空穴来风，都不会是无缘无故，一定是有前因后果的。城门失火，殃及池鱼；唇亡齿寒；皮之不存，毛将焉附；螳螂捕蝉，黄雀在后；此类的成语告诉我们思考问题的系统性。“城门失火，殃及池鱼”，就是把事物当作一个整体来看待，事物之间都存在内在的必然联系，动一发而牵全身，看似不相关的两件事内部都存在着显性和隐性的联系，不能孤立地看待一件事物的存在。

比如日本地震了，核危机了，我们有些狭隘的民粹主义者拍手称快，第二天去购物，发现所有的日本东西要么涨价、要么没货；还有人因为日本的核危机去抢购食盐，日本危机远隔千山万水看似和我们无关，为什么我们变成了受害者？此类的问题数不胜数，大到全球变暖、朝核危机六方会谈等，小到大蒜涨价、瘦肉精、地沟油、房子限购等，其实和每个人都息息相关。正像一位哲人说的：“这个世界好的有你的一部分，坏的也有你的一部分，有时候你是在铜像上拉屎的鸽子，有时候你是那个铜像。”

整部《孙子兵法》就是教导我们如何系统思维的。在开篇《计》中就详细阐述了面对一件事情的思考模式：“故经之以五事，校之以计而索其情。”五事即“道、天、地、将、法”五个方面的情实。“夫未战而庙算胜者，得算多也；未战而庙算不胜者，得算少也。多算胜，少算不胜，而况于无算乎！吾以此观之，胜负见矣。”算，就是思考，就是指导我全方位地思考问题，强调多方面看问题，多方面了解信息，做到知己知彼，百战不殆。

智慧的人就是具有系统思维的人，智者的洞察力能够见微知著，察于未萌，一叶知秋，窥一斑而知全豹。看到迎春花开，就知道整个春天来了。看到一片叶子黄了，就知道整个秋天来了。看到豹子身上一块色斑就推理出整个豹子的全貌。这就是洞察力与推理归纳的能力。从细微处看结果，从未萌处看将来。所谓圣人不治已病治未病就是这样的道理，圣人不使问题发生，或者在问题还没有形成的时候就把问题解决了。

系统思维就是动态地看问题，不能静态地看问题。问题总是在不断地发展，小的会变大，好的会变坏，美的会变丑。小事会酿成大祸。千里堤坝毁于蚁穴，就是小事酿成了大祸。著名的蝴蝶效应就是阐述一个微小的变化最终导致巨大的后果。对于这个效应最常见的阐述是：“一只蝴蝶在巴西轻拍翅膀，可以导致一个月后德克萨斯州的一场龙卷风。”

系统思维就要具有《心经》里说的思考深度，洞悉问题的本质是诸法空相、不生不灭、不垢不净、不增不减。参透因果关系，看到开花就会联想到结果，观因知果，观果知因，具有逻辑的推理和前瞻。看见一朵花就看到了花开花落的过程和结果，看到一粒种子就推算出种子的前世今生，看到问题的发生就知道问题的根源和来龙去脉以及解决的办法和途径。

中国哲学讲：天人合一。佛学讲：一实不二，万物皆一。道德经讲：一生二，二生三，三生万物。可见所有的事情都是一件事。你的就是我的，我的也是你的，对的就是错的，好的就是坏的，美的就是丑的。没有对立，只有整体。有阴必有阳，有上必有下。所谓的好坏都是相对的，所谓的得失都是暂时的。

如果一个人能把吃亏看作是沾光，把失看作得，把苦看作乐，把祸看作福，把别人的事看作是自己的事，把自己的事看作是自己的不假外求。把企业的事看作是自己的，把无关的事看作是相关的，把世界的事看作是一体的，智慧就升腾起来。

柏拉图说：最低层次的思考是对事物的知觉，最高层次的思考，是能将所有事物都看成是系统之一部分的完整直觉。如果一个人掉进自我的陷阱，就变成了一个井底之蛙。所以孔子说："毋意，毋必，毋固，毋我"；老子说："不自见故明，不自是故彰"；佛祖说："是相非相，皆是虚妄"。当我们一个人的思维水平和思维模式由点到面，由面到立体，由立体到系统，我们就接近于真知，接近于智慧，接近于快乐和幸福了。

草于2011年3月29日

修改于2011年3月31日

如何走出失意困境?

失意时，一个人不想出门，不想见人，不想购物，不想娱乐，不想会友，一切美好的事物似乎都与我们绝缘。内心里我们无力再投身新的圈子，无力张罗组织故朋旧友，更不愿去见风头正劲春风得意的人，似乎我们身上的晦气会沾染上对方一样。总之，我们缺乏底气来获得他人的援手襄助，我们拒绝来自世界的一切好意，哪怕这好意是出自无私的善意，极度悲观的时候，我们甚至觉得自己身处世界的末日，谁都无法来拯救我们!

深陷这样的谷底，我们越是封闭自己，越会把所有的注意力放在失意的焦点上，把失意的事当作是人生的头等大事，忽略了失意在我们的生活中只是那么小、那么小的一部分，生活的其他图画如此的多彩，而我们被失意这支蘸了墨汁的笔涂抹得只有一种颜色：灰色!

落魄时、失意时、郁闷时、孤独时，每个人都有强烈的愿望想和知心的朋友倾述，或回到父母的怀抱，哪怕找个陌生人吐吐槽都会觉得释然。此时往往有种冲动，想找个不如自己的人有意无意地显示自己的存在，阿兰·德波顿在《身份的焦虑》一书中说："如果想体现幸福，最好找个不如自己的人做朋友。"在很多时候找个不如自己的人在一起能够充分满足一个人的虚荣心，提升一个人的幸福感，体现一个人的价值感，让人获得"我还行，还不错"的心理安慰。比上不足比下有余的阿Q精神能让一个人暂时摆脱沮丧的情绪，获得安全感，这或是一种比较好的疗伤方式。但这种方式也许会像吸食鸦片一样让人上瘾，逐渐依赖无法摆脱，越陷越深，无力自拔。

落魄失意时最容易、最习惯做的是逃避与强者共舞，害怕失手演砸某场戏，担心强者对自己的轻蔑。当我们回避与强者的对话与交流时，我们更容易跌落茫然无措的深渊。因为要走出困境，弱者只能和我们互舔伤口无法助我们一臂之力。强者虽未必能够给我们多少实质的帮助，但强者至少能够给我们精神的力量，让我们看到：他行，我也行！

受挫失败的时候，紧要的不是盯住已经无法挽回的损失和对自己的懊悔否定上，不要挥舞受伤的手指，到处显示自己的伤疤，逢人便撩起衣服让人看，看我这儿有个伤口。每一次展现我们的痛处，痛苦就会感染一次，对受伤的记忆就会强化一次，对失败的因素就会形成条件反射，对我们的痊愈丝毫没有任何帮助。孩子被狼叼去的故事只能深埋于心，只有弱者才需要同情来喂养，强者会像曾国藩说的一样：打落门牙和血吞。

强化我们的劣势，劣势会更加成为短板；强调我们的优势，优势会更加凸显。

失败的时候不要试图修补我们的劣势，而是要寻找我们的优势所在。因为只有优势是我们成功的壁垒，使他人无法超越，优势才能让我们重获自信，重整旗鼓，重头再来。更何况我们根本不必重头再来，我们身后是失败累积起来的高高台阶，而我们要做的只需拾阶而上。

失败有一种好处，至少像一面镜子让我们照见身上的不足，正视这种不足而不要试图修补这种不足。上帝生就了我们的残缺，如果你是个瘸子那就不要试图在百米的赛场上证明自己的速度，上帝又如此慈爱，让瘸子的臂力异于常人并且心灵手巧。

陷落时，切忌的是从这个低谷跌落到更深的深渊，往往祸不单行就是在这个时候发生的。情绪低落的时候很容易让我们丧失理智失去正常的判断，从而一错再错，雪上加霜。这时候我们的内心是如此的脆弱，如此的不堪一击，再无力承担哪怕一根稻草的压力。所以，越是处在低谷越是要保持镇定，不要刚刚失恋就慌不择路找另外一个人草草结婚了事，好像要赶快证明他人的无能和自己的优秀；这个时候不要轻举妄动，不要孤注一掷，就像《北京人在纽约》中濒临破产的主人公拿着给工人发工资的钱走进赌场一样。

此时我们所要做的，就是发现我们的兴趣，哪怕很小，要四处走动不要闭门谢客囿于一隅。要积极投身到力所能及的事情中，千万不可无所事事，此时做事的目的不是要获得多么大的成就，而是迫使我们转移对失败的注意力，减少失败对我们的伤害，把当下的事做好，累积小的成就，重获信心。

积极地寻找那些我们深深喜爱的、那些我们干起来得心应手的事，那些我们听起来说起来都会两眼发光的事，那些我们不断被别人称道肯定、被夸赞、被别人所记住的优点。那些优点正是我们不以为然的优势，我们或许从不曾以此为骄傲，很多的时候只是我们信手拈来的无意之作，正是这样的优势使我们事半功倍。天生我材必有用，寻找我们身上的这种优点，不要辜负上帝对我们的垂爱，发现它、聚焦它、扩大它、加强它，最后它终会成就我们！

2013年1月4日

手工时代没落了?

科技的发达究竟使我们变得更聪明还是让我们越来越愚笨了，我们的创造力是随着科技的发展强化了还是退化了?

随着电子数码相机的普及以及相机技术的提高，几乎所有人都可以成为摄影师。多年前的胶片时代，很多摄影工作者毕其一生实践总结出来的经验都被电脑芯片所代替。胶片时代初学者要先学构图、测光、冲洗、暗房等技术，在举起相机以前，对准拍摄对象要构思，谨慎地思考，还要考虑胶片的相应成本，计算胶片曝光指数。

咔嚓一声，在胶片稀缺的年代，很多人学习摄影比着谁能用一卷胶卷拍摄出更多的张数，所以几乎每个学习者都不得不耐心地对一幅图像反复构图测光，最后才摁下快门。事后去冲洗店等待照片冲洗像等待分娩孩子一样。当相片冲洗出来之后，用心的学习者还要把胶片一张张裁剪贴在相片的背后，标注出快门的数据甚至构图用光的得失，所以那时的摄影者工夫是扎实的，以至于当他们后来举起相机后的一瞬间就能迅速地调好焦距、构图，目测出曝光量是用1/125还是1/250秒，在胶卷的感光值与速度快门之间快速地配合量化切换，最后用极少的胶卷，拍出质量较高的图片。

而数码相机的出现使得每个人都不需要再考虑技术的复杂性，也不用考虑胶卷的成本，相机制造商在出厂的时候用一张极小的芯片集合了数万个数据，给出了相似模式下的速度曝光量，你只需要“咔嚓”一声按下快门，其余的就不用费心了。但此结果是造成粗制滥造不堪入目的海量图片被复制在网上，到了泛滥成灾的地步。人人都是摄影师，这不再是少数人的专利，甚至对一个摄影师的定义也不再是是否从事摄影的职业，而是一年中能够出售图片的数量和价格来定义了。《华尔街日报》甚至一次解雇了多名摄影师，其中还有普利策新闻奖的获得者，而鼓励文字编辑使用iPhone手机来拍摄新闻图片，可以想象以后能看到的图片还有多少精彩之处。

很少再能看到精美的图片，因为人们失去了思考想象构思的空间，傻瓜相机的便捷性使得我们根本不知道要表达什么，所以表达的东西就只剩下了肤浅直白、垃圾与废品，造成人们的审美疲劳。

著名的摄影师阮义忠说："无论再好的场景，我只按一次快门，拍坏了就拍坏了"。数码摄影让大家忘掉摄影那种最可贵的审慎。摄影的要领是：选了再拍，而不是拍了再选。我不信拍了100张再选1张就一定成功，你只是从很烂的当中挑选一张比较不烂的而已。

此种改变不仅在相机的领域，在其他的创作中亦表现出十分的相似。

在电脑未普及的时代，人们用手稿纸来写作，把手抄本变成铅字印刷体是一件遥不可及的事情。人们在草稿上精心地构思、遣词造句，一稿、二稿、三稿……有些作家甚至几十稿地修改、推敲。在草稿上删改、涂写，能一眼看到当时创作的心理路程，顺着手工笔迹的表达，创作者可以找到心灵的来路。迅速模拟对接到当时的情景，融入其中反复咀嚼、反刍、推敲，最终百炼成钢，终成不朽的篇章。而我们现在已经很少有人知道"推敲"的典故，猛然回归到手工书写，很多人一下子退化到提笔忘字的地步。

电脑网络时代的书写表达，即时而快捷，使人们失去再次修改的时间，因为文字一旦公之于众，创作者即会觉得瓜熟蒂落，发布之后被修改润色的可能性不大。一般情况下一旦一篇文章脱稿基本上就没有多少机会再修改构思，这就造成我们的思维不够严谨和缜密，从而难得出精品的东西。

现在我们处在一个追求效率和速度的社会，人们被迫地把目光和注意力都放在新鲜的事物上，而很少讨论什么是我们真正想要的。

日本著名的设计师安藤忠雄在《论建筑》一书中说到，原来的设计师依靠手工画图，而由于CAD技术的诞生，几乎所有的设计师都依赖于电脑技术来设计，CAD图带给人们的视觉是严谨的、科学的、一丝不苟、缜密的，但其实背后被阉割的是手工时代的最初创意，有血有肉的脉络虽错综复杂，但有更丰富、更有章可循的立体思维。

信息的泛滥化、碎片化、无序化、无边界，微博、微信的快餐表达，使我们的思维无法忍受更大篇幅的文章，于是我们的思维越来越不擅长系统思维和全局构思。不知道在不久的将来，有多少深具内涵、构思精巧的图片，立意高远、思想深邃的文章，造型独特、美轮美奂的建筑能够留存于世。

如果我们的手只有借助键盘或者滑动手机的屏幕来创作，造物主赋予我们的两只巧妙的工具就会退化，人类也将失去“心灵手巧”，手不巧了，心自然就不灵了。

2013年7月31日于丽江云上公馆

手书时代没落了?

古人对于世界的感知往往敏感、觉察而且丰富,而现在人与之相比,感知能力似乎在退化。

退化的原因,有一大部分源于现今的资讯太发达了,人的注意力屡屡会被打断,很难专注在一件事情上。有统计显示,每个中国网民上网打开的窗口是9个。这就意味着,本来开电脑上网是想写篇文章,或看一篇报道,但在实际上网运用时,却是不断在各个窗口之间来回切换,很难专注于某一个信息面。同时还有QQ、飞信、邮件等不时闯入,让你不得不应对。所以很难让一个人专注,缺失了专注力同时也就失去了创造力。

时间和距离往往创造了美。古代由于资讯落后,人们通信往往需要成年累月,在漫长的等待中人们怀抱期待。给友人寄去一封信就开始等待回信,等待的过程就是一次再创作的过程。范仲淹写的《岳阳楼记》并不是在长江边上的岳阳楼上,而是他在南阳做官的时候,应友人滕子京之邀凭着丰富的想象力创作而成。古人丰富的想象力和专注力,使得人们更容易把学问做深。

古人从小开始背书,用的时候在脑子里检索就可以了。苏东坡当年被贬,一路颠沛流离,当时没有电脑,连基本的生活用品都难以保障,更不用说携带大量书籍了,他那么多引经据典的著作去哪里查阅,答案只有一个:他凭借烂熟于心的记忆。而今天的我们依赖百度和谷歌,失去电脑就不知道该怎么生活。文化的快餐造成资讯泛滥,垃圾堵塞心智之后,造成思维短路失去运转力,思考力和洞察力都在下降。感知不到春花秋月、花开花落、雨打芭蕉、风过松岗的意境了。

有一次,给一个朋友邮寄茶叶,随手拿了张纸在上面写了几句话。事后朋友无比的激动，非常珍惜，幸福了很长时间。逢人便说，现在能够收到手写的信简直如天外来物。手写的信在古人叫帖，那时候资讯不发达，在一个城市的可以差书童跑过去，如王羲之著名的《快雪时晴帖》、《平安帖》，其实就是古人的短信，说的就是平常的小事。如《奉橘帖》：“奉橘三百枚，霜未降，未可多得。” 寥寥12字，两行而已。外国人不能理解为什么中国电信公司的短信收入那么高，为什么不直接打电话，而是短信来去？中国人重含蓄，有时候语言难以表达时就用文字。但如今的汉字运用中，汉字最初的想象力和蕴含的丰富信息给阉割了，我们很多的对话和文字如白开水一般寡淡而无味。

手写的信件会传递更多的信息。比如写字时，心情通过字体会传达给另一个人，让收信人睹物思人、见信生情，能够看到写信人当时操笔的神态。打印机打印出来的文字虽工整，但面目冰冷，一脸的死相。手写的信件纵有语句不通，错字别字，前言不搭后语的现象，但会令人感同身受，就像颜真卿写的《祭侄文稿》、王羲之写的《兰亭序》一样，修改涂抹也是在传递信息，其间传递的信息量之大，纵然跨越千年的时空仍能够打动人的心灵。

《查令十字街84号》的序言中这样写道：“就在那些自以为省下来的时空缝隙里，美好的事物大量流失。一旦交流变得太有效率，不再需要翘首引颈、两两相望，某些情意也将迅速贬值而不被察觉。我喜欢因不能立即传达而必须沉静耐心、句句寻思、字字落笔的过程；亦珍惜读着对方的前一封信，想着几日后对方读信时的情绪。”

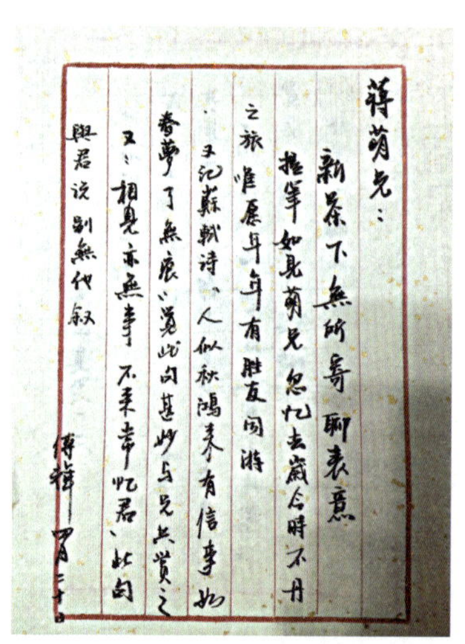
蒋荫兄：
新岁下无所寄聊表意
拙笔如見荫兄忽忆去岁今时不丹
之旅 唯愿年年有胜友同游
又记苏轼诗、人似秋鸿来有信事如
春梦了无痕、觉此句甚妙与兄共赏之
又、相见亦无事 不来常忆君、此句
與君谈 别无他叙

手写的书信，哪怕有错别字，有涂鸦，但都比工整的电子邮件更能激发人内在的真情。

此言不谬。

2013年7月

你弱智了没有?

鉴于智能手机对人无处不在而且越来越严重的控制,平均5分钟就要巡视一下手机的强迫症,使我决心挣脱——立即到手机专卖店买了一部260元的诺基亚。我原本是想买一部最老式的摩托罗拉手机,那种十年前使用的主流机,只会接打电话和收发短信,但不幸早已没有那种款式了,要有估计也只能到废品收购站了。

这部OUT的诺基亚,功能简单,近似傻瓜,界面复古,按键输入,费时费力。公司的网管用了九牛二虎之力才把我苹果手机里的电话本导入。拿到这个简单的手机,在陌生而又熟悉的黑白屏幕上,笨拙的设置左键右键,重温原来熟悉的功能。翻看电话号码簿里的名单,原来1000多个号码,很多人从录入都不曾通过一个电话,而只是一个曾经认识的符号。在接下来的几天里,翻看手机做的一项工作就是从1000多个名单里不断地删除,最后只剩下100多个(实际上人类关系学家测算在一段时间内,一个人最多只能与150个人建立关系,这真是个巧妙的吻合),其中有家人、同事、朋友、核心业务的合作伙伴。在每次删除的过程中,忽然有种减负的愉悦,就像把凌乱的书桌重新整理了一遍一样,大脑的运算量大大下降。

随着智能手机的发展,我们不断被智能手机所诱惑,所绑架,越陷越深,犹如吸食鸦片几乎无力自拔。时间被一部小小的电话割裂得七零八碎,QQ、微信、微博、短信、飞信,刺耳铃声、各种信息的提醒,游戏,等等,原来为弥补无聊时间的微博、微信之类的零食信息,正在侵蚀大把的时间,使人难得再有整块的时间。

编辑微博、微信需要耗精费神,发完微博、微信又需要关心是谁回应你,谁赞了你，来而不往非礼也，你总不能不回， 在互粉中彼此愉悦无聊的精神，相互抚摸，相“濡”相“沫”。

智能手机给我们带来了很多的快乐，看视频，读新闻，励志的短文，感人的美文，悲怆的故事，激愤的吐糟，淘宝的商城，京东的百货，愤怒的小鸟，百度地图，大众点评，美食索引，携程订票，美团购物，等等，给我们的生活带来极大的便利，让我们即使身处一个举目无亲的陌生地方，也能迅速找到当地地道的小吃，物有所值的宾馆，不用问路就能准确无误抵达想要去的地方，甚至在某个无聊的时刻，摇晃手机也能找到同时无聊的人，大大增加了出轨的概率，降低了出轨的成本，这就无怪乎“情”为什么这么烂!

在极大便利娱乐的同时，也带给我们极大的烦恼。比如给某人的短信、微信没有及时回复，给某人留言评论对方置之不理，打一个电话对方没有接，在及时联系的通道上，哪怕有一点点的延迟，都会陷入焦虑和迫不及待的不安中。便捷的通信让人产生了速度的依赖症，渐渐由此失去耐心，失去沉静，失去独处的能力，失去深度思考的能力。

回想一下上次耐心看完一篇5000字的报道是什么时候?

现在还能想象在摩托罗拉时代，或前摩托罗拉时代的通信业，在前互联网时代，在BB机时代，在电话电报之前的时代，在航空业还没有发展的时代，在书信依靠邮寄的时代，在依靠马来送信的时代，人们如何联系到一个人。如果联系一个人，会耐心等待多久，会获得多大的快乐和幸福!

不丹的上师宗萨仁波切说：我们不幸福是因为我们走得太快。

移动智能终端的时代已是大势所趋，没有人能够阻挡这股潮流，重返摩托罗拉时代，或者用马送信的时代显然逆潮流也不可能，但我觉得置身在这股浪潮中，可以有所选择， 保持独立和自我。

当一夜之间手机的触摸屏取代键盘成功上位，成为通向世界的主通道，人人都要发光发热，人人都想创办自媒体，人人都成了分享的转播台。在深度的恐惧中跌落，生怕被这个世界遗忘，无论去了哪里，看到了什么，吃到了什么，遇到了谁，孩子、老公的私生活，都成了及时拍摄的对象，实在无聊还可以拍张自恋的大头像。吃喝拉撒，生活琐碎，头痛脑热，传闻流言，无一不是晒晒的题材，连上厕所的时间也不得安宁。统计显示，拿手机如厕是不拿手机如厕时间的3倍。

亲，别那么自恋，你没那么重要，没那么多的观众，只是你自己觉得自己那么重要罢了！所有的人都认为自己是最重要的，都把自己弄得像个小报记者，急着发表自己的花边新闻，不管这声音是人云亦云的噪音还是自怨自艾的呻吟。第一财经的富大人在吐槽第一线说：不加思考发的那些陈芝麻烂谷子，似旧非新的信息，在别人看来就像看到街角的一堆垃圾一样，熟视无睹，甚至令人恶心。

如果你说的、你发的、你写的，对别人无益，你就是个强奸犯——强奸别人的视听。

我们接触无论主动的还是被动的，在大众人人投奔自媒体的时代，网络信息免费的时代，信息不是太少了，而是太多了，简直是泛滥成灾。就像说当你有一块手表的时候，你知道是什么时间，当你有两块或更多块手表的时候，你就不知道现在是几点了。

当你读到第一则报道的时候，你还会思考；读到第二则的时候，你估计看都看不完。在海量信息面前，人的思维处于麻木停顿、视而不见的状态。所以，可以推断信息摄入塞满大脑时，大脑处于短路状态，智商处于弱智状态，哪怕你经过测试是克林顿的智商（克林顿的智商据说高达182）。

当生活和工作被手机绑架，手机成了睡觉前最后一眼看的东西，睁开眼后第一眼看的东西。平均每三五分钟就不由自主掏出手机刷一下屏，看看微信、微博，有谁@我了，谁给我留言了，谁看了我的发言，谁去哪了，谁说什么了，谁吃什么了，谁看了什么……哪怕是在谈一笔重大的生意，哪怕身边正依偎着热恋的情人，都难以抵挡某个手机里的人与我们不搭界的联系和诱惑。越来越多关注陌生人，而忽略身边最亲密的人。可能用一个晚上的时间和一个不搭界或只有一面之缘的人磨叽，在浅薄的关系中，彼此陶醉，从而忽略父母、妻子、孩子坐下来和他们安静地吃顿晚饭，聊聊家常；或者和同事上咖啡馆吃个大排档就本周和他们的工作和他现在的问题聊聊，他需要什么帮助，你需要他什么支持。

生活中真正的关系，是我们的亲情、多年的友情，同事、战友，而这恰恰成了网络时代最容易被忽略的一群人。

美国前国务卿亨利·基辛格说：听说现在的年轻人在社交网站上有几百个朋友，我非常不理解，这样他们还有什么时间做其他的事。

不久前和一个资深的讲师聊天。他两个手机， QQ声此起彼伏，滴滴响个不停。在近一个小时的聊天中不时打断聊天的气氛，他不时拿起手机回复，不能专注于聊天，最后我几乎要忍无可忍地和他说，你能不能把手机关了。看他这么忙碌的样子，我失去了进一步聊天的兴致，起身告辞，他美好的讲师形象在我转身的一刻荡然无存。

你眼前的人是最重要的人，而不是手机里的那个人。

在一顿口水废话的吐槽之后，在更换了弱智手机之后，是不是就此和这个美好的世界一刀两断，告别智能手机和网络带给我们的便利呢？

我的建议是：平常使用一部弱智手机，保有一部智能手机，只在固定的时间和真正需要时查看。

2013年7月21日

“亲”，我们究竟和谁亲？

一个80后朋友父亲过世，在丧事上目睹了这个时代另一种生存生活的状态，引发了我对城镇化以及独生子女带给这个社会新的人际关系转变的思考。

长久以来，中国是一个以乡土社会为主要核心的社会关系，其中以血缘关系、姻缘关系、地缘关系互为纽带的人际关系网络。此关系的基础上逐步延伸到同学关系、战友关系，进入工作后宽泛化为同事关系。

在原来的城市社群关系中，主要以单位为主，社区街道办事处为辅，一个人如果失去单位几乎就脱离了社会。所以原来的城市人每提及单位都有种自豪感和归属感，单位几十年不变，父辈子辈在一个单位的现象都很常见，孩子们在一个大院长大，街坊邻居，相当于一个村落关系，或者说是乡土关系的延伸。

乡土社会是一个人情社会，在生产力不发达的时候，是一个需要相互帮忙，以人情交换为原则的社会，是人类社会进化过程中的优先选择的结果。其中以宗亲为核心，所谓“打虎亲兄弟，上阵父子兵”，正是这种关系的体现。旧时的农村社会有祠堂乡约，一个小门小户小姓氏在一个村落里会受到歧视，人们为了生存必须团结，村里大姓氏人家有祠堂，小门户于是团结起来也立一个祠堂。我老家里有刘氏宗祠，但还有七姓祠，顾名思义就是七个姓氏共同立的一个祠堂。在农村小门小户更需要频繁地给其他人帮忙因为没有更多的宗族人来仰仗。

立祠堂是有效的非正式组织，在这种组织下能有效地集合、团结大众的力量抵御天灾人祸。比如某家有了丧事，这家的孝子出门第一件事就是通知近门的长辈族亲（血缘关系比较亲近的族亲，一般不超过五代），过去磕个头，然后去给族长磕个头，给村里红白理事会的会长俗称老董儿的人磕个头。给那些磕头的人说我爹过世了，然后回家专职当孝子就行了，其他的事就等着那些受过头的人过来安排丧事。老董儿过来拟一份名单，根据这份名单孝子再去村里依次磕头，借别人的东西或请人帮忙，受了头的自然都要过来帮忙的。如果不去给别人帮忙，人们常挂在嘴边的一句话是：等他爹死了让他自己背。如果办丧事的人家家底殷实兄弟众多宗亲庞大，孝子贤孙哗啦啦的一大片，加上众多来帮忙的人，一桩丧事自然办得轰轰烈烈、声势浩大。

反之一件喜事也是一样，其他的大事如盖房子生孩子等基本上都是靠着宗亲和近邻，姻亲凑份子帮不上什么忙。在小的村落里，一件红白事就是整个村子的事，不分远近，人人有份，人人出力。

乡土社会中喜事和丧事是件极其隆重的事儿，要的就是个场面，图的就是个热闹和人气。也是一个人社会地位和社会关系的集中展现。在生产力落后的状态下，多子多福成为自然的选择，有人就有劳动力，有人气，有人气自然有势气，有势气自然有利益，这符合生存的法则，所以中国的传统文化提倡的就是人多势众。

然而，80后朋友父亲的丧事，难以见到传统意义上的场面。一来朋友是个独生女尚未结婚，父辈们也没有居住在一起，分散在城市的不同住处或不同的城市，堂兄弟亦是独生子女，由于地缘的疏远已很难产生深厚的感情。她父亲早年下岗脱离组织，也失去了单位的依托。居住地又是一个左右邻居老死不相往来的地方，甚至在街道里摆放个花圈都要小心翼翼，生怕犯了谁家的忌讳。所以当临到丧事的时候，家里冷冷清清的三两个人，没人操持。

随着市场化的发展，各种职业应运而生，如婚礼的司仪，丧事的老董儿，这些原本都是兼职的行业如今都越来越职业化越来越来市场化。朋友父亲的丧事就是请了一个职业的老董儿来操办，从如何布置灵堂，在居丧期间如何来往应酬，去火葬场的仪程，什么时候下葬，关于丧事的注意事项，一一都有了交代。虽然整个过程比较原来农村的丧事仪礼少了很多，简化了诸多程序，丢掉了很多的传统，但仍不免是权宜之计。

然而一桩喜事或丧事总归还是需人手的，虽有婚庆丧礼公司专业化服务省却主家不少心力，但亦少了亲朋参与的热闹与交流。而一件丧事除了仪规，更多的还需要人，需要人来安抚、安慰丧亲的悲痛。在朋友的丧事中，亲戚甚少，有多种原因，一来是多年来的独生子女政策造成兄弟姊妹的减少，二来是亲戚的分散居住地没有更多的往来。

后来一票朋友出面，忙里忙外地帮着操持，才让整个丧事功德圆满。这期间的朋友多是小范围、小团体、小圈子的朋友，也有部分同学至交。

俗话说远亲不如近邻，而城镇化之后的近邻几乎老死不相往来。在一栋楼里，对门邻居是谁十年未必知道姓名，电梯里能报个微笑，打声招呼亦属不易，更不要说有什么深交。彼此的包容性也很差，门口未及时倒掉的垃圾都可能导致一场嘴仗。

而现在的公司里大家又都是各忙各的，遇到某人的红白事，能够集体去付个礼，送个花圈，个别同事吃顿喜酒或去吊唁一下亦属仁至义尽。

原来的街道办事处，老单位在解体，几十年不变的关系发生崩塌，单位破产了，村落不见了，祠堂不见了，农村不见了，棚户区改造了。几十年的老邻居一夜间变成对门不相识天南地北的人，人们关门落闩躲进自己的世界，网络社会可以把天涯变咫尺，人们不缺热闹却越来越寂寞。

城镇化之后，人们脱离原来的宗亲姻亲的血缘关系，也脱离了原来赖以依托的乡亲和熟人社会。城市里的人情淡薄，事态炎凉，各项服务商品化，人们的时间成本成为最大的成本，无法抽身用整天的时间去给别人帮忙。很多的服务都可以市场化、商品化，但人与人之间最为真挚的情感交流却无法市场化、商品化。你不能去市场上说：来三斤真情，一斤多少钱？我爹死了，来陪我哭三天爹，一天多少钱？

那么今后爹死了，怎么办，谁来披麻戴孝抬棺扛鼎？

城镇化必将对这个时代产生巨大的变化，新的人际关系范畴需要重新定义，甚至汉语的许多词汇将逐渐消失，比如“远亲不如近邻”“街坊”“发小儿”“表亲”“宗亲”“乡亲”所有的“亲”都不见了，只剩下淘宝网上暗藏玄机的“亲”，那么我们究竟和谁亲？

迅速涌入城市的人群必须快速适应变化带来新的工作方式和生活方式的转变。过去以宗族关系为纽带的人际关系将会被新的社会关系所取代，新兴的社交群体将取代宗族、社区或邻里关系。

人们将脱离原来的血缘关系、地缘关系，建立新的人际范畴，而这种人际范畴的建立是以兴趣圈或价值观相同的新兴的社会关系，这种关系以兴趣、爱好、信仰、宗教为纽带，搭建新的泛亲情友情宗亲的关系。如各种俱乐部、协会、慈善团体、社区团体。在发达国家是以宗教信仰为团体的互助会，而在这个80后朋友丧事上扮演重要角色的是“德馨女子会”。

你是否有个圈子，这个圈子在你有事的第一时间，坚定地丢开手头上的事支持你、安慰你或帮助你，或者仅仅是来给你凑份人气，捧个人场，壮壮声势。

这些关系都是以实际交往为依托建立起来的坚实的人际范畴，反而现在以网络为媒介的泛人际圈，在实际的生活中只能不管痛痒地在网络上发几张动漫笑脸或哭脸，以示祝贺或安慰，而这种情感表达甚至廉价和搞笑到随手在你爹丧礼的图片上按一个“赞”。

在城镇化汹涌的茫茫人海中，亲，你在哪儿？

草于2013年9月
修订2013年11月3日

家族在祠堂前的合影。随着城镇化，大家都渐渐远离故土，散落各处，难得家族中某件婚丧之事把大家聚在一起。
摄影/刘传辉

修省自息

低头认错不容易，宽恕别人不容易；认清自己不容易，善待别人不容易；以舍为得不容易，以退为进不容易；居高位而不骄不容易，处人下而不卑不容易。人生，都不容易。

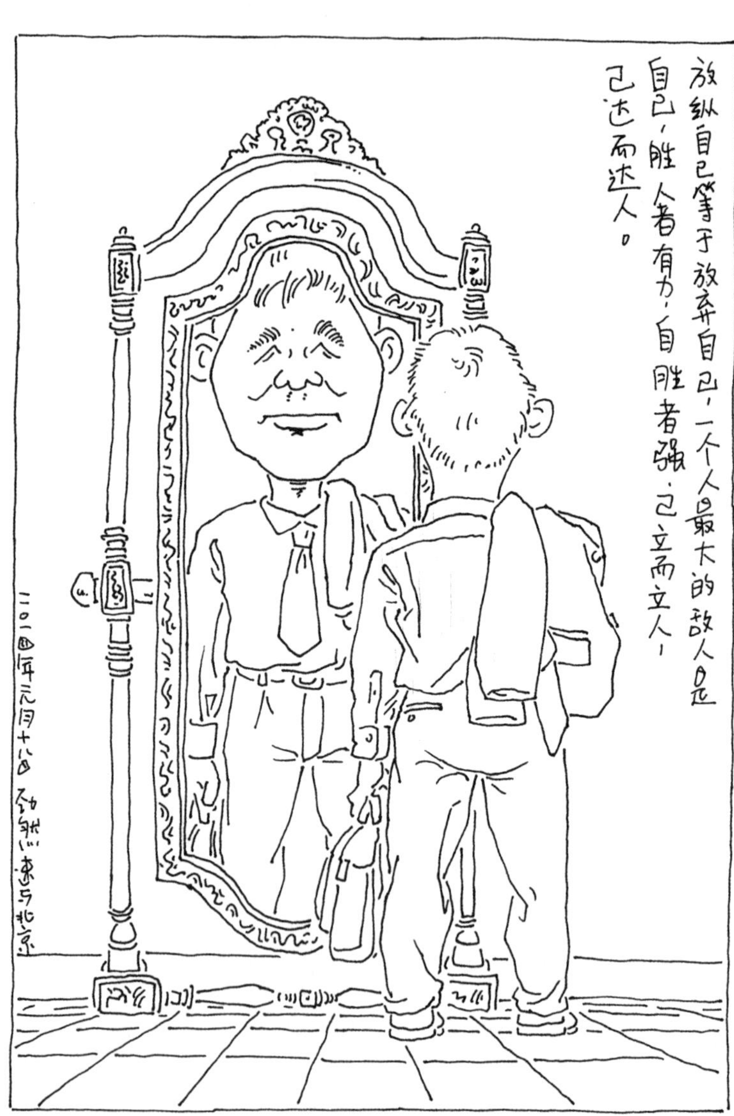
放纵自己等于放弃自己，一个人最大的敌人是自己，胜人者有力，自胜者强，己立而立人，己达而达人。
二〇一四年元月十八日
速写北京

自我管理从小处开始

“自我管理”是管理学大师彼得·德鲁克提出的理念，对应中国传统就是“修身”二字。这是一个很大的题目，涉及个人的人生管理、目标管理、时间管理、学习管理等。但我觉得自我管理是一个从小事做起的过程。

一个企业有管理才会出效益，一个人有管理才会出成绩。每个人都是一个管理者，至少每个人都需要管理自己，无论是精益求精还是自由散漫，你都在管理着自己，管理的好坏决定活着的状态：要么糟糕地活着，要么精彩地活着。

自我管理是一个由内到外，由小到大，由量变到质变的过程。

个人管理遵循由量变到质变的过程，从小的习惯开始。你不可能一口吃个胖子，千里之行始于足下，合抱之木起于毫末。自我管理不是要从经天纬地的大事做起，而是从我们当下的生活做起，从小事做起，从生活中的点滴做起。比如养成良好的生活习惯，有了良好的生活习惯继而养成良好的工作习惯。

由内到外，就是首先从内心开始。外在的一切都是我们内在世界的表现。如果一个人的内心很杂乱，表现在外的就是家里乱七八糟，工作上颠三倒四；生活上邋遢，工作上拖沓。所以，自我管理首先就是清理我们的内心，约束我们的内心，继而清理我们的外在，规范我们的行为，做到内外整洁，表里如一，始终如一，最后做到知行合一。

为了让我们的内心有条理，首先要让我们的生活有条理，身心需要互动，外在的清洁和条理通过视觉和感觉导致内心的条理和整洁，同时内心的条理和有序导致外在的有序和整洁，两者之间互为因果，是和谐统一的。所以，首先要养成良好的生活习惯，有句谚语：一室不扫何以扫天下。从最小的地方最贴身的地方开始，比如早起从空间上第一件事是把卧室整理好（卧室里一塌糊涂的人工作上必是一团乱麻），把洗漱间整理好，进而把厨房和餐桌整理好，把客厅和书房整理好。这些小事可能开始只是小到把被子叠好，把衣服分门别类，把脏衣服及时清理，把卫生间里的瓶瓶罐罐有条理地放在固定的位置，把书桌上不用的杂物清理掉，养成随手清理整理的习惯，生活慢慢就会变得有条有理一丝不苟。朱子治家格言说："黎明即起，洒扫庭除，要内外整洁。"内外整洁会让一个人的思路有条理，千年的古训自有它的道理。

其次，从个人卫生和衣着上，从里到外，从上到下，从头到脚，就像周恩来的格言"面必净，发必理，衣必整，纽必结；头容正，肩容平，胸容宽，背容直"，以这样的标准去观照和要求自己，日久个人形象就会自成一体，让他人对我们高看一眼，赢得别人的尊重。越是身处卑微的时候，一个人越应该把自己外表收拾好，因为这个时候我们剩下的仅仅是我们内在的尊严。

看一个男人的素养和品位就看他的袜子，看一个女人的品位和素养就是看她的头发，说一个女人的堕落是从隔日洗头开始的，一个男人的堕落是从隔日擦皮鞋开始的。这些都是从细处、从不被人知处、从他人看不到的地方做起。据说英国的绅士每天都要换一条内裤，怕有一天突然暴毙街头，被人发现穿着一条脏的内裤。

看一个饭店的好坏首先看这个饭店的卫生间。我们有理由相信能把最脏的地方收拾好，就能把其他的地方做好。有没有品位，有没有素养，在别人看不见的地方，能把看不见的地方做好，会给人内心增加无穷的力量，让一个人的内心强大。因为你表里如一，言行一致，这会给一个人无形的力量。

一个对自己有要求的人一定是一个有节制的人，一个没有节制的人一定是一个不负责任的人。自我管理就是从有规律的生活和有节制的生活开始，一个生活没有规律的人是很难成就大事的。

生活习惯直接导致一个人的外在状态。比如暴饮暴食、酗酒、抽烟、邋遢、拖沓、赖床、嗜睡，在网上泡到深夜，对体重失去控制，从不运动，不吃早餐，不化妆，不整洁，饮食和起居没有规律自然就会失去对其他的控制力。比如由于懒惰缺乏运动和暴饮暴食导致肥胖，而肥胖导致一个人的思维迟钝，工作起来就难以条理清晰。

如果做一个家庭主妇，做完饭随手把工作台和厨房打扫好，饭后把锅碗瓢盆和碗筷及时清洗出来，这个主妇就是一个优秀的主妇。有多少邋遢的主妇一直等到下次吃饭才把锅碗清洗出，拖拉的习惯会从生活延至工作。有理由相信做不好主妇的人也做不好职业女性，一个优秀的职业女性不会把未完成的工作拖到明天。那么，同样地，一个男人邋遢、贪杯、嗜烟、好赌、好色、贪睡、生活缺乏节制，有理由推理这个人在一方面缺乏节制，就有潜在其他方面也缺乏足够的控制力量。所以，往往我们面对一些生活或工作上的失败者心生怜悯，但总能从他的工作和生活习惯上找到令人痛恨的不良嗜好，可怜之人必有可恨之处（这话有点损，但公允）。

比如要养成吃早餐的习惯（这会让人一上午都精神饱满）；比如养成早睡早起的习惯就不会拖到最后一刻起床，然后胡乱洗把脸，来不及化妆蓬头垢面地就跑了出来，这不仅影响一个人的形象还影响一个人的自信；比如中午不饮酒不吃得太饱，下午才不至于发困，工作效率自然提高；比如养成晚餐不要吃得很多，养成运动的习惯，身体才不会发胖，不发胖才能思维敏捷，精力充沛活力四射。虽然良好的身体素质不是成功的必要条件，但却是成功的一个充分条件。

良好的生活习惯折射出一个人的品位和追求，闲暇和自由的时间是人和人之间的差别所在。

放纵自己等于放弃自己，一个人最大的敌人是自己，胜人者有力，自胜者强，己立而立人，己达而达人，管理好自己继而才能管理好家庭，管理好周围的人际。一个连自己都管理不好的人，如何让大家相信能够管理好别人呢？所以，自己是根本，不能舍本逐末，自己是本，他人是末。当发现他人不遵循我们的管理时，当反观自照，是因为我们没有足够的力量感召别人，感动别人，感染别人。比如正直、爱心、毅力、韧性、决心、果敢、节制、自律、自省等这些品格的力量。

由量变到质变就是要坚持，一时的坚持看不到效果，长久的坚持才能看到结果。管理好自己靠的是毅力和坚持，早起一天可以，做一件好事可以，难得的是一辈子都早起，一辈子都做好事。如果你要装优秀就装一辈子，那样你就变成真的优秀了！

有多少酗酒抽烟的人说这是最后一次，容易戒一时，难得戒一世。一次我和一个嗜酒的朋友打赌说如果你能把酒戒了，我就把饭戒了，结果朋友心疼我（鬼才相信他是心疼我）说，为了不让你把饭戒了，我还是继续喝吧。

邓小平抽了一辈子的烟，晚年医生建议他不要再抽了，邓宣布戒烟，从此再没有抽过一支，这样的精神来自对自我的高度要求和自制力。在台湾看到一个片子，当年马英九在父亲的引导下要致力考上台湾最好的大学——台湾大学，坚持每天很早起床跑步，保持饱满的精神状态，一天终于拿到台湾大学的录取通知书。第二天早上，有人看到操场上薄雾中仍有人在跑步，近处一看是马英九，问你都拿到通知书了为什么还跑步，年轻的马英九只是挥手微笑。即便是完成了目标，也永不懈怠，这种精神是马英九几十年后两次当选台湾最高领导人的源动力。王石登珠峰前在大本营里等待冲顶，珠峰大本营天黑得很晚，大家都无所事事，很多人处在登顶前的兴奋中，聚在一起聊到很晚。王石要求自己早早躺到帐篷里休息，哪怕睡不着，就那么躺着，回避外在的热闹。为了保存体力和精力，他知道到这里来的目的只有一个：登顶——所以很多人没有上去而他上去了。

有时候在取得一个阶段的成绩后，人心会有懈怠。比如说今天是个星期天，外面刮着风下着雨，早上想赖床，内心里有个声音说：起来反正也没什么事，不如睡个懒觉吧，算给自己一个小小的奖赏，于是就给自己放松了。放松一次等于在潜意识里告诉自己可以放弃一次，可以放弃一次就可以放弃第二次，继而有第三四次，最后就不了了之，前功尽弃。

管理自己的过程就是不断改掉恶习，坚持不放松，养成良习的过程，最后习惯成自然变成我们的第二天性。

生活规律，做人自律，坚持不懈，持之以恒是自我管理的基石。

2012年3月3日星期六凌晨

不容易

不容易是什么?

不容易是了解别人的难,体味别人的苦,能够站在别人的立场上看问题,理解别人的难处和苦衷。

不容易是尊重这个世界,珍惜一草一木,待物待人心怀谦卑,视贵视贱一视同仁。

不容易就是平等心,就是无分别心。就是认为众生皆佛,无圣无凡,无贵无贱。看待周遭的人都和自己一样拥有智慧、能力和天赋,无论对方的地位、贫富、职业、男女、出身,视他人的智慧和自己一样聪慧。对他人有敬畏心、谦卑心,以最大的善意去测度别人。不论对方贫与富,好与坏,地位高与下,收入多与少,工作难或易都认为对方不容易,都有着我们看得到和看不到的艰辛和难处。

活在世上不容易,放下自己不容易;低头认错不容易,宽恕别人不容易;认清自己不容易,善待别人不容易;谦虚谨慎不容易,戒骄戒躁不容易;以德报怨不容易,以善待恶不容易;以舍为得不容易,以退为进不容易;居高位而不骄不容易,处人下而不卑不容易;跌倒了不气馁忍住痛爬起来不容易,成功了不懈怠再上新台阶更不容易。

不容易是不怨天,不尤人。

不容易是妥协于世界的不公。

不容易是委屈自己求全别人。

不容易不仅是同情弱者,更要理解强者。

不容易是深刻领悟“遭多大的罪享多大的福”，理解看似享福之人背后的压力和焦虑。

不容易是体谅一个忙碌一天的餐厅服务员，在即将下班时接待一桌客人，是一个加班一夜的员工次日还要上白班，是一个为生计不愿跑堵塞路段而拒载的出租车司机，是一个扣你驾照的交警，是一个寒夜里从梦中被叫醒的看门师傅，是一个夜半还在捡垃圾过活的人……

做员工不容易，须看老板脸色行事。

做老板更不易，须看各路神仙行事。

不容易是看到艳照门不是猎奇而是同情受害者被放大的私人生活，当名人不容易。

不容易是三四岁的孩子睡觉不能睡到自然醒，懵懂双眼就被拉起来奔赴人生的竞技场。

不容易是为人父为人母，当爹当娘如做牛做马。

不容易是六七十岁的老人养大孩子而自己无所养无所居。

不容易不仅是进城打工讨不到工钱的农民工，更有结不到工程款的包工头。

不容易是看到城管无工资靠敲诈小商小贩过活，某些部门有任务为罚款而罚款，官员为太平给上访的人磕头作揖。

不容易是2008年灾难不断外加奥运重担的中国政府，是雪灾地震身临一线的花甲总理；是深陷金融危机的美国政府，是即将下台的布什总统。

一句话，不容易。

2008年12月

来复之心待自养!

家中不可有破败之相，如凋敝的花草，生病的虫鱼，用坏的什物，久未拂拭的几案，暗处的污垢，散乱的器物，未及清理的垃圾。唯书可散置，以便随手翻看。

办公室更不易有胡乱堆放的杂物，散乱的文件档案，凌乱的会议室，堆满烟蒂的烟缸，污浊之气的卫生间，漏水的便池，没毛的拖把，久未更换的文化墙。泛此种种之颓废之相，皆应以细微处着眼，随手清理，见微知著，莫待积小恙以致大患。悉皆使其处处整洁，条条有理，使其有生机活力，有欣欣向荣之色，天天向上之机。如此日久习惯成自然，则人物皆有精神，做事自有条理。

家中有一株滴水观音，搬来时生机勃勃，久不见阳光，渐有凋敝之色，叶枯而黄，茎萎而折，不忍观之。移至茶室阳台，不几日，品茶间隙，偶见其叶叶向阳，枝枝繁茂，叶绿而肥厚，茎挺而劲拔，又生旁枝，生机盎然。

茶室之中有株幸福树，搬来不久一枝皆枯，近日老枝又发新芽，仔细端详，生机毕现。

久觅盆栽竹子不得，甚为悵悵，“宁可食无肉，不可居无竹”。前时见售楼部搬迁，庭前种的竹子郁郁葱葱，搬迁后无处栽种。几根新竹亭亭玉立，随让人栽两盆置于庭中，夏日移栽不易成活，悉心照料，一盆渐有生机，念及王徽之：“不可一日无此君，茶余饭后静观此竹，如与君子对面，默契于心。”《诗经·卫风·淇奥》云：“瞻彼淇奥，绿竹猗猗，有斐君子，如切如磋，如琢如磨。”

室内生物，静坐观之，体验来复之人心顿生。

阳台茶室的绿色植物。 摄影/刘传辉

后附：体验来复之人心——来复指所有的痛苦、失望、灰心之内有一点不灭的希望。“一种仁心、勇气，一种同情心、悲悯心，对所有事物生发的一种希望”，这种生命力比较旺盛，而且长久。

2011年8月22日

失眠之殇

汲汲于富贵，于华屋锦榻之上，而求眠不得，真是一件痛苦难挨的事！这样看来纵然坐拥亿万、高官厚禄又当如何呢？反观那些倒头就睡，天大的事置之于不顾，毫无俗务萦怀的人真是天赐的大福！

失眠的人即便躺在床上，也是满怀心事，越是想睡越是睡不着，百般愁绪，万般萦怀，如何也控制不住脑海里奔腾的思绪，思绪如脱缰的野马，束手无策。

久耗于床榻之上，辗转反侧，终有一点睡意，在似睡非睡之际，忽听到一枚硬币落地也如惊天霹雳，复又被惊醒过来。于是一切从头再来，看古书，喝牛奶，酒，醋，安神补脑液，假寐，数数，数羊，数呼吸，念阿弥陀佛——神啊！

最是令人嫉妒羡慕甚至痛恨的，是那些谈话间就可以酣然入睡的人，此种没心没肺的人甚是可爱至极！

还有一种神人是无论在什么地方、什么时间，无论用什么姿势都能迅速入睡，哪怕旁边正在酣战一桌麻将，哪怕是在喧闹不堪的车厢里，哪怕是在大战的前夜，此种神人实属罕见之物。

记得大学刚刚毕业时，在三菱电梯上班第一个月，就被派到工地实习安装电梯，十七层高的电梯井道里，每天负重爬上爬下。井道顶端横着几块竹夹板，在工休的间隙困倦难耐躺上去，马上酣然入睡，那窄窄的夹板只有一人宽，一翻身便会自由降落而下，然而好梦连连浑然不觉。

小时候在农忙季节，每天起早贪黑，晚间倦极不堪，不顾蚊虫的叮咬，即便天气溽热难耐，没有热水淋浴，硬板床，破凉席，一顶破蚊帐，生硬的枕头，粗布的床单，顾不得洗把脸就倒下睡着了。家里唯一的纳凉工具是一台落地扇，在正屋的堂里。有时候在地上铺张破席就地睡了，晚间只有一把芭蕉扇可以挥挥蜂拥而来的饿蚊子，醒来蚊帐里爬满了吃得饱饱的鼓着红红肚皮的蚊子。于是捉将过来，啪啪，打死，一手鲜血，都是自己的。那时倒头即睡怎么都睡不醒，最是难得黎明觉，如死猪般安然，那安然梦沉，气深，甜蜜，幸福。

如今夜半难眠，黎明即起，安睡的幸福，何处去寻？哪里购得？

清末，有一东家高薪聘请一个掌柜，过了一段时间掌柜一直说睡不着，东家让伙计问为什么？掌柜第一次说床硬，第二次说被糙，第三次说枕低。东家马上让人加厚了褥子，铺上锦缎被子，换成了高枕。过了一段时间掌柜还说睡不着。说床上有东西，翻开看有一粒黄豆，掌柜说正是此物让人难眠，东家觉得掌柜故意找事，一气之下让掌柜回家了。

过了一段时间，东家念及掌柜的种种好处，去掌柜家里看他，到了以后看见掌柜在草房的草堆上睡得很香甜。问他华屋锦榻不堪入睡，为何茅屋草堆反而鼾声如雷。

掌柜说："居华屋锦榻劳心所以难眠，茅屋草堆虽劳力但心静所以睡酣。"

又复夜深难眠，念及少年老家的时光，拈《思归乡》一首：

若复有闲去耕田，待到睡足弄菜园。
夜来有兴调素琴，心无挂碍拥书眠。

草于2011年8月12日凌晨
整理于2011年8月25日

逃离的冲动

在一个闷热的夏日傍晚，确切地讲在端午节的前一天，我忽然有种冲动，想要逃离这座城市，到某个地方去幽居几日。

事实上这种想逃离去幽居的想法从来都有，甚至我有意在车上备了几件衣物和洗漱用品以便我随时逃跑，逃到我觉得可以清净的地方。在这个闷热的午后,百无聊赖种种烦恼涌上心头，那些一地鸡毛的烦心琐事，那些看似亚历山大一样的负重，XX的敌意与欺诈，YY项目中那些丑恶的嘴脸，ZZ业务中连绵不绝的阴雨和暗淡的未来，还有对人性劣根的悲哀和无助，对自我的迷失、抑郁、纠结、焦虑、狂躁，在那一刻一触即发。所以，当得知在端午节之前有一项工作不能完成时，我彻底崩溃了，一时间充满了逃离的冲动。

于是下午5点跑回家中收拾东西准备逃离。走，去清净几天。我开始整理要带的东西，一边收拾东西一边想，女儿刚刚考试完要不我带她一起去解放几天？前天一个朋友刚刚把他父亲送到山上避暑，我要不要在这个暑热的夏天，把父母也带到山上避避暑？于是我在这种瞻前顾后、左顾右盼的纠结气氛中，不得不断断续续、磨磨蹭蹭地收拾东西。给孩子妈妈打个电话，好久没有接通，等到接通已半个小时过去了，孩子明天还有辅导课，不能去，再说她去了还不得把幽居的几天闹得鸡飞蛋打。给母亲打了半天电话，她放不下弟弟家的孩子，如果带着小孩走又担心孩子妈妈不同意，她有心情没意愿去。我一时愤怒起来，在电话里开始数落母亲，你一辈子都在想着别人，别人，别人，今天是这个孩子，明天是那个孩子，儿子的事操心完了还有孙子的事，你一辈子都有操心不完的事，你有什么放不下的，你放下了看看天会不会塌。母亲在电话那头很无语，我在母亲的静默中忽然发现我在愤怒地说着自己。

有什么放不下的，放下了天不会塌！

在收拾书桌的时候，忽然看见一张纸理直气壮、不屈不挠地横躺在桌上，上面写的是今天还有待办的事。一时犹豫起来，是不是真的要不顾一切地逃离，逃到那个我觉得清净的地方呢？

心里有个小声音开始挣扎，又有些我要收拾的东西开始配合这个声音，要带的东西不是这个找不到，就是那个找不到，于是我妥协了，要么明天走吧，我暗自安慰自己。其实，很多次这样的安慰最后都不了了之，因为第二天还有一堆事情等着你去做。经过一个晚上，冲动的激情慢慢消磨殆尽，最终理智抬头，哀怨一声，或者干脆来不及哀怨，就又身不由己、不由自主地整理衣冠，把昨天未做完事的清单纸条顺手塞裤兜，一双不争气的脚不知怎么，就把自己带到了办公室，开始雄赳赳、气昂昂跨过鸭绿江，奔赴所谓保家卫国的战场了。

据说梁朝伟在极度郁闷的时候，会跑到香港启德机场随便搭上一班飞机，然后飞到巴黎，在巴黎的广场上喂喂鸽子再回来。我也常有这样的冲动，随便搭哪班飞机飞到成都或者杭州，好像我冲动的也就这两个城市。其实我冲动的不是这两个城市而是这两个城市所代表的含义——闲适的人生和自由的生活。

在成都的宽窄巷子或者成都近郊某个农家乐里，要一份夫妻肺片，来一碗担担面或者到成都老码头火锅，吃一顿正宗的那种要排队等候伙计看见你是外地人要问问你是吃微辣的、中辣的还是特辣的火锅，我会不假思索地说："中辣的吧。"吃得满嘴冒泡、大汗淋漓之后，找个路边露天茶馆拉一把竹椅泡一个下午，什么也不干，就在那儿呆坐着把一碗五块钱的茉莉花茶喝成白开水，傻傻的、无所事事的呆坐挥霍掉一天的大好光阴，然后呢，就像精神病打了一剂镇定剂，没事了，打道回府。

给巴黎的鸽子喂食不知道能否缓解梁朝伟的焦虑和抑郁，但我知道我跑到成都抑或杭州，回来之后我还得面对一堆的烂事。因为你知道一个烂苹果，哪怕开始是一个小斑点的烂，如果你不理它，它只有一个结果——变得更烂！

哥有自知之明，哥不是梁朝伟，哥是哥，成都也好，杭州也罢，想想还是可以的。

最切实际的冲动是在车程两个小时左右，到某个人烟稀少的地方。可这些年随着汽车蜂拥乃至泛滥成灾，村村通公路奔小康，在岂止是小康简直都奢侈的生活下，不要说各大旅游景点，就是早年还人迹罕至的地方，现在都人满为患。过个节日简直就是人山人海、人头攒动、人声鼎沸，城乡早就一体化了。就连深山幽谷里，夜半都是鬼哭狼嚎的卡拉OK响彻天地，孤独的狼呢？早被闹死了！

这个时候你想逃，你能逃到哪儿，你无处可逃！

你早不是一人吃饱全家不饿的主了，你跑得了和尚跑不了庙，躲得开城市躲不开人，跑得了今天跑不了明天。总之，那一堆烂事你不处理它，永远在等着你。你若逃了烂事更烂，你过不了这个坎就永远上不了那个台！

既然跑不了，剩下的只有面对。心有灵山莫远求，灵山只在汝心头。谁也拯救不了谁！能拯救我们的只有我们自己，在人生中总有孤立无援、四面楚歌看似绝望的困境，这时候别忘了——把手伸向内心深处，在黑暗中，拉自己一把！

这话谁说的，那么经典！

2012年6月24日夜

后记：

或许很多人在面对困难和疑惑的时候，在觉得无法承受的时候都有逃离的冲动，去逃避某些问题。这些困惑和焦虑充斥每个人的内心，只要你还没成佛成道，都有俗世的烦恼，只是有些人跨过去了，有些人止步于此，由此产生了人与人的差别。有觉知的人面对困境时在临阵脱逃与迎难而上之间选择了后者。无论哪种心态都无可厚非，都说明我们尚未丧失自知—忧郁、自闭、强迫症、交流障碍、妄想、躁狂、焦虑……听听，“尚未丧失自知性”，作为资深焦虑狂的我们

应该为觉知弹冠相庆！

秉性可纳，习性可变

人生而有秉性，用佛家的观点乃累世累劫积下的果报，是遗传，DNA，是人的天性。比如在血统中有这样的说法：老鼠生来会打洞，爹是英雄儿好汉。又比如有人豪气善饮，有人脾气暴躁，有人性格内向软弱，有人性情古怪，有人自信，有人自卑，有人天生好斗，有人生来懦弱，凡此种种皆上天所赐，父母所给，乃是秉性。秉性可能是几代人的遗传基因，是天赋资源，或优势或劣势，正所谓江山易改秉性难移。

如果认识到自己的秉性就不要试图去改变，认可自己,接纳自己，做你自己。举世誉之而不加劝，举世毁之而不加沮，无论自己是个什么样的人。有时候会痛恨自己的缺点，恨自己的长相，恨自己的性格，恨自己的懦弱，恨自己的智商，恨自己的决策，不能全然地接受自己。羡慕他人，攀比他人，回避自己，不愿意接受有缺陷的自己。看不到自己身上与生俱来的矛盾——美和丑，对和错，高尚与卑劣，聪明与愚蠢，优点和缺点构成了完整的自己，无法抛弃另一半。

而习性是后天养成的，习性受到后天环境的影响很大。“人之初，性本善，性相近，习相远。”一个人的本性是相近的，造成差异的是后天的习性。习气，习以为常，习惯成自然，习就是习惯，由习惯而成自然形成的性格，是由后天外在环境和内在环境（自己的认知）共同造就的，习惯是可以改变和塑造的，改变命运从改变习惯开始，开始的时候是你改变了习惯，后来是习惯造就了你。

“昔孟母，择邻处”说的是环境改变人。古代的孟母择邻，现在的家长择校，无非都是想要给孩子一个好的学习环境。糟糕的环境让人随波逐流，很容易养成懒惰、邋遢、抽烟、酗酒、盗窃、暴力和游手好闲的恶习。比如在贫民窟里成长的孩子很容易成为不良少年，长大后很难融入到主流社会；比如农村的孩子不容易养成讲卫生的习惯。但如果一个人对自己有深刻的认知便可以出淤泥而不染，自己要求自己逐步养成良好的习惯，习惯诚实、习惯反省、习惯节制、习惯勤奋、习惯学习、习惯有礼貌、习惯整洁、习惯谦和、习惯锻炼、习惯奋起直追、习惯不甘人后，直到习惯优秀。

每一个生命都是独一无二的，所以我们要深刻认识自己是这个世界上最好的，全然的无条件地接纳自己，我们就会安然于当下，淡定地处理发生在自己身上的事，扬长避短找到适合自己的职业和生活方式。知人者智，自知者明，一个人贵在认识自己，Know yourself（认识你自己）相传是刻在阿波罗神庙上的箴言。

接纳自己的秉性，改变自己的习性，人生就会全然、自然、怡然。

2011年11月23日

有些快乐不可依附

人的快乐与享受分几个层次，肉体的，物质的，精神的。

首先是由肉体的感官刺激带来的快乐和享受，如饥渴，如美味，如满足性欲的需求；其次是物质的需求，渴求某物如漂亮服饰，进而到对名牌的需求，小到一件无关紧要的配饰，男人的手表、打火机，女人的香水、项链，大到房子、车子、游艇、私人飞机等奢侈品。

最后是一个人的精神享受，听一场音乐会，阅读或观看一部佳作，练习某项技艺如书法绘画，演奏某种乐器，创造某项发明，攻克某个难关，不为获得某种报酬的努力投入，帮助和成就别人，为利于社会及他人力所能及地贡献自己的智慧，在此过程中获得的成就感是一个人的精神享受。一个人的精神享受未必和前两个享受有必然的关系和逻辑，大多取决于一个人的修为和境界。

在满足肉体和物质的需求时，都会产生短暂的快乐和满足感，但这两种快乐和满足感都会瞬间即逝或渐次麻木，且无法挽留无法储藏，两者都呈现出边际效用递减规律。

任何快乐所带来的乐趣和得到的过程，都与期待的时间长短成正比。如果唾手可得必然弃之若鸿毛，若期待已久则必视为珍物。

人们对于第一次拥有的1.0版本的东西，所获得的快乐远远大于此后的升级版本。第一块电子手表获得的快乐比此后的劳力士或百达翡丽(Patek Philippe)记忆更深刻；第一部摩托罗拉砖头手机比现在最先进的手机更有回味的乐趣；第一次吃大餐，第一辆脚踏车，第一辆汽车，第一件名牌，第一个1万元存款，第一个恋爱对象，第一次拉恋人的手，第一次接吻……都记忆犹新，快乐无比，因为有一个共同点都是从无到有——第一次，并且期待已久，因此弥足珍贵！而第二次呢，谁还记得？

奢侈品或一件物品的贵贱、价格高低，并不会给人带来正比例的满足感和快乐指数。所有的东西获得的快乐指数以及强度，与一件物品的价格没有直接的关系或者说关系不大，和期待的强度和等待的时间有直接的关系。

拥有一辆名车无论是宝马、奔驰还是劳斯莱斯，所获得的快感与一个孩子期待得到同样的模型玩具不会有本质的区别，和一个买不起汽车而盼望能有一辆山地车的中学生的快乐不分高下。所以，提高快乐指数的秘诀不在于追求一件物品的价格，而在于控制得到该件物品的时间，抑制获得的欲望，期待越久，快乐越久！这个世界拥有快乐最多的人一定不是拥有财富最多的人，所有钱能够买到的快乐，都将瞬间即逝并且逐渐麻木，就像吸食鸦片，吸食时间越长用量越大，快乐感越低，距离死亡越近！

味觉的快乐，一定是时下被人们视作美味佳肴的鲍鱼海参等大餐吗？对记忆中的美味一定要排序的话，排名第一的，可能是早年间的一碗肉丝面或烧饼夹牛肉。

遇到一家新开张的菜馆，隔三差五去吃，厨师没有变，菜还是原来的菜，但人的味觉系统麻木了，味觉的快乐逐渐消失。再回头吃早年的肉丝面，亦难以找回早年的快乐感受，就像朱元璋与“翡翠白玉汤”的故事。所谓的“翡翠白玉汤”无非是馊豆腐加上酸白菜乱炖，可在那个讨饭的战乱年代，这碗汤的记忆温暖了朱元璋多少年。当皇帝之后，却再难寻得那种美味感了。

对于肉体的享受亦是如此。第一次接吻的触电和陶醉感没有办法储存，这种快乐只能回味却无法再现。再漂亮的美人都会有审美疲劳，如果靠不停地更换性伙伴来寻求快乐，无疑是舍本逐末、饮鸩止渴。动物本能的快乐是短暂的，快乐瞬间即逝，接下来的是空虚和无聊，颓废和荒唐。

人一但对某种快乐产生依赖感，就容易被这种快乐绑架，这是一个人的无力和不足够的表现！真正的快乐在于对于快乐的自由选择和自我控制。

人对于精神的快乐和享受是永无止境的，几乎不会有精神的审美疲劳。诵读一首好诗，人不会因第一次阅读快乐而第二次就乏味。欣赏一篇佳作会百读不厌，每一次阅读都得到精神的共振和体悟，犹如在心底徜徉的一幅好画，一幅好字，一件古董，一件艺术品。人们不会把诸子百家、汉赋唐诗宋词读烦，涉及精神的快乐，持久，熨帖，在每一次触景生情的时刻，艺术会穿越历史，跨越空间而直抵人的心灵。

会有百读不厌的诗词歌赋，百看不厌的山水字画；不会有百吃不厌的美味佳肴，百看不厌的绝色佳丽，百穿不厌的名牌服饰，百开不倦的宝马奔驰。以物悦心，则物敝而心恶；以色交游，则色衰而爱弛，“最是人间留不住，朱颜辞镜花谢树”，朱颜辞镜之日，就是色衰爱弛之时，岂不悲哉！

快乐在于人与人，人与物。如艺术品，其实在此背后也是人与人，当下的人与创作者之间通过一件作品为媒介的交流与对话，产生精神的碰撞与对接，共鸣与交流！

快乐在于为人类谋求福祉，在追求艺术、学术、科研等延展人类智慧与精神的道路上，人们获得的快乐指数远远胜过一顿美味佳肴，一位美人侧拌。在不为肉欲和物欲所努力付出时，每一次的努力得到的些许进步和成就，都会达到无比的快乐。在此过程中不会有审美疲劳，不会有快乐递减，只会有持续递增的幸福感令人乐此不疲。

欣赏美而不是得到美的过程，就是快乐的过程！

求不得，是佛家讲八大苦中的一大苦，如果一个人能艺无止境，以苦为乐，孜孜以求，则必定快乐终生！

2010年5月19日

进一寸有一寸的欢欣

2010年杂记

过去的一年有很多的感悟，临近年末，愈加不安和惶恐。曾国藩说：“日知所亡，月勿忘所能，内省不疚，则能日日精进。”在此，把一些零碎的思绪记录下来，以兹惕励。

这一年觉得对身边的人关心得太少了，包括他们的工作和生活。一个领导者不仅是要给大家指明方向，描绘未来，还要排除困难，鼓舞士气，不可忽略的是对于下属的培养和关照。而在过去的一年里在这方面做得太少了。这项工作就像一个人的健康和学习一样，是一项重要而不紧急的工作，但又是一项不做就会透支的工作。

2010年，值得欣慰的是养成了几个好习惯，早起锻炼打拳与每日练习书法，如果还有就是写作，逼迫自己把感想感悟都写下来。打拳与练字除了锻炼的作用还有一个目的是静心。而写作是一次再学习的过程。习惯造化人，习惯成就人，开始的时候是你造就了习惯，后来则是习惯造就了你。坚持好习惯，勤修不间断，躬行不辍，日久功夫自见。

QQ空间是2010年的一个意外收获。原来用MSN，后来由于工作需要加了一个QQ，也觉得有必要跟上时代的步伐。用了QQ以后给自己几个“不”：不聊天，不偷菜，不加陌生人。前两个都可以做到，后来发现在这个圈子里几乎是没有办法不加载陌生人的。因为熟人都是由陌生人转化而来，权且当此也是一条扩大影响力的途径吧！想不到会有那么多朋友不时过来捧场，甚至赞扬几句，也有很多朋友不吝转载，时常在某个不经意的场合，听到有熟识或者陌生的朋友言及空间里的某篇文章，话语间多是溢美之词。感谢朋友们的捧场、加持和鼓励，不断促使我把更多的感受写出来。正是有这么多朋友关注我，给我勇气和信心，让我言为心声，知行合一，改变了我的很多思维方式和生活方式。

2010年10月，花了20多天时间去了美国一趟，最大的感受是原来以为世界很大，去了之后觉得世界也很小，小到就是一个地球村。世界还是原来的世界，只是通过第一次出国，第一次去看了看世界上最发达的国家，视野开阔了，心量放大了，觉得忽然间自己的世界很广阔，可以随意走到地球的任何一个角落。美国的签证那么牛，牛到如果被拒签让人想隔着窗户骂娘，转身又被强烈的自卑袭击，马上谋划再签一次，非要证明老子也行，其实何必呢（对于被拒签的人这样说是不是矫情了）？

一个男人的成就和他活动的半径成正比，就像一只东北虎需要70平方公里的活动空间一样。老虎之所以成为百兽之王，是因为它需要的活动空间比其他的物种都大。

因为曾经的贫穷，对于钱摆脱不了原来的贫穷意识。当钱已经超过消费所需后，我改变过去狭隘的观念和节俭的习惯，领悟到："钱——其实就是达成目标的工具。"请朋友刻了一枚印章"钱如粪土"，钱只是办事的工具而不是为了拥有。千金散尽还复来，对人要慷慨，对己要节俭。对自己节俭也要在适宜的度上。《大学》里说："君子素富贵行乎富贵，素贫贱而行乎贫贱。"要吻合贴切所处的职业以及社会的期望。

人不是活在过去的束缚中就是活在未来的焦虑中，很少关注于当下的时刻。比如对于钱的态度就是过去经历的束缚；比如担心未来的不可预知的事情发生，收入减少，生意破产，健康状况恶化，等等，而生出无谓的焦虑。事实上，该发生的就要发生，不因为担忧而不发生，不该发生的担忧也不会发生，那何必担忧呢？

一如既往，2010年买的书比看的书多，真是件令人无奈但仍有期待的事。看完的书就像吃完的一道美食（也有的像吃了顿剩饭），还没看的书就像树上已经熟了的果子，等着自己去摘。不同的是果子在树上，而买过的书像散兵游勇一样站在书架上，躺在书桌上，横在床头上，随手可摘，即便没有看也觉得惬意、舒服、踏实。

已近四十想起苏东坡那句"老夫聊发少年狂。"那时的苏东坡不过38岁，翻过这个年头自己也38岁了，有什么狂可发呢？叔本华说不是每个人想骄傲都可以骄傲的，最多只是虚荣罢了。骄傲是需要资本和天赋的，而虚荣只是装作骄傲的样子。这一年在别人的眼里自己可能风光无限，只有扪心自问才知道：韶华易逝，青春不再，老牛自知夕阳晚，不用扬鞭自奋蹄。

临近四十，收到一条短信，深受触动："40岁之后要养成规律地生活，树立自己的原则，培养一个终身的爱好，减少朋友的数量，能独处就独处，多和生命中值得的人耗着，去繁就简，简单生活，多想想什么是自己想要的，想不明白就继续想……"

这一年，抱怨太多了，审视太少了；责人太甚了，恕己太多了；世界太大了，心胸太小了；信任太少了，怀疑太多了；顺境太多了，磨难太少了；时间太快了，成长太慢了。

以此为鉴，是为记。

2011年2月1日星期二
阴历虎年腊月二十九上午

每日十课

功课，在很多人的印象里只有在学校的时候才会做。学校的功课一般都是老师布置的作业，毕业之后很少还会有人给我们布置功课。但一个人的修行学习是终其一生的，是一个只有肄业没有毕业的旅程。人的一生就是一个不断修炼自我、磨砺心智、修养性灵、完善人格的过程，要想在学校结束之后还能提高成绩，就需要自己给自己布置功课来做了。

读《曾国藩全集》，看到曾国藩每天的功课大概有十二项：一、主敬，二、静坐，三、早起，四、读书不二，五、读史，六、谨言，七、养气，八、保身，九、日知其所亡，十、月无忘所能，十一、作字，十二、夜不出门。

有感于曾国藩的日课，也给自己拟出了每天的十项功课。

1.早起

每天坚持早上六点半起床，天道酬勤，弟子规上说："朝起早，夜眠迟，老易至，惜此时。"想想早年荒废的岁月和鬓边渐生的白发就更加惶恐时不待我。内心有理想、有追求的人总会敬畏光阴的流转，正如诸葛亮的《诫子书》所言："年与时驰，意与日去，遂成枯落，多不接世，悲守穷庐，将复何及！"

2.每天运动1小时，打拳、游泳、散步，择其一而行之

有健康报告说最好的三项运动是太极拳、游泳、散步。这三项运动都是有氧运动，都不需要借助外人就可以达到。三项运动中只有游泳需要专业的场所，打太极和散步都可以因地制宜，基本上可以随时随地开展。随着年龄的增长，时间上很难由自己把握，其他早年喜欢的运动也都不适宜了，要么是体力

跟不上了，要么需要专业的场地和配合默契的人。比如早年酷爱的篮球，需要体能和激烈的对抗，偶尔上场操练又忍不住老夫聊发少年狂，腿脚不灵便手头也大失水准，简直是自取其辱。少年时期很喜欢乒乓球，现在需要有人对打，自己有时间的时候别人未必有时间，别人有时间的时候自己又在忙着，这样一来二去就失去了兴致。

现在唯有打太极拳能够每天坚持，一套陈氏老架一路（74式）越打越有味道，越打越有劲道。一套拳下来大汗淋漓，顿觉神清气爽，有真气饱满荡气回肠之感，有时一天都觉得精神抖擞，工作起来觉得精神百倍。游泳是对打拳的补充，游泳对久坐有很好的调节，对现在越来越多的颈椎病、腰椎病是有效的舒缓和治疗。至于散步则是随时随地都可以的，散步最有利于稳定情绪整理思路，是很多脑力工作者喜欢的一项因陋就简的运动，很多伟大的人物都有饭后散步的良好习惯。至于时下流行的暴走则不在此列了。

3.读经，15分钟

主要是诵读经典著作，比如《道德经》《金刚经》《心经》《坛经》《南华经》《四书五经》等经典著作，还有一些西方经典的著作如《智慧书》《沉思录》等。总觉得时间不够用，如果时间充足还希望诵读《圣经》。如果能每天抽出哪怕10分钟的时间诵读，比如《心经》《金刚经》《道德经》的片段都有妙不可言的感觉，特别是对治内心的困惑和矛盾的时候，简直可以达到药到病除的治疗奇效。所以总是随身携带，抽空翻几页，日久自有功力。

4.半饱而食，以素为主

饱食终日，无所事事是活着为人最悲哀的一件事了。适当控制饮食，长期吃得过饱不仅对于健康不利，对于思维也是很大的障碍，吃饱了就容易犯困。人常说饭吃七分饱，现在的饮食营养过剩，半饱而食足矣。

我并非虔诚的佛教徒，吃素除了自我健康外，我亦怀有素食主义令世界更加和谐、绿色、环保的美好愿望，以及坚持君子远庖厨的悲悯仁爱，还有佛祖众生平等慈悲正觉的信仰。

5. 练字，30分钟～1小时

有说人这一生实现一个理想就不算白活，如果实现第二个理想等于活了两次，一个人除了工作还能有一项爱好，真是活了两回。练习书法是少年时期的一个爱好，随着考学、工作、疏懒等，这个爱好时断时续慢慢丢了，临近不惑才又重新开始第二个人生。

练习书法不仅能从不断的进步中获得乐趣和满足，从恣意挥毫泼墨写意中获得精神的愉悦，还能在练字时凝神一处，屏息凝气达到养浩然之气，积渊博之才，得天地灵性，纳万物精华，妙发灵机，达到物我两忘的大境。

6. 阅读和浏览，1小时

坚持每日阅读，古人讲阅读的地方：马上、床上、厕上，我延展到了生活和工作的每一个角落。阅读是一种生活方式，一旦养成习惯有几天没有读书就会有三日不读书面目可憎之感。现在浏览的方式越来越多，有电子书、网页、专业的报刊杂志等。浏览主要是以报纸和专业网站的新闻信息为主，一来是收集整理有用的信息，二来免得和这个时代脱节，OUT了。

7. 静坐，30分钟

静坐不是枯坐，而是屏息万念，摄心一处，调养生息，达到心若止水，心明若镜，事事明，念念觉的效果。静坐主要是静心，把每天静心当作重要的功课来练习。我们大部分的烦恼来源于我们的妄念太多，无论我们是否察觉，一个人大部分的时间都是处在妄想之中。就像电脑打开的窗口太多会死机一样，人的大脑负荷太多就会迟钝进而愚痴，需要不时关闭窗口，放慢节奏，删除垃圾，定期格式化，澄净心灵，让灵魂跟上脚步。

8. 吾日三省

子曰：“吾日三省吾身，与人谋不忠乎，与人友不信乎，传不习乎？”这是孔子教育人的内省精神。每天抽出时间反思一下自己的言行是否合乎礼，合乎道，合乎自己的信仰和准则，对人对事是否有过失的地方，从而拾遗补缺、改过自新。每一次的反省都是一次觉悟和提高，都是一次面对和接受，都是一次感恩和享受。

9.日知所亡,月无忘所能

立功,立德,立言,是人生的三大成就。曾国藩的日知其所亡是:每日记下茶余偶谈一篇,分为德行门、学问门、经济门、艺术门。月无忘所能:每月作诗文数首,不可一味耽搁,否则最易溺心丧志。于自己而言则是每天记事,不是流水账,而是将每日的功过得失略作总结,或感想感言,或读书笔记,或事理分析,或远近计划。

月无忘所能是每月坚持写作一两篇感想或总结,整理一段时间的思路感悟,把这些思想整理成文字是一次再学习和升华的过程,有利于知行合一,传阅于身边的人也有利于影响他人智慧的开悟。

10.日迁一善

《道德经》第八章讲:“居善地,心善渊,与善仁,言善信,政善治,事善能,动善时。”若能每天觉悟修正自己的贪嗔痴慢疑,依照以上的“善”行,日迁一善,做到日日精进,则善莫大焉!

读《了凡四训》看到袁了凡日行一善,觉得亦可效之。

以上的十项功课,宜循序渐进,先从三五项开始养成习惯,不可求胜心切,急功近利。又如曾国藩所言,贵在有恒,日日不辍,不可一日曝十日寒。开始的时候终归是件苦事,常常疏漏,或是累了或是醉了,或是忘了或是懒了,或是事务繁琐,或是放浪形骸。一旦养成习惯,习惯造化人,坚持下来,躬行不辍,时日久了自能积沙成塔,水到渠成,达到修、齐、治、平的理想境界。

草于2011年2月

整理于2011年5月18日

抵制话霸

谈话的内容决定了一个人的视野和思维模式，以及工作的状态。

同事聊天，大多数的话题局限在工作中，此种交流非常有利于工作的促进和经验的交流，对于内部团结也起着积极的作用。而后交流的话题会涉及家庭、孩子、老公、老婆，甚至其他的三姑二大爷的话题，此类话题亦颇能增进彼此的了解和友谊的促进。

再过后则会聊及新近的电视剧、电影之类的话题，日常消费、娱乐、旅游、见闻之类的消遣。此类话题有助于精神的愉悦和情感的交流。一般情况下聊天则止于此。

如何才能让我们的聊天除了增进友谊和温润感情，还能有更深刻的意义和收获呢？

就是要让我们的话题宽泛而不泛滥，通俗而不庸俗。

衡量一个人是否有宽泛渊博的知识，其中一个标准是能够就专业的问题和专业的人士聊15分钟以上。比如与一个书画家聊书画的鉴赏，书法的技法，结构的铺排，章法的要领，彼此就共同喜欢或共识的一部作品探讨观点；与一个外科医生聊心脏搭桥手术，肝肾移植的技术及应用，排异与免疫的常识；与一个管理学教授聊管理；与一个企业家聊变革与创新。

高明的谈话者在于引发对方谈话的兴趣，抛砖引玉引导对方就他所熟知的领域发表独到的见解，而自己收获另一种见闻与知识。这期间重要的技巧在于提出高质量的问题，要恰在对方的技痒之处，令对方不吐不快，而对方乐于回答这样高难度的问题，正好可以展现他自己独到的见解。

聊天对象的选择很重要，子曰：“无友不如己者。”尽管有学者不断为孔子开脱这句话，说不要交自己志不同道不合的朋友，但我在此坚持交友就是要交比自己强的朋友，聊天就是要和比自己见解高的人聊。

废话是某些时候最好的调味品。比如官与商的酒桌之上，比如为避免初次谋面的尴尬，只好说些无关痛痒的废话，天气很好，啊，天气很好，来个黄色段子，拉登完了，卡扎菲被击毙了，时下的新闻，明星的绯闻，坊间的传闻，这都是一般人的无聊谈资。

谈话中，你面前的人是最重要的人，而不是电话里的那个人。在谈话中长时间地接打电话无异于是对眼前的谈话者说“你不重要”，频繁地翻看手机或手表也是缺乏教养的表现。

在教室或会议之上积极地发言表达见解，或适时配合老师的提问能够活跃气氛能够赢得尊敬，倘若是抢答所有问题的发言专业户，除了语言苍白还显得弱智，因为一个人不可能在所有问题上都有高明的见解。一鸣惊人，常令人刮目相看，一再鸣叫则成了噪声。

酒桌上的话，分两部分，开端的话和结尾的话。开端的话大多是无关痛痒的废话，言不由衷的虚话，套话、谎话，阿谀的话、奉承的话、谄媚的话，没有一句真话实话。结尾的话大多是喝醉之后的疯话、大话、空话，酒精包裹下所谓掏心窝的话也是不能当真的话，谁把酒桌上的话当真了，不是幼稚就是天真。

话题决定人与人之间的距离。如果你与一个人的话题都是国际大事，那么你与他的距离必如国际空间；如果两个人清谈同一爱好、商榷不同观点，必是道友；如果两个人谈隐私不是知己就是无知；如果两个人无话不说必是密友，如果在一起什么都不用说则是神交；拉拉杂杂、家常里短的话题止于亲人，超出亲人的范畴叫婆婆妈妈、闲言碎语。

一个人一天里80%的话都是废话，如果能每天减少50%的话，智慧自会显现。

口无遮拦的人说的是欠缺思量的话，多少是欠缺些智慧的。

最愚蠢的话题是谈论他人的是非，炫耀自己的英明。

说，就说些别人爱听的，而不是自己想说的，如果说了没人听或者敷衍地听，何如不说呢？

言为心声，语言表达了心声，导致了行为，行为制造了结果。所以，听其言、观其行、知其果。

交浅言深只会让人看到浅薄无知或急功近利，“交深”是什么，“交”就是交往，“深”就是深度，任何“交深”都绕不过时间和投缘。

打断别人说话无异于拦腰截断洪流，久必会造成洪灾。

话多的人，多半因话折抵了福分，大多福浅。

话多伤气，从中医的角度看会损伤肺肾之气，耗心费神。说话耗费的能量很大。人的精气神是一定的，话多了自然伤神。打个不恰当的比喻，说话就像呼吸，呼气多吸气少的人一定气短，只呼气不吸气的人基本快完了，只说不听的人亦是如此。

无所不知的人，多半一无所知。

谈话的忌讳在于好为人师，而谈话者还浑然不觉，自鸣得意。

男人的话题始于天下大事，止于女人。

女人的话题始于家常里短，止于鸡毛蒜皮。

话说多，不如少，多言数穷，不若守中，大辩若呐，语默动静，谨言慎行，诸如此类的告诫是中国式说话的智慧。

富有哲理的话就像一杯浓浓的咖啡，不仅提神还能让人回味无穷。重复絮叨的话就像冲了五遍的茶，寡淡而无味！

话不在多，在于一语中的。说话的时候不在高声，不在于快速的表达，说话的目的是要听者接受领会你的意图，或者击中听者的要害，机关枪、连珠炮虽然很快但命中率很低，它的准确性不及狙击手，威力不及一颗重磅炸弹。

口头禅影响一个人的表达。口头禅显示一个人思维系统的障碍，表达为语言系统中的缺陷。传递给听者就像吃米饭时，不时吃到的一颗石子一样。

高明的谈话者首先是一个倾听者。但绝不是谈话的旁听者，而是一个积极的参与者，当有需要表达自己观点的时候，能够就自己熟知的领域舌灿莲花给听者一些积极的启迪和中肯的建议，必受听者的敬慕。

话说多，不如少。若果每天减少50%的话，智慧由此而生。 摄影/刘传辉

话霸，就像饭桌上的苍蝇人人厌恶，又像临睡前耳边嗡嗡作响的蚊子，恨不得让人一掌拍死。

谈话的真正目的在于启迪对方而不在于炫耀自己，以他人为中心，以尊重为要领，以询问为开端，以倾听为前提，必会得到与君一席话胜读十年书的效果。

谈话的核心是倾听，先听后说，多听少说，听完再说，听清再说，用心去听，用情去听。

2011年11月26日

一根绳子截8节，需要多少刀？

在外出差，晚间给女儿打电话，问今天老师布置了什么作业。女儿回答说：“一根绳子截成8节，需要剪多少刀？”我反问她需要多少刀？女儿在那边说8减1需要7刀。我说还有没有其他答案，女儿陷入沉思中，爸爸只好启示说：“如果把绳子对折一下，需要多少刀？”

女儿开始思考：“嗯，嗯，对折，爸爸，4刀”。

“还有没有其他答案呢？如果再对折呢？”

“爸爸，这个老师没有教！”

显然这个问题已经超出7岁孩子的速算能力，连同提问的爸爸数学的抽象思考能力，也早就退化到了一年级的数学题都要拿笔比划思考半天才能给出答案。事后我拿着这道题在公司的早会上考试，大家七嘴八舌地比划半天也给出了几个不同的答案，到现在哪个是最优的答案我还没弄清楚。

接着这个有趣的问题，我想起教练模式的提问思路。顺便问了个问题，一个间杂着我的内心活动和批判，还有女儿带给我发散性的思维：

> 爸爸问：“如果从我们这儿去北京怎么走？”
>
> 女儿答：“可以坐飞机？”
>
> “对，还有没有其他方法？”
>
> “坐火车，开汽车。”
>
> “很好，还有没有其他办法？”
>
> “可以坐轮船。”

“不行，轮船在哪行驶？”（开始批判和否定？）

“在海上。”

“咱们这有海吗？”（找证据支持自己否定的观点）

“没有，可以在湖上。”

“咱们这有湖吗？”（找更多的证据证明自己的对）

“没有。”

最后，爸爸以绝对的权威和经验总结规律：“船需要在水上才能航行，可是咱这儿到北京没水。”

“爸爸，咱们可以修一条河啊！”

爸爸这时候呆了，是啊，谁规定我们不能修一条河呢？爸爸幡然醒悟，一千多年前京杭大运河怎么修建而成的呢？这是历史也是常识，作为一个熟读历史的人我怎么忘却这样的常识呢？现在的南水北调工程不就是一条运河吗？修好以后为什么就不能坐船过去呢？

接着还可以有其他的答案：可以游泳过去。好了，基于上面的答案，我认为正确。下面的答案还可以，仰泳、自由泳、蝶泳、蛙泳、狗刨等，你爱什么姿势就什么姿势吧，总之有了水路你可以游泳过去。

既然可以坐飞机，那就还可以坐直升机、喷气机、战斗机、轰炸机，波音737、747、777，未来还有787，空客A380，神五、神六、神N，等等；还可以坐动车、高铁、汽车、装甲车、坦克、牛车等，有多少型号就有多少种途径和方法。可以骑马，那是不是骑驴就不可以呢？骑牛、骑骡子、骑骆驼、骑羊，得！孩子你骑吧，爸爸骑不成了。

最后女儿给我一个非常奇妙的答案：“爸爸，你趴下来我可以骑着你过去。”哦，亲，你太有创意了。

去北京的问题可以给出无穷解，无非最后看你想要什么答案，根据自己的需要和目的，没有条件创造条件，你总能找到合适的途径和答案。

我彻底投降于这样丰富的想象力，多问几个“还有没有其他的办法”，启示我们每个人都具备解答问题的能力，也知道一个问题一定有多个解。当我们绝望的时候，是我们没有开动脑筋去思考其他的解，创造更多解决问题的条件。

遵循这个逻辑，让我看到：

没有解决不了的问题，只有贫乏的想象力和禁锢的思想。

每一个孩子都是一个天才，我们成熟起来，但越来越缺乏人间最珍贵的童心，怀着无比的好奇心去问：为什么？因为小的时候我们问了太多的为什么，我们的父母无法回答也感到不胜其烦，于是我们得到一个愤怒的回答：你烦不烦啊，你哪有那么多的为什么，睡吧！愤怒的回答使我们幼小的心灵里充满了恐惧，哦，大人不喜欢“为什么”这个问题，要想不挨骂，就不要去问“为什么”这样的问题，趋利避害让我们越来越不去思索为什么，也越来越不问“为什么？”于是我们极富想象力，无穷无尽、无知无畏的灵感被逐渐消磨殆尽，越来越缺乏创意和思路，只好听家长和上司的吩咐，老板你觉得怎么办，老板黑着脸说：“我要知道怎么办我要你干什么？”这是什么逻辑！

等到我们渐渐长大为人父为人母的时候，我们一脉相承地学会了我们父母交给我们的东西——对孩子的批判。当孩子给我们一个答案超出我们经验的时候，我们就习惯性地说——错了！

错了的是成人的定式思维，是对世界画地为牢的想象和认知。我们对世界、对宇宙的认知在人类的发展史上，永远都是片面的、狭隘的和无知的，永远难以看到真相。正如佛祖所说：“是相非相，皆是虚妄。”可是我们往往掉进一个无所不知的陷阱，我走过的路，我吃过的盐，我的经验，最后掉进“我的”这口井里，只看到巴掌大的一块天，以为这就是世界的全部。

我们的教育总是只有标准答案，只有正确答案，没有其他答案，其他的答案都是错的。这种应试教育培养出我们非对即错的是非观，一想到问题脑子里就自动生成ABCD,1234，再无其他想象。在世界的一项青少年智力统计中，中国孩子的计算能力排名第一，创新能力排名最后。我们的文化限制了我们发散性的思维，缺乏想象力，循规蹈矩，因循守旧，不容忍异类和特立独行。当有一项奇思妙想违背常识和逻辑的时候，我们首先说的是错，扼杀孩子的想象力，对孩子缺乏的是尊重和欣赏，少有鼓励和赞美，即使有也是虚伪的表扬。

美国作家尼尔·波兹曼在《童年的消逝》（又名《娱乐至死》）中提示我

形神一致的父女。

们，自1844年莫尔斯发第一封“上帝创造了何等的奇迹”的电报以来，越来越多新兴的电子媒介的产生，电话、电视、电脑等，促使人类正在用一切现代化的方式无障碍地摧毁“童年”这个词。用成人的思维、逻辑、观念、教条，把一切孩子成人化，这是科技的悲剧，也是人类进化的悲哀！

草于 2012年3月
修改于2012年7月1日

慧然独悟

生命是平等的，在死亡面前一律平等，不分高低贵贱，无败无胜，无贫无贱，无富无贵。在有生之日，无论是王侯贵胄，还是一介草民，只要醒觉生命的存在，并赋予生命以自己选择的内容，生命就会丰盈起来。

妄想超越时间。时间的存在，不熬，就是正视一种策略，一种成长。承担，无可奈何时的一种妥协，一种迂回，熬，是一种智慧，是面对自己无法改变，无力

二〇一四年元月五日 劲然杰述与北京

四十不惑

虽说还没有到四十岁，但四十似乎成了心中的一道坎。孔子说：三十而立，四十不惑。眼看年近不惑，仍有许多的问题愈加迷惑，而且存有迷惑倒成了压力。

在四十不惑的问题上曾经询问过很多年逾四十的师长或朋友，但大多没有给我明确的答复，有的要么没有思考过就一晃而过了，有的说了自己的一点感悟。每个人的体会各不相同，我想“四十不惑”也是因人而异，因时代的不同而有所不同，因环境的不同而给出不同的答案。有些问题对于聪慧的人可能很早就开悟了，有些问题因为人的智商和成长经历的不同，老死亦未必能够想开。在这个迷茫而浮躁的时代，不惑与两千年前孔子的时代是否有很大差异的解释也未尽可知，在思索这个人生哲学命题的时候只好用片面的认识去解释未尽的世界。

三十而立，立家、立业、立功。四十岁之后也要立，立德、立言。

四十岁之前的生活和工作是体验各种可能，特别是三十岁之前的生活更应该如此，不要怕犯错误，连上帝都说了：年轻人犯错误上帝都会原谅。

三十到四十之间的十年，要在众多的体验中找到适合自己的职业和兴趣，逐步安定下来。四十岁前不犹豫，四十岁后不后悔，不犹豫因为时间很廉价有的是机会，不后悔是明白时不待我，后悔已无法挽回错误的决策和失去的时光，不如只争朝夕。

三十岁前喜欢热闹，某个聚会如果少了自己都感到落寞，一个人待着就发慌。四十岁后喜欢安静，享受孤独，耐得寂寞，独处的时光成了莫大的享受。

四十岁之前要竭力扩大自己的朋友圈，兴趣的范围，扩大自己的影响力、领导力，扩大视野，并在工作和生活中养成良好的习惯，积累、沉淀、夯实，等待四十岁之后薄发。

四十岁之前靠体力，四十岁之后靠智力。从猴性到人性，从体力到智力。

四十岁之前是前锋，打拼。四十岁之后是后卫，组织。然后慢慢学着做教练，为人生的五十岁做准备。

四十岁之前觉得自己什么都行，什么都能，甚至无所不能，无所畏惧。可以抡起胳膊，挽起袖子，看哪个家伙做的不好，说："起来，看我的。"可以有精力、有毅力硬拼，熬个三天三夜，喝个一醉方休，比个你高我低，争个你输我赢。年轻气盛，争强好胜，所以孔子说："少年戒之在色，壮年戒之在斗。"四十岁之前就是人生的一部较劲史、竞争史，比的是更高、更强、更快，比的对象主要是他人。胜利了有鲜花、桂冠、醇酒、美人，一切以现世的价值体系为评价标准——胜者为王败者寇。但四十岁应该领悟有更高的智慧，看到历史还有另外的评价体系，比如时间的标尺和内在的价值。

四十岁之前与人斗，只能表明：胜人者有力。

四十岁之后与己斗，才能证明：自胜者强。

最难战胜的敌人是自己，战胜自己的人是伟大的。听从内心的召唤，遵循自己的信仰为人做事，以内在的标准为标准，不谄世，不媚俗，不为物役，乘物以游心。

四十岁之前常思考自己如何成长，自己如何冲顶。四十岁之后多思考如何让别人成长，甘为人梯，帮助和支持他人成就最终才能成就自己，这是解脱的不二法门。

四十岁之前的成长可以是野蛮成长，四十岁之后的成长要选择性的成长。正像一棵树，在疯狂成长的时候满身枝干，但是要想长成参天大树就不得不削减枝干，尽管每一条枝干都是血肉之躯，心手相连，但如果不确立主干就一定长不成参天大树。

年近不惑，才渐渐明白人生需要全然地接纳不完美的自己，不接纳就一直纠结。已经形成的性格，习惯，价值观，人际范畴，无法弥补的劣势和他人无

四十不惑。我的生日会，人生的分水岭，从生到熟，从硬到软，从二蛋走向成熟。

法超越的优势都已成型。不可能转换身份或者即使转换也很难有较大突破和成就，想抛开以前的经验在新领域里建立新优势都绕不开一个不可逾越的障碍——时间的累积。不单是精力，更重要的是深植于心中固有的思维模式难以被打破，很难再塑造另一个自己。逝去的时光不会再回来，积累的优势无法移植他处，经验反而成为开创新局面的负担和累赘，秉性和脾气成就了自己也局限了自己。相识的人，接受的教育和经历的事决定了自己世界的边界。

四十岁之前你是谁的标签已经被定义，就像货架上某个商品的商标一样，即使再有品牌的延伸，人们记住的也是最初的那个你！

四十岁之后要做减法来面对工作和生活，不必随俗起舞，要有独立的人格和精神，有所为，有所不为。把所要做的事专注起来，减少朋友圈，减少不必要的聚会应酬，减少工作的事项，只做重要的事，只和重要的人在一起。

电影《阿甘正传》里有一段精彩的独白能够表达一个人的成熟：

“我不觉得人的心智成熟时越来越宽容，什么都可以接受。相反，我觉得那应该是一个逐渐剔除的过程，知道自己最重要的是什么，知道不重要的东西是什么。而后，做一个纯洁的人。”

四十岁后要学会说：不，这不仅需要智慧，更需要勇气。

四十不惑是：有功力破得了迷惑，有定力抵得住诱惑。

四十岁之前要饱览群书，做一个杂食动物，四十岁之后要选择性的阅读，多读经典少读杂志，把有限的时间放在有价值的事情上。

四十岁之前读孔子，以入世的精神做事。四十岁之后读老子，以超世的精神做人。

自知者明，知人者智。四十岁要明白自己是谁，能干什么不能干什么，吃几个馒头喝几碗汤，不与命运抗争。顺命而为，率性而作，知其所止，身心合一，不纠结于心，不违命于行。

四十岁相信“三分人事，七分天命”，但同时也相信“尽人事，听天命”。这是规律，是道，不与规律抗争，不做无谓消耗。

四十岁之后：

不比较——做最好的自己，

不依靠——做强大的自己，

不等待——做丰盈的自己。

四十岁要时刻提醒自己保持一颗童心，因为那是开启人生宝藏的钥匙和密码！

如果仰望人生百年的须臾，四十岁想干成点大事或许已经有些晚了。但纵观时间的长河，四十岁可以忽略不计，不失其所者久，死而不亡者寿。四十岁，新起点，新征程，还有很长的时光留待证明，世界还有新的玩法和精彩。

无论是否做好准备，人生的下半场已经拉开了序幕。

以上仅是琐碎的感悟，或许智者开悟更早，而不必等到四十不惑。

2012年5月25日

付出是唯一的出路

一日，与一行人到深山游玩，归途路遇山体滑坡，数十辆车被堵在蜿蜒的山路上。很多人下车观望，眼看天色将晚，如果没有人维修，晚上必定被困在山里过夜。因为这里不是风景区，所以没有具体的人来负责维修道路。虽然游人众多但大家只是在一边议论，也有山民在一边观看。有人在等当地乡政府来解决，有人说去叫附近村里的村长来解决，有人说让站在一边的村民来帮忙，有人马上反对说这里的人很刁蛮，不知道要多少钱，谁出这个钱？大家只是议论没有一个人站出来。我上前询问当地的村民如何能修好，一个憨厚的山民中肯地说一个人修不好，需要几个人，但需要付些工钱，他可以帮忙去村里叫几个人来维修一下。我询问需要多少钱，那个山民鼓起勇气说300元，我没有还价说：好的。他说你们这么多人谁付钱，我说你找我就行了。

不一会儿那个山民就叫来几个人，不到一个小时路就修通了。

有山民以为我会站在路口，每过一辆车就收一辆车的钱。我指挥被堵的车辆一个个小心翼翼地通过，没有收他们一分钱。有人问我："你是导游？"我摇摇头说："不是。"你是这里乡政府的，我说不是。你是这个村的，我说不是。那你是哪儿的，我说我和你一样是来这里玩的。

当看到一辆辆车从滑坡的地方通过，游人露出喜悦之情不时感染着我，温暖着我，滋润着我。直到最后一辆车通过，我拿出300元钱给那个山民，并告诉他不可以在这里收后来车辆的过路费，他非常欢喜地走了。一个多小时挥汗如雨的劳作，晚间几个人可以美美地喝上几口了。

因为这次微薄的付出，令几个山民经过劳作有一份意外的收入，同时分配在几十辆车几百个游客身上，每个人平均不到一元钱，但给别人带来的方便和

天路。 摄影/刘传辉

快乐远远不是一元钱所能买到的。因为付出很少却能够给别人带来很多的价值，很长一段时间里，我都徜徉在喜悦当中，时时感觉自己是一个有用的人，一个能够帮助别人的人，一个能够满足别人需要的人。这给予我的力量、信心、勇气，远远不是三百元的购买力所能愉悦我的。

日本的经营之神、领导两家世界500强公司的董事长稻盛和夫在他的《人为什么活着？》一书里说：

人活着是因为我们能够满足别人的需要。

那座山上除了那条蜿蜒的山路其他别无出路。

付出是唯一的出路！

2009年8月23日

生命不止，折腾不息

作家毕淑敏一次在大学作演讲，结束时有学生问她一个问题："生命有何意义?"毕一时无语，稍后脱口而出：

"生命没有意义！"

顷刻掌声雷动。

假如生命没有意义，那活着为什么？千百年来无数圣贤哲人都在试图解答这个问题，苏格拉底、柏拉图、尼采、叔本华、康德……最后哲学无法回答这个问题，只好仰仗宗教来解答：为了上天堂，为了脱离六道轮回往升西天。于是许多人皈依了宗教，来获得尘世的安宁。

然而身在这样的尘世之中，在还未得到上帝的拯救之前，每天都需要面对柴米油盐的琐碎，飞涨的物价，单调的生活，工作的压力，让人生看起来似乎一望无际的苦难旅程，永无解脱的枷锁，不免会令人悲观失望，抑郁焦虑。

那活着还有什么意义？

无数圣贤伟人赋予生命不同的意义，"富贵不能淫，贫贱不能移，威武不能屈"，孟子赋予生命"人固有一死，或重于泰山，或轻于鸿毛"的意义。

"自古人生谁无死，留取丹心照汗青"，文天祥赋予生命忠诚的意义。

不为五斗米折腰，陶渊明赋予生命安贫乐道的意义。

只要放弃言论就可以无罪释放，但他愿意用死来换取真理的存在，苏格拉底赋予生命真理的意义。

我辈没有圣贤那么伟大，但生命亦应有独特的意义。生命的意义是一个终极的问题，有两种人生，一种是无知的人生，一种是有知的人生。大多数人在无知中度过一生，迷惑和盲从，于是生命变成了一趟乏味之旅。只有少数人在醒觉和主宰中有知地度过一生，他们深知自己想要什么，于是生命变得斑斓多彩、层次丰富、跌宕起伏。

有知的人生就是热爱生命、珍惜生命，正视生命的存在，随处发现生命的意义，被生命的力量所感动、所感染。看花开花落、草长草枯、夏虫鸣唱、秋叶凋零，透过每个生命、每个瞬间，都能带给自己无限的精彩和活着的力量。

生命就在荣枯之间。但生命的意义就在于在荣枯之间生生不息的折腾过程，生命不止，折腾不息。过好每一个分钟，安住于每个当下，不让无聊侵袭，时刻觉察自己在干什么，在无聊的时间里，有意识地赋予有聊的事。不虚度每一寸光阴，生命就是赋予每一刻意义，把每个无聊的空间都用来做有意义的事。所谓有意义的事，就是自己觉知有意识想干的事，认知有价值的事，在有限的生命里用觉知的精神、实干的力量把生命的每一寸空间、每一个瞬间填满。

无事之时在办公室练字，有朋友来调侃说："练也练不成书法家，练字有什么意义？"

练字没有意义！只是为了愉悦片刻的无聊！

一次小聚，结识一道友，他说他登珠峰时在距峰顶100米处，因雪盲症被迫撤离，后为此失去两根手指，并险些失了生命。但他准备再次去登珠峰，座间有人调侃："好好在家待着不好，登山有什么意义？"

登山没有意义！只是为了证明人生有更多可能！

晚间在公园散步，看到有人在踢毽子，有人在打羽毛球，有人在练大合唱，有乐队在排练，指挥用嘶哑的声音指挥良莠不齐的演奏，乐手不是为了要获奖，可能连一次登台演出的机会都没有，亦无人开工资，风吹不散，雷打不动，自备设备，耗精费神，有何意义？

自娱自乐，闹着玩呗，这就是生命的意义！

热爱生命，才能随处从身边发现生命的精彩和活力。业余合唱团、业余乐团、业余马拉松运动员、业余登山家……忽然觉得无比释然，倾情地投入每个当下正在做的事，而不是不断地叩问生命有什么意义。

生命是平等的，在死亡面前一律平等，不分高低贵贱，无败无胜，无贫无

公园边上风雨无阻的业余乐队。 摄影/刘传辉

贱，无富无贵。在有生之日，无论是王侯贵胄，还是一介草民，只要醒觉生命的存在，并赋予生命以自己选择的内容，生命就会丰盈起来。叔本华说："生命正在于无聊有聊之间摇摆。"生命是丰富多彩还是味同嚼蜡，完全是生命主人的选择。

2012年10月28日于洛杉矶

感悟2009年

2009年虽然匆匆过去，翻开厚厚的日志还是有许多的感悟在字里行间，许多的事给了我许多的感悟。这些感悟有些是来自一些哲人的名言，大多是自己的切身体会。白天发生的事，晚上就随手写下几句，没头没脑的。岁末年尾的时候，自己细读每一天的每句话，每件事似乎都重新浮现在眼前，个中滋味如人饮水，唯有自知。

这些感悟大多表达了我的价值观和审美情趣，以及我对事物的理解角度，但同样一句话又如千江水印千江月，月月各不同。在此整理出来与朋友们共享，以期能和朋友们产生共鸣。

我的MSN留言

付出是唯一的出路

万物皆一

越磨砺，越光芒！

行由不得，反求诸己

甘愿受，欢喜做

痛苦带领我们见证最美好的事物

忘我了，就成佛了

这些MSN的留言都是一时的心情表达和人生感悟，虽然简洁但足以用作一篇文章的标题，所内涵的寓意可以洋洋洒洒写篇文章作深入的阐述。这其中“付出是唯一的出路”和“痛苦带领我们见证最美好的事物”已经被写成两篇文章，其他的有待进一步整理。

● 没有好消息，没有坏消息，只有消息。

没有对错、好坏，有的只是某人站在某个立场、某个角度，在某个时间上对一件事物对应自己的观感而做出的描述，把好坏对错是非放在时间的坐标系中拉长，如果还有对错是非，再拉长！

当我们能够中立地看待一个问题的时候，智慧在此时就会显现。

● 为什么活着？人因为能够满足别人的需要而活着。

“你的”“我的”，这两个词使我们短暂的一生充满了痛苦和难以言表的罪恶。

得不到你想要的，你一定可以得到更好的，上帝为你关上一扇门一定为你打开了一扇窗（只是你要记得拉开窗帘，或许是双层的，很厚，厚得让你感觉不到有一丝光）。

最近的路就是最远的路，世界上没有捷径。

未经过你的允许任何人都不能伤害到你。

● 福祸无门，唯人自召。

每一个人都是一个十足的人，都有无限的可能创造无限精彩的生活。而与此对应的却是人性的悲哀——每一个人都是那么宿命——各人各命！谁都无法拯救谁！

福自我求，命自我作，行由不得，反求诸己——“我”是一切问题的根源。

不如意的时候要上不怨天，下不尤人，想想都是自己招来的。

人必自辱，而后人辱之。

人之信誉，唯人自珍，若不自珍，自取其辱（有感于一些人视己之信誉如同手纸而遭人讥讽）。

● 因果无欺！

菩萨畏因，凡人畏果。

因上精进，果上随缘。

● 关于痛苦和快乐

“你认为那是一个问题，它就是一个问题，一件事物的好坏，全是你自身

的观感，是问题还是新契机，要专注凝神，敞开心胸来转化，痛苦带领我们见证最美好的事物”。——《当和尚遇上钻石》

缘起缘散本是人间常态，我执我见尽是固执己见，顺境逆境都是风景，患得患失证悟无得无失！万事随缘！不随缘可以吗？不随也得随，悲也是随喜是也随，由不得随不随。不如面对它，接受它，解决它，放下它！

人们所有的快乐都来源于希望别人快乐。

人们所有的痛苦都来源于希望自己快乐。

● 人是活在未来的，而不是活在过去的。——刘震云《一句顶一万句》

● 要耐得住寂寞，寻求外在的社交、娱乐，都是一个人不足够的表现。——叔本华《人生的智慧》

● 唯江上之清风，与山间之明月，耳得之而为声，目遇之而成色，取之无禁，用之不竭。是造物者之无尽藏也，而吾与子之所共适。——苏东坡《前赤壁赋》

● 关于谦卑

神，怕三炷香，人呢？

越谦卑，越崇高。

学会做孙子，尊敬每一个人。当不了孙子，做不了大爷。

人与猴子的两点区别是：

1.夹着尾巴才能做人。

2.如果一毛不拔做不了人。

桃李不言，下自成蹊。受人尊重是自己修来的，不是谁封的一顶官帽，一个职位。果子成熟的时候都是低着头，只有生瓜蛋才端着架子。中国的礼仪文化有几个很典型的动作，作揖、鞠躬、磕头，有一个共同点就是：把你的头低下来。

● 关于真相

其实每个人都是一个井底之蛙，不同的是你在哪口井里而已。

世界是以多维的状态存在着，以不同价值观，不同行为方式，不同的宗教信仰，不同习惯，不同理想的形式而存在，并行不悖。幼稚和愚蠢的人以为世界是单一的，并且是以自己认为的单一而存在着。

我们距离真相永远有一步之遥，永远没有真相。

任何事情要听完第三个人讲了以后再表态，因为惯性让我们往往在第一时间就做出判断，那就是一面之词。

● 相由心生

相是现象、假象、幻相、想象，是虚构的世界，是你发出的磁场，是你的注意力，你的吸引力。

先想象，后拥有。

每个人都生活在想象之后的世界里，你看到那个世界是你想看到的世界。所以，要经常想好人、好事、好环境、好结果。心中的幻想好，结果就好；反之当一个人经常想倒霉负面的事，这些事自然也就如影随形。好心态决定好结果，此言不虚。

烧香要在平时，不能临时抱佛脚，所以要常烧香，勤烧香，多念佛：阿弥陀佛！菩萨保佑！

● 关于幸福

幸福的内涵在于：

①不计较；②不比较；③不争论；④甘愿做，欢喜受；⑤不怨天，不尤人。

幸福来源于三个自由：

① 财务自由；②时间自由；③心灵自由。

获得高幸福的指数在于：分享幸福的能力。

一个幸福的人一定是听从心灵的召唤而生活的人。

● 关于钱

别人存铜钿，我存交情。——杜月笙

存钱不如存人。——冯仑

钱是花出来的，花钱提气，花钱壮胆。

多余的财富只能买来多余的东西，灵魂所有需要的必需品，一件也不需要钱去买。

“命中有，不求自来；命中无，求亦未必能至。”至于钱财乃人生之工具，非吾生之根本，勿舍本逐末。

富贵在天，但尽人事以待之。

● 关于付出

施比受有福!

给予要大于别人的期望，如果别人期望一颗枣，给他一个苹果。

能付出是因为拥有和富足，和拥有的实际数量无关，和能否拥有付出的心态有关。

利他方能利己，能秉持先人后己的人一定是笑到最后的人。

● 关于聪明和智慧

聪明就是非常精于计算当下的得失，总能在当下的一刻做出利己的决策，但不能估计今后的得失。

聪明是只顾眼前的利益，而不顾长远的利益，或算不出来，或根本就不算。而智慧就是使问题不发生，非常清晰未来利益而放弃当下的好处，所以智慧的人总是做常人看来很傻的事。

聪明总被冠以小，而智慧总被冠以大，何者?

● 关于领导力

领导者就是要不断战胜悲观情绪的人。

领导者的三项重要能力：①洞察力；②专注力；③决断力。

不能将某个不利自己的事，当作一件坏事，然后把自己当作一个受害者，应该坦然面对，积极应对，信心百倍地面对。

修己方能治人，己达而达人。一个领导者一定是一个高度自治，严于律己，对自己有很高的要求和约束。能够管理自己的人，才能管理世界。相比较管理世界而言，管理自己更容易些。

● 无论今天发生了什么，明天的太阳一定会照常升起。

● 立足当下，面向未来。

● 挥舞受伤的手指，只会使伤口再次受伤，所以有什么委屈的、受伤的、抱怨的话还是憋着吧，说也无益。

● 善，是唯一不会辜负人的投入。

● 与即将远出工作的兄弟临行告诫:

多读书，勤学习。

吃亏是福，切莫想赚钱，要多多与身边的人分享。

要养成良好的生活习惯，衣冠整，房室整。

靠山山倒，靠人人倒，都是自己混出来的。

时刻要有危机感。

● 每个人都是一朵花，只要你给她阳光，她就会灿烂。

● 要学会由内而外地欣赏人。

● 花开堪折直须折，莫待无花空折枝。活在当下，做好当下的事，珍惜当下的人。

● 上帝很公平，无所得亦无所失，众生一也。

● 于近时，对物质消费日渐失去兴趣，少有欲得之物可悦心，唯觉读书写字，与人交流启人智慧，提升人己之境界而感惬意，而感欣慰。

● 世间并不缺少美，而是缺少发现；只有心中有美，才能欣赏到美。读《小窗幽记》之感悟。

● 若想钱而钱来，何故不想。若愁米而米至，人固当愁。晓起依旧贫穷，夜来图多烦恼。——《娑罗馆清言》

● 是日与一个服务人员大发火气，懊悔自己气量太小。

● 君子量大，小人气大，近观《世说新语》，觉魏晋人士之风度雅量，史上无出其右，今后当效之。

● 老子曰：曲则全。委屈方能求全！

● 要处处思善，心存善念，与友与敌，唯一善字！

● 不能察患于未萌，必将酿祸于身后。人应不断进步，方能和谐而生。

● 人的一生应该干两件事：①要干有利益的事；②要干有意义的事。

● 一切法无我，得成于忍！

● 送朋友《了凡四训》留言：用心看，着力行，祸自远，福自至。

● 要么随波逐流，要么洁身自好。

● 要节制饮酒，节制说无谓的话，“多言数穷，不如守中”。话多皆因酒作祟，失言由来思量少。

● 贵人在于你珍惜曾经交往的每一个人。

柏林禅寺禅修有感

正月初三来柏林禅寺禅修。每日只是参加早课，吃斋、念佛、行禅、打坐、读书、诵经，心无旁骛。听晨钟暮鼓，观自在菩提，宁静恬然，安详自在。梵音绕梁，檀香盈堂；颂心经，读坛经，唱大悲咒，化心中千千结；诵楞严，念地藏，参金刚经，了世间事事休。参悟赵州公案，直指人心，见性成佛；吃茶去，平常心；洗钵去，参话头；狗子无佛性，奥趣尽收，庭前柏树子，天下知秋；茶香四溢，禅趣无穷。

忽念赵朴初禅诗一首：

七碗受至味，
一壶得真趣。
空持千百偈，
不如吃茶去。
茶余静坐和联一副：
但修得即心即佛，哪管他这宗那宗；
能参破我执我见，不问僧顿悟渐悟。

按时吃，按点睡，硬板床，梦吉祥，吃吃斋，念念佛，喝喝茶，读读书，打打拳，行行禅，任槛外滚滚红尘，凭方内如如不动。

成佛又何如？

2011年2月7日

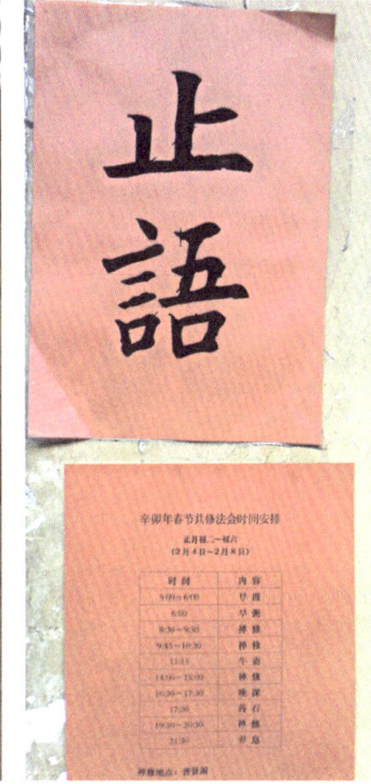

柏林禅寺素斋。 摄影/刘传辉

禅修体悟：打叠得心下无事

参加了几次寺院的禅修活动，回来后在生活中也尝试静坐来练习，慢慢有了些许的感悟。

开始静坐的时候，采取哪种坐姿是次要的，重要的是首先要养成在固定时间里静坐的习惯。刚开始练习静坐，脑海中如万马奔腾，天马行空，各种念头纷沓而来，有时赶不走，有时留不住。记忆里陈芝麻烂谷子的事，都被从脑海深处的库房里翻箱倒柜地折腾出来，过往的人和事，现在的人和事，未来的人和事，有时是一闪念，有时是清晰的，有时是模糊的。

对应思绪万千不能静心一处的办法有很多种，最常见的是数呼吸，关注呼吸，调整呼吸，眼观鼻，鼻观口，口观心，默数从1，2，3，……，10，持一念而数，但往往还没数到3，念头就不知跑到爪哇国里去了，游荡了很久才回来。接着再从头开始，有时候从头到尾都是在无序地游荡。

禅修的初期目的就是练习把所有的意念集中一处，万念归一，守一不移，最后达到一归于无的精神状态。我想这是对治注意力分散培养专注力最有效的办法了。静坐时首先把眼闭上，或微微睁开凝于一物，收摄六根，使所有的感官处于关闭的状态。如《心经》所说：无眼耳鼻舌身意，无声香味触法，在关闭各个感官系统中达到无思无虑，静寂生慧的状态。

静坐禅修的作用就像电脑用久了，系统里会滞留很多的垃圾，需要不断地清理，以使运算的速度加快，有时候不得不重新格式化一次，把电脑系统再重新装一下，电脑才会恢复到初始的状态。电脑之所以为“脑”，正是模仿人脑设计的。人脑像电脑一样，使用时间久了各种信息、垃圾、意识、经验、纠结的事情得不到及时的处理，就会堵塞心灵的各个通道。常常会有见到某人想不起名字，话到嘴

每天打坐的禅床。 摄影/刘传辉

边却忘记了要说什么，或过往的某人某事，早年烂熟于胸的课文、单词、数学公式，多年后都在记忆系统里丢失了，如何想也想不起来了。

比如8岁以前的事大多的记忆都是模糊的，这是因为这些记忆资料像在脑海的深处，翻找起来比较麻烦，就像去仓库里寻找一件陈年旧物一样。不是大脑把这部分的资料丢失了，其实它一直储藏在记忆库的某个角落，只有专注力达到一定的时候，才能不断清除记忆通道里的各种障碍。过往储存的事件就像电脑启动搜索功能一样，只要输入的字符或启用模糊搜索功能，一幕幕，一帧帧，甚至连声音、味觉都一并浮现出来，让人如临其境。

是不是只有静坐的时候我们的思维才能如此活跃？答案显然是否定的。《延乎答问录》中云："盖心下热闹，如何看得道路出？须是静，方看得出。所谓静坐，只是打叠得心下无事，则道理始出。道理即出则心下愈明静矣。"平时我们的思维甚至比静坐的时候更加杂乱无序，只是在忙碌中，在外缘的纷扰之下，思维处于混沌的状态，根本没有察觉到。正如一杯含有沙子的水，在摇动时水是浑浊的，只有当杯子静下来的时候，才会看到沙子慢慢沉淀下来，水才会澄清。心亦是如此，平时的思维如狂风骤雨下的湖面，即便丢入一块巨石也难以听到声音，当风平浪静的时候，即使一粒小石子投入水面也会荡起无数涟漪。

静坐禅修通过收摄六根，关闭外在的信息源，不断地观察我们的思绪，通过静观数息把奔腾的思维安于一念，达到每一念都能被察觉，念起念灭，念去念来，来来去去，反反复复，通过不断地修炼、锻炼、演练、反复、固定，然后迅速达到禅定的状态。所谓禅定，《坛经》中说：心念不起，名为坐；内见自性不动，名为禅。外离相为禅，内不乱为定，外禅内定，是为禅定。简单地说就是迅速回到当下，不被其他的事情所干扰，一心一意地做当下正在做的事，是觉醒能力的高度提升。

最后达到念念觉，时刻警惕自己的想法，凝神当下，吃饭时吃饭，睡觉时睡觉，扮演好当下的角色。在这一刻全身心地投入正在演的角色，不断地反复练习，跑神，觉知，回神，专注，再跑神，再觉知，更加专注，如此反复，最后能长久心持一念，如如不动，如是参禅悟道，终能醍醐灌顶。如遇契机或高人指点一二，一声棒喝或能开悟。

这或许就是明心见性的过程，通过静坐观照，擦拭内心的尘垢，发觉内在的自己，回归本来的初心，无垢无净，不增不减，无对无错，开放接纳，如明镜的湖面可以照见天空的一切。这时心的觉悟能力、觉察力、专注力，都会得以提高，变得敏锐。可以扑捉一切外在的变化，不须言语，接收的信息范围扩大，接收的频道也比普通人更多。据说闭关多年得道的高僧不需要言语、眼神、肢体语言的交流，只是默坐就能达到彼此的交流。

此外在禅修中，修无我观，因果观，中观，不净观，无常观，通过这些哲学思辨来通达事物的内在规律，通过观照修炼，达到见微知著，举一反三，洞悉空性，深明因果，无常无我，人我无别，天人合一的境界。

禅是开悟，修是实证，练习巩固，最后禅修的根本目的不是知道而是悟道，不是悟道，而是行道，真正落地生根在生活中，实地的运用。

2013年7月31于丽江云上公馆

禅修体悟：止语

在香海禅寺做了一次禅修，禅修前要求所有的参禅人员把手机、电脑、MP3、书籍全部上缴，并保持在随后几天的禅修中——止语。也就是不能说话，甚至不能有眼神的交流。初不解，解禁后深有所悟。

回来后给公司的员工做一次禅修体验的分享会，在会前让大家做了一个小游戏，每个人把刚刚说过的话写在纸上，过了一会儿大家把纸条交上来，我把纸条上的话一一念给大家，不时引起哄堂大笑，刚刚说过的话为什么会令人发笑呢？

逐条逐句分析纸条上的话。

哪些话是必须说的，哪些话是可说可不说的，哪些话是没有必要说的，哪些话说还不如不说，最后得出一个结论：

生活和工作中我们所说的大部分话都是——废话！

因为让大家写下来记述的是刚刚说过的话，而能想起来刚刚说过的话也只是所说过话的十分之一。而这十分之一的话中又有很多话是根本没必要说的，大多是下意识或无意识的随口表达，是未经思考的话。而说者又浑然不觉，并且大多数的人还自得其乐，津津乐道。

未经思量的话就像射出去的箭和泼出去的水，变成既成的事实，伤人的话一箭封喉，抱怨的话喂养自己的受害、摄取别人的能量，半生不熟的话一经吐出就成早产的胎儿，不痛不痒的话埋下杂草丛生的错觉。而真正想说的话，夹杂在这些话当中时，已变得无关紧要。所以，很多人说话自己言不由衷、不知所云，别人听到只是嗡嗡作响的噪声罢了！

在生活和工作中，很多人抱怨别人不听自己的话，那是因为平时你说的话太多了，不知道哪一句话是重要的。如果三年只说一句话，那这句话一定振聋发聩，令人终生难忘，用刘震云的小说叫“一句顶一万句”！

这让我想起某人的一句话：没想好，不能说；想好了，不用说。总之是不须说。

无论说什么话都是在发出一种信息，发出指令，情感交流，八卦娱乐，自恋表达。有目的地说是有意识的表达，无目的地说是下意识的表达。但有意识或下意识都不是无意识，任何一个动作或语言，都是大脑处理之后的意识表现在肢体或语言上，也就是先有意识后有行动，所以每一次说话都牵动着神经，意识引发行动，行为导致结果。

一个人的精力是有限的，消耗能量最大的不是体力而是妄念，不觉知的说话就像打开了妄念的开关，最大的弊端在于：耗费人的精力，分散人的注意力，从而使神经麻木感觉迟钝，最后自己都不知所云。

很多高僧选择闭关止语就是获得充分的宁静。当一个人在十分寂静的情况下，思维的敏捷、感知、观照、觉察的能力就会超出常人，所以很多高僧大德都是智慧的化身，也在于此。

禅修中四天没有手机，不能说话，以至于在禅修结束解禁的时候，自己能清晰地回忆起来四天里每天每个时间段里所做的事情。甚至法师开示所说大部分的话也能够记起来，而自己说过的唯一的一句话是一句下意识的话：晚间洗漱前在卫生间洗衣服，因为一个室友要用卫生间过来探看一下,自己觉得很不好意思，下意识地随口说了一句：哦，马上！

倘若在工作和生活中，每一句在嘴边即将说出的话都能被我们清醒地预知，并且能够预知这句话所产生的后果，那么会减少多少祸从口出的不幸，增加多少一言九鼎的分量，增长多少先知先觉的悟性。

话说多，不如少，智慧由此而生！

2012年7月28日

生活禅·擦鞋，察心

也许你每天都穿同一双皮鞋，以不穿破它就决不再换一双的执著蹂躏它，也蹂躏你的一双脚，一双在生活的奔忙中早已麻木的脚。

也许你拥有一柜子的鞋子，却每天不知道该穿哪一双，就像女人衣柜里永远缺少一件衣服一样。

也许你很久就没有自己擦过皮鞋，或者也就是在出门前，拿起一块破布三下五除二擦去表面的浮灰，便匆忙出门。

现在，不妨停下来，审视一下你的鞋柜。然后找个安静的时间，先把护理鞋子的工具备齐。然后沉静下来，清理、清扫、清洗鞋子。沉于其中，静于其间，专注一念：打理、打扫、打磨鞋子。

两块干净而柔软的布，一管鞋油，一把鞋刷，一盆清水，一双布满尘垢的鞋子。

端详一下。

把鞋垫掏出来放在一边。

把鞋带解下来，将鞋带下久积的污垢擦去。

用干布将鞋面上的浮灰轻轻地擦掉，把鞋跟处的秽物和泥巴，用布沾一点清水或者拿一把牙刷打扫干净。

把鞋垫边缘的污垢擦去，把鞋带也清理一下。

然后涂鞋油，用刷子有次序、有节奏地前后打磨，最后用软布擦亮。

再把鞋带穿上，鞋垫放进去，把鞋子摆好。

精心照顾的皮鞋。 摄影/刘传辉

将一双布满尘垢的鞋子清理完，会像一个很久没有洗澡的人，泡了一次温泉浴一样清爽自在。又如同清理郁积于心的垃圾一样，让人身心舒畅。

有去挑水的信众路遇高僧，问："如何能解脱？"

高僧道："从担起水桶到井中把水汲起最后倒进缸中，如能持有一念，一念不移就能摆脱烦恼。"

擦拭一双鞋子何尝不是如此？用心、细心、精心、静心地擦一双鞋子也会达到去除烦恼的入定感，令人豁然开朗。

擦鞋亦可以委托他人。但自己动手可以培养自己对物敬，对事敬，对人敬的态度。心生敬畏，没有懈怠，没有苟且，去除我慢之心。

鞋子是身体的延伸，是第二层皮肤。哪怕只有一双鞋子都要每天把它擦得铮明瓦亮，一尘不染。当一个人没有外物可以凭持的时候，剩下的只有内在对自我的尊重。

在最私密处，在无人的地方，你才是你。

如此，由物及人，对物敬，对事敬，对人敬，敬天以爱人。

一双好鞋子值得拥有。那么又该如何与一双鞋子相伴呢？

一双鞋子应该经常摊开晾晒让它通透温暖，但要避免让阳光直射。鞋子上的一针一线、纹路、毛孔、划痕，是一路走来的见证、陪伴和记录。过了季节，用心把它收好，在鞋柜里分门别类让它各安其位。

不要轻率买鞋，更不要让别人来替你买鞋，当你真正需要的时候再添置，而一旦拥有就要对每一双鞋子都珍爱有加。

也不要轻易地丢弃一双鞋子，轻易地丢弃来自于轻率的选择。就像家妇经常教导我说：“不在于拥有很多，而在于拥有的每一件都值得拥有。”诚如所言。

如果允许，至少要备两双以上的鞋，而不是将一双鞋从头穿到尾，使它迅速变成一双破鞋。

每双鞋不宜连续穿两天以上。如果允许，请每天替换一双，哪怕你只有两双鞋。

一双好鞋一定不能搭配一双破洞的袜子和三天没洗的脚。

一双鞋是否舒适只有自己知道，所以你不能欺骗自己。

晚间到家脱下鞋，顺便把鞋垫取出来，让它也透透气。再次穿起来会觉得清爽很多。

不要在电影院、火车、飞机等公众场合脱下你的鞋子。如果在长途的旅行中想脱下鞋子，请备好一双拖鞋。

梁文道在一篇文章里这样写道：“就以一双手工制作的顶级皮鞋来说吧，它是很贵，但它可以穿上一二十年，这里头的学问不只是它自身的质量，更是你穿它、用它的态度。”

“首先，你会珍惜它，所以走路的姿势是端正的，不会在街上看见什么都随便踢一脚。其次，你愿意花点时间和心思去护理它，平常回家脱下来不忘为它拂尘拭灰，周末则悠悠闲闲地替它抹油补色，权当一种调剂身心的休息活动……所以这双鞋能够穿得久，10年之后，它略显老态，但不腐旧，看得出是经过了不错的照料，也看得出其主人对它的爱惜。这叫作绅士。”

2014年2月

无论信什么，总还是要信点什么

小区外有棵大槐树，据说是棵神树，有些仙气。在十字街的中央，当年修马路的时候也没有人敢把这棵树砍了，而是路绕树而过，任凭那个街口拥堵不堪。每月的阴历初一、十五，夜半就会听到连绵不绝的鞭炮声，扰得四邻不安。开始的时候并不知道为什么不年不节的放炮，后来才知道是善男信女们在树下磕头烧香祈愿。看来无论是谁，无论信什么，都还是要有些信仰为好，时时记得天有三尺神明，总归不会犯下很大的错。

有了信抑就有了敬畏心，有了忌惮，有了约束，心里就有了归属感。有了神就有了祷告和忏悔的对象，无论早与晚、阴与阳都无处可欺，错了自然会有神来惩罚，对了自然会有神来护佑。这个神就是准则，可能是上帝，菩萨，真主，关公，土地爷，抑或是棵无由来头的树。做人做事有了准则，就有了定力，心中不再摇摆恍惚，就能禁得住很多诱惑。有了神，心里总也坦荡祥和，做起事来心安神定，自然无往不利了。

一个没有信仰的人是一个对周遭世界不负责任的人，因为这个人无所忌惮，无所畏惧，因为无知，所以无知无畏，没有什么事不敢干，没有什么事是干不出来的！

柏拉图说：若神不在，一切皆无！

世界上有很多个上帝，无论哪个上帝，哪路神仙，中国籍的，外国籍的，无论信什么，总还是要信点什么！

2011年8月14日

熬，就一个字

熬，象形字，底下四点是火，意在火上加热。不是在水里就是在油里，并且不是开水就是沸油，绝不是泡温泉，一定不舒服。

熬，就是生米煮成熟饭的过程，离不开烟熏火燎。

熬，就是媳妇变成婆，慢慢学着当家，体味柴米油盐。

熬，就像抽丝剥茧，就像虫蛹化蝶，一点点，一层层。

熬，就是由生变熟，由硬变软，由不懂到懂，不会到会，不明白到明白，不悟到悟，由想不开到想得开，由牛犊初生到伏枥千里的演变，由感觉世界不公平到感谢世界很美好！

熬，是积蓄力量，等待厚积薄发。

熬，是一种智慧，是面对自己无法改变、无力承担、无可奈何时的一种妥协，一种迂回，一种策略，一种成长，但绝不是气馁放弃。

熬，就是正视时间的存在，不妄想跨越时间。

熬，就是正视距离的存在，不是所有的距离都是直线。

熬是一种心态。就好比拜师学武，入得师傅的门，第一件事不是学招数，也不是练习基本功，而是担柴、烧饭、扫院子。师傅会告诉你，心情浮躁无法学艺，学武功首先是磨练心性，然后是蹲马步，最后才是学招式。若没有前两项，任何招式（技巧）都不管用。套用过来，磨练心性就是要解决心态问题。狄更斯曾经说过：“一个健全的心态，比一百种智慧都有力量。”这句不朽的名言告诉我们一个真理：你有什么样的心态，就会有什么样的人生。

著名企业家王石，以业余登山者的身份，在53岁登顶珠穆朗玛峰之后，有记者问他如何登顶，他说：“实际上它（登顶）是这样一个要放弃而没放弃的过程，说我就是不放弃，我登不到顶就死不瞑目，这是绝对没有的，而是熬啊熬，熬到最后，发现我怎么就上来了，居然也上来了！”

改革开放初期，三落三起的邓小平走上历史前台。来访的加拿大总理克雷蒂安问邓小平，你的政治生涯如此曲折，跌宕起伏，从逆境中走出来的秘诀是什么，邓小平淡然地说了两个字：忍耐！

原来成功就是要有一个伟大目标，然后熬着，忍耐不放弃！

2007年9月4日

千万别叫我“总”

时下社会上流行一种风气，在商业领域的交往中，称呼别人某总已成为一种尊称和敬语。有感于自己有时候不能免俗，称呼别人也被别人这样称呼，于是有了些感悟。

随着我们企业的发展，有时候被人称呼我为“刘总”，这令我十分的不受用，每一次都如芒在背。从内心里我觉得距离这样一个称呼还有很远的距离，遥远得令我看不到这个称呼的尽头！

有些“总”比如总书记、总理、总司令、总指挥，这些“总”叫起来名副其实，给人的感觉也是气势恢宏、纵横捭阖，可以腹纳天地、胸藏万象。可是有些人，明明就三五个人，七八杆枪，可偏偏喜欢别人称呼自己某总、某总，好像干了什么经天纬地的大事一样。当被称为某某总的时候，许多人是十分受用的，有满足感、成就感，甚至有高高在上的虚荣感。因为一说“总”就是总揽大局，高屋建瓴，运筹帷幄、决胜千里；就是中心，就是第一，就是牛B，就不可一世了，就不知道叫什么了，忘了自己原名叫王小二，也或者是王二狗子，就满了！人一旦满了，就再盛不下别的东西了，就容易骄傲了，忘乎所以了，把自己当回事了，尾巴翘起来了，进化不彻底的猴子本性就露出来了，因为夹着尾巴才能做人。

冯仑的《野蛮成长》一书里有关伟大的一段论述很有意思。他说：“伟大的人都把自己放在历史长河中观照自己，知道自己在演什么，如果真按大家给你的角色演，那就是浅薄。”也就是说，无论别人怎么称呼你看待你，叫你“某总”也好，“某董”也罢，把你当个人物，你就认为自己是这么个人物，你就浅薄了。伟大的人都不把自己当回事，他们诚实地演绎着自己的本色。“某某总”其

我心飞翔——瑞士铁力士山顶。　摄影/尹伟

实是一种感觉，这种感觉和职务地位没有关系，和一个人内心对于自我的认识有关系。一个人的内心是富足的，那他就是自己的“总”，不需要仰赖任何外界给自己的定义。同样一个人内心觉得自己是不足够的，才会依赖外在形式的肯定。

我们的企业才刚刚起步，还处在个体户的水平上，论人数不过百十号，论资产不过几百万，论营业规模也不过几千万，企业形式还只是在服饰产业零售领域中一个小小的环节，距离一个真正的产业级企业还有很远很远的距离。在某种意义上，我们甚至称不上一个真正的企业，如果这个时候我们就觉得自己了不得了，有成就感了，开始翘尾巴，“总”起来，觉得一览众山小的时候，下一步必然是走下坡路。

记得联想集团有一次改革，目的是改称呼。联想大了，部门多了，每个部门都有各自的负责人，各个部门的层级又很多，于是各个部门的负责人就被称呼为“某某总”。所以进入联想的总部，见到人都叫某总，柳传志叫柳总，杨元庆叫杨总，各个部门有上百个之多，最后大家也分不清到底“总”有多大。官僚体制就这样产生了。联想意识到这个问题，一律改成直呼其名，比如杨元庆叫元庆。这种改革一下子拉近了人们之间的距离，对于破除大企业病，消除部门隔阂和官僚主义起到了积极的作用。

在新员工的见面会上，我告诫我们的员工，从我们公司内部开始不允许称呼我刘总。大家可以以自己喜欢的方式称呼我，不论称呼我什么我都会乐意接受。私底下，我听到有员工调侃地叫我“咱刘哥”，也有人叫“老刘”，还有人叫“辉哥”，比较斯文或者正式的叫刘经理。我听了都很高兴，很高兴大家这样无拘无束的称呼，我愿意按照这样亲切的称呼去演绎自己。

很欣赏英文中对于“总”的称谓和诠释：CEO——首席执行官，不是高高在上，不是中心，就是个总干活的。我时刻记得我是谁，我只是一个姓刘的小二，不小心被别人冠了“总”，所以诚惶诚恐。我时刻告诫自己，别人叫我“总”是因为我“总”是离不开别人，“总”是依靠别人的协助和帮助，“总”是需要与别人和谐共生，“总”是因为有众多的人在后面托着我！

2008年3月11日夜

处处留心就是观察力

就是那么随意，有了一点感触，随手写写，无心无意，有时写在随手抓来的纸片上，有时无聊地记录在手机里，有时写在某个书的扉页上，但愿这些感悟也能给朋友们一些启发。

如果经常思考未来，那么今天的问题便不是问题。

无事之时，当反观自照，扪心自问：平素里有什么事做得不对，有什么话说得不妥，有什么人恩义未报，有什么事可以改进，有什么妄想升起，有什么恶习迁善，这样时时反省，大约可以说是精进了。

你不愿委屈自己就是在有意无意地委屈别人。

“我这人就这样!”是拒绝改变的借口，等到什么时候你贴到墙上以后再说“我这人就这样！”

当你掌握不了信息的时候你就失去了领导力和决策权。

处处留心皆学问！处处留心就是观察力，看到和别人一样的东西,思考和别人不一样的问题，能够洞悉问题背后的问题就是洞察力。

成长的过程就是不断解决问题的过程。

矛盾无处不在，哪有世外桃源!

我们生活在一个熟人的社会，从广义上来讲是在世界的范围内，从狭义上来讲每个人都生活在一个很小的圈子里。

注意力在哪里，所得就在哪里!

寻找即所得。

系统思考就是智慧。

念念觉，就是察觉每一次的起心动念，是邪思邪念还是正思正念。如若能做到：思无邪！则无事不成。

势利，势利，有势必有利。借势，谋势，造势，时势造英雄。造势比谋利重要。

一个人既要具有积极乐观的思维，从不可能中看到可能；又要有小心谨慎的思维，从万无一失中看到万一。

激动不如行动。

一生的朋友要用一生来相互砥砺，共同进步，如果不能和朋友与时俱进，必然变成一时的朋友。

亲人间的嫉妒是人性中最为悲哀的事。

生意和仁义是两码事。生意是生意，仁义是仁义，不可混为一谈，如果混为一谈则必然仁不仁，义不义。尊重规则，遵循规律做事，这样想，我想是接近于道了吧。

没有程序规则付出的代价是惨痛的，不痛不足以铭心。

对那些爱慕自己而自己又不喜欢的人,切不可心生傲气，睥睨对方，更不可骚扰对方，静默以待，以礼待之，给对方留些面子和距离，也许是上好的办法，谁知道来生是谁仰慕谁呢?

见到美丽可人，惹人喜爱的女子，还是内心激赏，心向往之，暗自悦心为好，不宜有献媚谄谀之态。若动了凡心，想想追慕尽头的无味还不如仰慕远观，可以玩味得久些。这大概可以称得上是君子之风吧。

妖艳且浅薄的女子，最是令人生恶。

人大概是分三六九等的，这是俗世的标准，然而身在江湖三六九等都是要交的，需要用三六九的行为言语以对，使三的人认为你是三，六的人认为你是六，九的人认为你是九。如果曲高和寡，孤芳自赏，则成了不三不四的人物了。

与人为友，还是以无事相扰为好。

如果要布施，还是从身边的人开始为好，不可为布施而浪得了虚名。

话多的人，多半因话折抵了福分，大多福浅。

无所不知的人，多半一无所知。

不关注是非的人，没有是非。不关心奇闻异事的人，听到了奇闻异事也很淡然，没有惊异之色，更无猎奇之心，觉得只是平常，听了也是听了，就像不曾听过一样。

让人尊敬就很难让人喜欢，让人喜欢很容易，让人尊敬很难。让人尊敬需要表率、付出、隐忍，而让人喜欢只要讨巧大众就行了。

世间总有些寡淡无味的人令人扫兴，若往细处想想这也是世相，是世界的一部分。

心直口快，口无遮拦的人多直率，但多少也缺些智慧。

胡雪岩说经商之道在于前半夜想想自己，后半夜想想别人。有些人之所以经商不成功，可能只记得前半句，忘了后半句，前半夜想过自己的，后半夜就睡着了。

2010年10月21日

碎悟

● 要向孩子学习，学习马上把哭变成笑，想哭就哭、想笑就笑的能力，学习无穷的破坏力和创造力，学习无穷的好奇心、求知欲，学习无知无畏的精神，学习忘记的能力。

● 茶能静心，静能生慧，慧能明理。理，天下大道。平常心是道，道恒久远。

● 尽量少在电脑屏幕前久坐，电脑让人脑的智商越来越低。

● 被邀去做客，席间不明主人与客人、客人与客人之间的关系，不胜酒力，不明事由，喧宾夺主或喧宾夺宾，妄自菲薄，喋喋不休，总归是件令主人尴尬其他宾客扫兴的事。主人对此类客人恐避之不及了。

● 见怪不怪，见怪若怪了，只能说明自己的眼界和气量局促了，怪相、怪状无非是超出自己的认知常理和逻辑而已，要有面对“怪”的胸怀和勇气，淡定自若，怪将不怪！

● 不回电话的人是主人。

● 人其实就是一个穿了衣服的猴子，进化的旅程终其一生。有位哲人说：从猴到人人类用了一万年，可从人到猴只需要一瓶酒。可见人性是多么脆弱，猴性是多么顽固。

● 聪明人持着聪明被自己害了。

● 经验主义是限制我们进一步发展的主要原因。

● 每个人都喜欢谈论自己——自己的故事，自己的孩子，自己的体会……

什么时候我们用心倾听过别人，体会他人的喜怒哀乐，同他人一起悲喜，把注意力专注在他人身上，而不是关注自己，表达自己。以他人为中心，有句哲言：他人即是地狱，什么时候修炼到；他人即是福祉，就超脱了。

● 对孩子父亲以外的男人谈论孩子的事，多少都有些自恋和缺乏智慧，即使这个男人在听也是在装作认真地听，所有的雄性动物都只关注自己的后代。

● 有什么别有架子，欠什么别欠人情。

● 生瓜蛋都是硬邦邦的，什么时候软了就熟了。只有硬的才会碰到硬的。

● 别独自用餐。

● 无聊的时候找些有聊的事来做，哪怕去搬砖，千万别无所事事。有句俗话不俗：无事生非！无事是祸端。

● 慈悲就是没有怨怼与仇恨，只有宽恕与理解，仁爱与悲悯！

● 一个人活着让人爱戴，死后令人尊敬，这一生就算没有白活。时常想想死后谁会去参加自己的葬礼，就会生敬畏心、慈悲心、仁爱心。

● 一个人的内心如果能时时观照到人性的劣根，如嫉妒心，好恶心，好坏心，美丑心，比较心，好强心，争胜心，虚荣心，就是觉悟的开始，距离觉醒就不远了。如果能时时升腾起利他心，平常心，慈悲心，正觉心，博爱心，无我心，就距离超脱不远了。

● 当你成为某个领域的成功者，你就有了责任和义务去帮助提携你身边的人，是责任和义务，没有应该或不应该！

● 当你是司机时，你看到的行人横穿马路散漫无序，任你按破喇叭骂娘；当你是行人时，你看到的汽车则是横冲直撞横行霸道。我们都站在自己的立场上看到世界的一部分，正如一个哲学家所说：有时候你是被鸽子拉了一身屎的铜像，有时候你是那只拉屎的鸽子！

● 要跳出来看问题，不识庐山真面目，只缘身在此山中。对一个问题没有思路的时候，或者陷入困局无解的时候，就跳出来，安静地远远看看这个问题，或可有解。

● 人为刀俎，我为鱼肉时，还有什么可以讨价还价的呢？认了——打落门牙和血吞，曾国藩这样说。

● 没有什么事是出乎意料的，无论是喜从天降还是祸不单行，意料之外的只是因为麻木的心不曾对事物有敏锐的观察和觉醒，一切皆在意识之内。

● 人之患在好为人师，好为人师者不是在炫技，就是在夸耀。

● 每个人都会有烦恼，什么时候闭眼了，就没有烦恼了。烦恼同时也带给我们快乐，烦恼即菩提，所有的快乐都是建立在烦恼的废墟之上的。

● 幸福来源于对痛苦的咀嚼！

● 没有经历过卑微就不知道什么是高尚，没有经过高尚就不要睥睨高尚！

● 一个人独处的时候，自由是百分之一百，两个人在一起自由度就降低到百分之五十，以后逐次递减。独处的能力是一个人内在的强大表现，内在不足够的人热衷于外在的喧闹。究其原因，原始的人类是群居动物，依靠群体的力量生存，一旦失去群体则会感到不安。只有当人们进化到拥有独立的思想和生存的能力，才能摆脱对群体的依赖，依靠群体来寻求慰藉和安全感。

● 知识不如常识，常识不如见识，见识不如胆识。知识指的是智商，或学富五车或在某一领域拥有专业的技能或是专家学者。而常识是指“世事洞明皆学问，人情练达即文章”，说的是情商。常识即大道理，很多人知道，很少人做到，比如吃亏是福。见识是指眼界宏阔，见多识广的直接体验和经验，没吃过猪肉也见过猪跑，拥有由小见大、见微知著、由此及彼的能力，而胆识则是以上的综合素质表现，有胆无识的憨胆大则不在此列了。

● 为什么“福无双至，祸不单行”？因为人享受快乐的效用边际递减，对于快乐和幸福的贪欲过大，当第一个幸福来临时人往往喜不自禁被幸福冲昏头脑；当第二个幸福光临时人们已经体验不到了，身在福中不知福了，正如饥饿的人之于包子，吃第一个到第五个的感觉。而当灾难降临时人们往往沉浸于悲痛麻木慌乱焦虑之中，失去了觉察判断第二个灾难的能力，容易一错再错。所以，愈是幸福光临愈是要惜福，愈是灾难来临愈是要稳如泰山淡定以待。

● 一个人的注意力是有限的，只有一颗心，两只手，睡一张床，填饱一个胃，而关注太多的东西，只会让人眼花缭乱，心神不宁，最后一事无成。能心守一处，心无旁骛，专心致志做好一件事已非常不易，何况那么多的诱惑和欲望呢？

● 所有的人际关系如果想达到默契、理解与信任，有一项无法逾越的障碍：时间。

2011年11月

夜半中年有感

临晚回家探望老父老母。每日只是早出晚归，半月未去探望父母，只落得父母牵肠挂肚。回家孩子端坐桌前，以待老爸辅导。明日又添一岁，我自恍然若失，转眼三十八年，弹指一挥间，夜半难眠，有感而慨：

上有老的，下有小的，左有老婆，右有兄弟，外有亲友，内有员工。欲做孝子，愿当慈父，左想妇和，右思弟睦，待友肝胆，对亲帮扶，股肱有难，割肉以襄。看似风光，内心惶惶，他人钦羡，我自孤苦，求全别人，心怀无我，俯仰天地，无愧我心。岁临不惑，欲说难说！

2011年8月

寅去卯来，岁尾感悟

腊月二十九了，过去的一年很多事都已尘埃落定，心情也在这浮躁的年末慢慢澄净下来。独自一个人喝茶，想想明天就是大年三十，日子过得真快。回想一年来的些许感悟，基本是自己笃定的信念和习惯的生活方式，写下来权作兔年的祝福吧！

韶华飞逝，年近四十，
岁尾感悟，以飨友人。
恕人以宽，责己以严，
与人为善，度人以诚。
日知所亡，内省不疚。
坚持锻炼，神清气爽，
静坐守默，谨言慎行。
经典常诵，闲书怡情，
禅茶慧心，书墨养性。
萝卜白菜，粗茶淡饭，
半饱而食，浅醉而饮。
生活规律，做人自律。
无得无失，舍得舍得，

谁是谁非，何对何错。
修己化人，躬行不辍，
日日精进，功到天成。
寅去卯来，万缘随喜。

2011年2月1日（腊月二十九）

心怀良愿才能事随心愿

因为住的地方没有停车场，恰好附近一个单位有停车场，就每天晚上把车停在这个单位的停车场里。

那个单位里有两班看门的人，其中一个看门老头比较和蔼，总是微笑着；另外一个比较生硬，总是板着脸。我经常会跟和蔼的老头聊上几句，或给他递支烟，但很少和那个生硬的老头打招呼，心里想我也不欠你什么，你凭什么总给我虎着脸，我停车也不是停在你家院子里。由于工作的原因每天回去都很晚，有时候看门的人已经睡下，我或鸣一声喇叭或晃一晃车灯把看门的人叫醒。和蔼的老头总是不厌其烦地起来给我开门，我心里往往就对他十分歉疚，觉得打扰了他的好梦；生硬的老头总是一脸的不情愿，哪怕这时他并没有睡下也会慢慢腾腾地来开门，我心里厌烦他，所以也从未给过他任何和善，甚至吝啬对他说声谢谢。

直到有一天深夜，我开车回去看到看门人的灯还亮着就晃了晃车灯，通常他们看一下车牌就会把门打开，可是这一次任我晃了很多次车灯也鸣了多次喇叭，我确信是那个生硬的老头故意不给我开门，我下车到门口责问那个生硬的看门老头说："你没听见？"

老头生硬地说："听见了，就是不给你开门，你去告吧！这院里停车的人多了，比你官大官小的人都有，从没有见过像你这样的人，这么傲慢无礼！"

我一时无言，忽然觉得自己错了，觉得自己从未给过他任何的尊重，从未给过他一张笑脸，从未对他说一声谢谢，甚至从未正视过他，漠视他的存在。我

背石头的女人——摄于川西稻城亚丁。　摄影/刘传辉

回想起这几年自己的种种表现，给他的印象正如他留给我的印象一样——生硬，冷漠，傲慢，无礼。

此后，我对待生硬的老头就像对待和蔼的老头一样，经常对他微笑，有事没事和他闲扯几句拉拉家常。晚间回来晚了，看到传达室的灯已熄了就悄悄地把车开到楼下不再打扰他。每一次他为我开门我都会放下车窗真诚地对他说："谢谢师傅！"有时给他递支烟，有时看他爱喝茶就拿些茶叶给他。慢慢地我发现他也是一个很和蔼的老头，他也经常对我微笑。回来很晚的时候会关切地问我加班了，几天不在就会问我出差了，偶尔早上开车晚了会被别的车挡在里面，他会主动打电话或去找人把车挪开。冬天很冷的时候车窗上结一层冰，他会从传达室里倒些开水让我把车窗玻璃擦擦……

这个看门人让我想起一则故事。说乡间有祖孙二人在树下纳凉，有一个路人问下面村子里的民风好不好，爷爷就问路人，前面村子里的人友善不友善？路人说前面村子里的人都很和善、很纯朴，爷爷就说后面村子里的人也一样。又过来一个路人问同样的问题，爷爷也同样问路人前面村子里的人怎么样，路人说前面村子里的人都是一群刁民，很不友善，爷爷说后面村子也是这样。孙子很不解，为什么同样的问题回答不同。爷爷说你如何看待别人，别人也会如何看待你！首先在于你心中如何对待外界的态度！

那个生硬的看门人让我明白，你怎么看待别人，别人也会如何看待你。你觉得他友善和蔼，他就会是这样的；你觉得他生硬冷漠，他也一定如你所愿。你尊重别人，别人才会尊重你。你如何对待这个世界，这个世界也如何对待你，前提首先在于你自己的态度！这也就是心理学上所说的皮格马利翁效应。

还有另外一个类似的历史故事。管仲在做齐国的宰相以前，曾经负责押送犯人。但是，与别的押解官不同的是，管仲并没有亲自押送犯人，而是让他们按自己的喜好安排行程，只要在预定的日期内赶到就可以了。犯人感到这是管仲对他们的信任与尊重，因此，没有一个人中途逃走，全部如期赶到了预定地点。由此可见，积极期望对人的行为的影响有多大。

积极的期望促使人们向好的方向发展，消极的期望则使人们向坏的方向发展，人们通常用这样来形象地说明皮格马利翁效应："说你行，你就行；说你不行，你就不行。"要想使一个人发展更好，就应该给他传递积极的期望，首先认定他是你心目中想要的形象，如优秀的、友善的、和蔼的、积极的、能干的、主动的、上进的、聪明的、勤奋的、诚实的……

心怀良愿才能事随心愿！

2007年3月29日

男人、香水及女人

一日参加完公司的早会，美女主管忽然笑着问我：刘经理是不是开始用香水了？我说没有。她说大家都闻到了。我顿时被误读得无语！

由被误读用香水联想到的几点：

一是什么原因会被大家误读。可能是我在公司一直提倡大家要注重自己的形象，经常说你的形象价值百万。我们从事服装时尚行业，应该职业化，符合自己的职业形象。这样的倡导起到了一定的积极作用（从本人的观察来看，大家的形象的确有了很大的改善）。在此前提下本人的形象有所改善所以被误读。如果是这样的原因，我愿意继续改进以身示范，跟上职业化的步伐。

二是一个人的心智是非常难以改变的。本人生性保守，深受传统的毒害，骨子里难以接受用香水的男人，见不得奶油小生。见过很多的成功人士，特别是草根出身的英雄豪杰们，大多数对自己的形象都以本色见人，不睦奢华，简装便行，少有油头粉面的主儿，他们大多从不过分关注自己的行头。认识一个上市公司的董事长——一个福布斯排行榜上有名的人，直到去香港证交所敲钟之前，都没有穿过300元的皮鞋，总是一身工作服，每天早上，无论刮风下雨都站在工厂的门口迎接上班的工人，想来他是不会用香水的。

一个人的精力是有限的，你关注什么就会得到什么。一个人的形象得体是第一要务，要与自己的身份、职业、场合吻合。《中庸》上讲：君子素其位而行，不愿乎其外。素富贵，行乎富贵；素贫贱，行乎贫贱；素夷狄，行乎夷狄。处在什么场合就与什么场合融合，如果标新立异，哗众取宠，则过犹不及，顾此失彼，本末倒置了。

前些时候和一个朋友在上海八佰伴杰尼亚服装店购物，朋友顺手给我拿了一瓶杰尼亚香水，推脱不是接受也不是，所幸他拿了两瓶，同行的另一个朋友收了起来，不好拂朋友的好意，只好收下。然而回来之后觉得无法处置这瓶香水，无法接受自己使用香水。或者往深里说，无法接受男人使用香水（除了某些个别有强烈异味的男人）。一个人在内心不足够的时候才需要外物来武装自己、包装自己，所谓的香水和名牌不过是增加自信和肯定自我的迷魂剂和强心针。

在很长一段时间里，我固执地使用7元钱的大宝护肤霜，并且认为和100元的欧莱雅没有什么区别。近年来在“家长”的强制之下，渐渐接受男性用的爽肤水和洗面奶。在使用了一段时间之后，对我苦大仇深、粗糙且干燥的脸略有改善，然而仍难以接受繁琐的使用程序，总是三下五除二草草地胡乱一抹，并且常常忘记。窃以为一个男人应该更多地关注世界，而不是如何修饰自己的一张脸，一个男人对世界负责就是对自己的脸最好的修饰！

鉴于男人和女人对于征服世界的方式有所不同，香水之于女人则是不可或缺的。古人说：女为悦己者容。因为男人靠征服世界来征服女人，而女人靠征服男人来征服世界，所以强烈建议女士们使用香水来征服世界。可可·香奈尔甚至负责地说：“不用香水的女人，是没有前途的。”无论是香奈儿NO.5还是兰蔻的奇迹，或者圣罗兰鸦片，总之一个成年的女性一定要有一款或者多款属于自己的香水（当然并不仅限于香水）。香水给女性以魅力和想象力，一瓶香水的直接成本是售价的1%～5%，绝不会超过5%，售价1000元一瓶的香水实际的成本不足50元，剩余950元都被用来给女性们讲述一个美丽而动人的故事，使她们进入幻觉状态，沉浸于自我的陶醉当中，这非常有利于世界的进步和男女的和谐。

对于清水出芙蓉，天然去雕饰；出淤泥而不染，濯清涟而不妖，素面朝天的女性，依照本人的审美还是保持原汁原味，并不是所有的女人都有这种素颜资本。

使用香水或者说懂得素其位而行的女人，不仅是对自己的尊重，更是对别人的尊重！不仅是对自己负责，更是对世界负责！

2010年5月11日夜

本文发后，不断有女性朋友质疑到底是否该化妆，或者说判断是否化妆的依据是什么？本人不是这方面的专家，但中国历史上有位鉴赏的审美大家李渔，在他的《说闲》中给出答案，借此解答各位爱美的朋友：

眼儿媚·懒妆

真是佳人果温柔，尽可不梳头。
盘龙生就，天然堕马，才是风流。
世间尤物随他懒，懒与质相投。
若非国色，宜先郎起，早上妆楼。

2010年5月18日

职场观复

万事随缘！不随缘可以吗？不随也得随，悲也是随喜也是随，由不得随不随。不如面对它，接受它，解决它，放下它！

缘起缘散本是人间常态，我执我见尽是固执
己见，顺境逆境都是风景，患得患失证悟
无得无失！
二〇一四年元月十九日劲然速与北京

塑造分享型的企业价值观

智兴公司在不断地发展，但在发展中也产生了很多问题，给员工的工作造成了很多麻烦，产生了许多困惑，影响了员工工作的积极性和工作情绪，具体有以下几个问题需要认识和探讨：

1.公司的价值观不明确，员工没有方向感；

2.新老文化的冲突，新老观念的冲突，需要进一步统一思想和认识；

3.新入职员工的思想问题，对公司文化的再认识；

4.老板文化的弊病和由此带来的官僚主义；

5.塑造专业风范和职业化的发展之路；

6.塑造分享文化。

1.公司的价值观不明确，员工没有方向感

无论是新入职的员工还是老员工，如果问及智兴公司的价值观或者说智兴公司的文化，很少会有人明确回答这个问题。这是非常可怕的。这表明智兴公司的目标不明确，公司没有方向，员工没有行为准则，没有信仰，不知道在公司内什么是被赞许的，什么是被反对的，什么是被鼓励的，什么错误是可以原谅的，什么是高压线触摸不得。我们不知道为什么工作，不知道为什么努力奋斗，不知道奋力游去的彼岸是什么，这将严重阻碍到公司的发展，影响到员工个人的进步和发展。

因为我们无法生活工作在一个没有信仰和追求的环境里，生命要有所担当，生命不可承受之轻。

对于这个问题，我们需要马上沟通，明确我们的价值观。

2.新老文化的冲突，新老观念的冲突，需要进一步统一思想和认识

智兴公司成立几年来得到快速的发展，从开始的几个人到后来的几十个人，直到现在的100余人。这当中在公司早期无形中产生了一些公司的潜文化、潜规则，也就是隐性的文化，没有成形文字，但大家都会遵守。比如讲奉献、讲学习、不计较、重感情、家庭化、打硬仗。这种文化以阿迪团队为代表，其形成在每一个公司从小到大的过程中都会产生，因为公司成立初期，人少，部门少，老板员工一锅饭，大家像个小家庭，同事像姐妹兄弟，老板如家长父母，这种文化是打仗亲兄弟，上阵父子兵，战斗力很强，凝聚力很高，大家肯吃苦，抱怨少、牢骚少。这时公司的经营靠感情维系。

随着公司不断发展，不断有新的品牌、新的业种、新的人员加入，新的部门成立，规模大了，人员多了，声音多了，观念多了，冲突就多了。人上一百形形色色，冲突是必然的。

关键在于我们如何认识冲突。很多新员工来自不同的地域，不同的家庭，受过不同的教育，有过不同的工作经历，这就必然有着不同的价值观。我们无法苟同所有的人有相同的价值观，即使出身于同一家庭，受过同样的教育，有过相同的工作经历，也会有背道而驰的两种价值观。如解放前同一个家庭中会有人加入共产党，有人加入国民党。价值观没有对错，历史会给出判断。

但我们可以树立塑造一种价值观，吸引相同价值观的人加入到我们的团队，我们可以求同存异，只要认同公司大的价值观，可以保留自己的价值观。

关键在于智兴不能抱守公司创业初期的行为规范来苛求每一个后来入职的员工，觉得不符合我们原来的价值观就不认同，就排挤、冷落、孤立，就觉得不能容忍。

对于资深的老员工，政治学有一句经典的话："当你年轻的时候，你是激进的改革派。而当你年老以后，你已经坐在权力的中心了，你就会是保守的拦路虎。一般而言，人性都是这样的。"

公司在这时候需要建立一种新的价值观和行为规范。环境变了，要求我们

与时俱进，适应新的变化。职业化，规范化，制度化，专业风范，将是我们努力的方向。我们不能依靠某个人的魅力发展，不能靠哥们儿义气发展，不能靠小团体发展，不能靠派别发展，不能靠个人感情发展，我们必须靠强大的制度发展，规范化运作发展。世界上每一个百年企业靠的不是某一个人，某一个团队支撑到现在。再伟大的人也有去世的一天，再默契的团队也有散席的一天，到那时候我们靠什么生存？唯有制度和闪耀人性的企业理念不会过世，唯此可以保证我们的永续经营！

3.新入职人员的思想问题，对公司文化的再认识

公司新近入职的员工普遍有怨言、有牢骚，具体的问题首先在于对公司价值观的认同理解存在有偏差和误解，以及对公司当前和今后的发展认识不清。比如加班、学习、薪酬待遇；比如不认同加班（我在此声明我不提倡加班的文化，这是公司现阶段的阶段性问题），不认同花很多时间学习，觉得占用过多的私人时间，觉得公司的发展一团糟糕，一片混乱，无秩序、无纪律。这些牢骚和抱怨，我觉得是只看问题不看成果。

第二个认识在于，新入职员工自我的认识和评价标准。有些员工拿原来的工作单位和智兴公司比较，拿原单位的优点比智兴公司的缺点，拿大公司的规模同智兴公司的规模比，拿原来的待遇比现在的待遇，拿高薪员工的待遇和自己的待遇比，这些比较的标准我觉得有失偏颇。甚至拿自己的开支和公司的工资比，如我每月需花费1500元，而公司才开1200元，这种逻辑是，我入不敷出所以公司应该给我更高的待遇，这是什么逻辑！我想任何人在任何地方都面临工资待遇的问题。但问题的逻辑应该是，我能为公司提供什么价值，我为公司创造了什么价值，我创造的价值是否不可替代。正如美国前总统肯尼迪所说：“不要先问国家给予我什么了，而应该先问我为国家创造了什么！”

在此我觉得：态度决定一切，心智决定视野，视野决定格局，格局决定命运，命运决定未来。新入职员工需要一种精神：面对现实和面对未来的精神。既然你选择了，你不能改变你就面对，付出总有回报。第二是要看发展不要只看问题，看成果不要看问题。问题只会让我们陷入无穷的烦恼当中，牢骚和抱怨不能解决任何问题，只会让问题越来越大。我们应该看什么？看我们的历史，

看我们的未来，看我们短短两年多的时间从十几个人发展到现在一百余人，从几百万到几千万，每年都在以100%的速度发展，看我们的发展规模，看我们的赢利能力，看我们的人员能力是否在提高，收入是否在提高，看我们是不是在不断改进，不断完善！要用发展的眼光看问题，我们不能静态地看问题，尤其不能静态地看待现在出现的问题。矛盾永远无处不在，哪里有世外桃源。

4.老板文化的弊病和由此带来的官僚主义

我在这里需要作深刻的自我批评，老板文化带给公司的官僚主义，其害无穷。

绝对的权力产生绝对的腐败！生存在一个官僚体制里，很多人都会有一种挫败感。老板文化和官僚主义的根源在于，我是老板，我官大，学问大，我比你强，我雇佣你，我可以随意指责你，批评你，打断你，不顾及你的颜面，不考虑你的感受，我可以不尊重你，我让你走人你就走人。这种文化会传染给每个人，每个部门，每个拥有权力的人，因为老板文化说到底就是拿权力说话。

这种文化造成几个严重后果：

（1）唯老板的马首是瞻，老板永远是对的，老板说煤是白的煤就是白的。这会让老板陷入不可一世、无所不能的狂妄之中，天令其亡必令其狂，长此以往国将不国。历史无数次地证明指鹿为马的结局。当每个人都不说真话的时候，距离亡国失败就不远了。

（2）老板文化的背后是打工文化，是雇佣与被雇佣的劳资关系。打工文化的典型表现为当一天和尚撞一天钟。只为撞钟的行为负责不为撞钟的结果负责，只为现在负责不为将来负责，只为工资负责不为工作负责，只干分内的事不干分外的事。打工文化的基本标准是拿一分钱干一分活，这是具有一般职业水准的员工行为，还有得过且过拿一分钱干不了一分活也没有任何羞愧和自责的。权力对应的基础是责任，谁的权力越大谁负的责任就越大。亡国的时候第一个被送上断头台的一定是当权者。由于员工没有权力，没有权力相应地是不用负责任，不被尊重所以也无法奉献自己的才智和潜力。

员工认为企业是老板的企业，自己是被雇佣者，没有成就感、归属感、安全感，即便努力工作、努力奉献，也不能分享奉献之后的剩余价值，不认为自己的贡献会有回报，无法发挥人性中对于成就自我的潜力，也就无法创造出非凡的业绩。

(3)由于老板文化的基础是权力，所以公司里所有拥有权力的人和对权力有影响力的人都是或大或小的老板。资历是一种权力，职位也是一种权力，有权力的存在就意味着不平等，就会阻碍信息和知识交流及互通，就会有本位主义，就会有小团体，就会利用权力设置障碍，以此显示权威获得利益。大家就不会获得平等的话语权，就不会有效的交流学习，不会进步，不能改进。言路闭塞，信息不畅就会令决策失误，贻误战机，此时离失败就不远了。

5.塑造专业风范和职业化的发展之路

企业要发展，就必须走一条职业化、规范化、制度化、塑造专业风范的企业理念，而职业化的前提是抛弃老板文化，塑造伙伴文化、分享文化。

首先我们要认识什么是职业化，什么是专业风范。职业风范在于知道自己该干什么不该干什么，知道自己的工作职责和工作权限，知道在其位谋其政，不在其位不谋其政。在任何时候不做不利于公司的事，不说不利于工作的话，不说公司负面的话，不说上级、同事的闲话、坏话。

专业风范还表现在工作中坚持原则，按规则办事，遵守规则，尊重规则。没有原则的公司一定不会长久，没有原则就是没有标准，没有标准就会乱作一团。就会有不同的执行方法，不同的理解，不同的行为方式。就会千奇百怪，造成一群乌合之众，从而无法达成任何目标。

专业风范，在于只对工作负责，对规则负责，对事情负责而不是对某人负责。在于对待人的标准是一致的，在于善始善终，在于有条不紊，在于不断学习，在于尽职尽责，在于工作一天负责一天，并且每一天都竭尽全力把工作做得完美。

6.塑造分享的文化

予人玫瑰，手留余香。

塑造伙伴文化，在于尊重，尊重每一个员工，不是把员工当作雇佣者而是当作合作者，当作合作伙伴。

我愿意与我一起工作的人，一起经历前行路上的磨砺和风雨，分享成功的

分享，是我一贯秉持的价值观。

快乐，分享成长的快乐，分享由此带来的财富、成就和快乐的生活！

我的理想：

（1）追求完美，不断完善自己，不断进取，获得未知领域的新知识、新技能，认识自己的不足，不断改进。

（2）通过自己的不断完善，能够影响更多的人，改变他们的生活和命运。

如果一定要我说一个愿望，如果说住进别墅是我的一个愿望的话，我同时还有一个愿望，就是那些长期以来和我一起工作的人能够做我的邻居，就像他们在我的隔壁办公一样。

“拥有别墅”，我想绝不仅是拥有物质的享受，还是地位、名望、成就、精神愉悦和快乐生活的代名词。

企业家和商人的根本区别在于，企业家所追求的是其自身价值的最大实现，是事业，不是金钱。

2007年6月3日夜

痛苦带领我们见证最美好的事物

写在前面的话：

矛盾无处不在，当主要矛盾消失之后次要矛盾将上升为主要矛盾，没有世外桃源让我们规避矛盾、逃避烦恼，获得快乐的过程就是经受痛苦磨砺的过程。这篇文字写于2009年7月，当时我的公司处在与百丽公司艰苦的收购谈判中，写这篇文字是给自己也是给员工的一个告慰。一年以后，反刍当时的困境恍若昨日，历经一年的发展也恰恰印证了最后那句话："上帝为你关上了一扇门，一定会为你打开一扇窗，没有得到你想要的，上帝一定安排了更好的礼物，在明天，在路上！"

对照去年的今日，现在的一点烦恼又算得了什么呢？

好好种菜，耕耘无声，用汗水、忍耐、执著，守望收割的季节！

我们为什么要被收购？

这是个伪问题，一个早和晚的问题，或者说没有为什么。

如果一定要追溯，则从开始与百丽公司合作的那一天起，就注定今天的结果，因为有缘起就会有缘散！几年中我不时会想到这样的问题，如果哪一天我们被百丽公司收购，我们当如何面对？

2009年3月18日（是日百丽公司正式提出收购问题），成为我生命中永远磨灭不了的一天。那一天特别的难挨，那一夜特别的漫长，漫长得看不到黎明。

虽然此前无数次地假设这一天的到来，但仍然没有预料到这一天来得会如

无所谓得与失，世界本就是一。 摄影/刘传辉

此突兀，尽管此前已做了种种准备，但事到临头却仍不免一时束手。

从那一天起，一颗心就被扔进油锅里翻来覆去地煎熬。百丽收购的问题就像鬼魂附体一样，无时无刻不在困扰着我。在吃饭的间隙，在入睡前，在睡梦中，在夜半的书房里；在一个人独处之时，在一群人欢笑的瞬间；在办公室，在会议室，在家中，在信步山间的小路上，在寺庙幽静的禅堂里，不得一刻闲暇，挥之不去；为寻求解决的答案，在股东间反复地探讨思辨，或求教于经验丰富的长者，或探求同辈挚友；甚或求于神明，僧道巫术，求签卜卦（我原本非常厌恶此等愚行），苦苦思索，不得解脱，没有谁能够拯救谁！

思考最多的问题是：我们的路在哪里？我们这些人员怎么办？

在不眠不休的痛苦中苦苦煎熬了150多天之后，仰赖佛祖的启示，让我顿悟到世事的真相：

缘起缘散本是人间常态，我执我见尽是固执己见，顺境逆境都是风景，患得患失证悟无得无失！

猛然被智者厉声棒喝：万事随缘！不随缘可以吗？不随也得随，悲也是随喜也是随，由不得随不随。不如面对它，接受它，解决它，放下它！

感谢每一个来到我生命中的人，每一个人都带给我一份独特的礼物。感谢你们以我折磨你们的方式不断地折磨我，不断告诫提醒着我：宽容、博爱、善念、责任。看到了你们我就看到了责任，看到了勇气和信心，看到了我存在的价值，是你们给予了我强大的信念和力量，驱使我不断地战胜自己，战胜“小我”，我的自私，我的劣根，我的固执，我的局限。面对大家的信任，我时时提醒自己肩上的职责，然而在人世无常的戏弄之下，我愧疚于我没有能够带领大家走得更远。但我始终相信福祸相依，没有挫折也就不会有进步，越磨砺，越光芒！过往彼此的折磨都是福分，让我们彼此珍惜！

“你认为那是一个问题，它就是一个问题，一件事物的好坏，全是你自身的观感，是问题还是新契机，要专注凝神，敞开心胸来转化，痛苦带领我们见证最美好的事物。”这段话摘自《当和尚遇上钻石》中关于古老智慧《金刚经》的诠释，在这里与大家一起体悟吧。

在此摘录一段我2009年5月19日日志中的一段文字与大家分享：

任何世俗的评价，
不能增我一份荣耀，
不能减我一份成就，
我就是我。
和外在的符号无关，
无论这些符号是什么，
我的灵魂将超然于物外。

不因褒而喜，
不因贬而悲，
不因顺而忘形，
不因逆而颓废，
我将因此而获得幸福。
我将因此更加自由，
因为我的内心经历这般煎熬和折磨，
我将更加冷静。
因为我曾为此焦灼不安，烦躁不已，
我的睡眠将更加香甜深沉。
因为我曾为此噩梦连连长夜难眠，
我将由此品味到美酒的醇香。
因为我曾为此举杯消愁，结果愁上加愁，
我将能由此品尝到美味的香甜。
因为我面对珍馐佳肴如同嚼蜡，
我将有长长的午后细细品茗。
因为我曾面对壶中珍物如饮苦茶，
我将能开怀大笑，笑对人生。
因为我由此勘破人生无常，
如何是失，如何是得，
万物皆一。

上帝为你关上了一扇门，一定会为你打开一扇窗，没有得到你想要的，上帝一定安排了更好的礼物，在明天，在路上！

2009年7月

动力在线，再见！

2007年5月14日上午，面对有关员工我宣布："动力在线5月15日拆店。"

当场就有人掩面而泣，我几乎不能自已，强忍内心的压抑说："诸位同仁，如果我还没有哭，请大家都不要哭。"

晚间，动力在线拆迁提前行动，已有搬家公司将卖场拆除的电器和办公用品搬至公司办公室，至凌晨1点才将部分电器等贵重物品搬完。看着办公室里堆放着零乱的物品，我的心也像零乱的东西一样零乱不堪。

已是凌晨1点，但我想应该到动力在线再看最后一眼。此时，拆迁人员正在拆迁部分货柜，已是满地狼藉，大有人去楼空之势。不禁悲从中来，"让我再看你一眼，看你那流满泪水的脸"，不知道谁的歌在心底回荡。让人浮想起过去将近一年里，从2006年7月筹划动力在线到2007年5月14日拆迁所付之努力的日日夜夜，点点滴滴，过往的一幕幕都不时浮现在眼前。

决策开运动卖场是源自近年来体育服装市场的井喷式发展，市场大小品牌一片红火，平均增长率在50%以上，而各地更是一铺难求。公司为了有效地控制终端市场，加强综合竞争能力，考察了许多城市，如武汉、郑州、焦作、洛阳、沈阳等地，得出结论：专业运动卖场将是发展的趋势。遂开始筹备开设卖场事宜，接洽各个有可能开设的地方。几经周折，先是与华联超市将近一个多月的艰苦谈判，临到最后谈判破裂。后又于2006年8月转向已显疲态的丹尼斯，在与人的争执当中（因为有竞争者）将丹尼斯拿下，2006年8月下旬开始设计施工。我们抱着要做就做最好的唯美态度，不顾兄弟城市朋友的劝阻，在比一般报价高许多的基础上请体育界比较知名的武汉装修公司来设计装修，单单一笔设计费已经好几万了（事后证明请这家公司是一项非常失误的决策）。

动力在线开始就生不逢时，招商工作之艰辛难以言表。如果我们早开一年，结果可能是另一种可能，但历史没有假设。由于专业的运动卖场是一种趋势，当一个项目成为共识的时候，就会有投资者不断进入。2006年8~9月，新乡市场上同时开的运动卖场有龙之杰大本营、胖东来和新天地的扩建，以及新开的步行街，加上动力在线已经5家了，大家都在招商运动品牌，一时僧多粥少，这给动力在线的招商带来了很大的困难。加之当时和李宁的代理商因为争取代理权一事所引发的误会，几经努力，仍无法达成共识，最后李宁缺席；后来的KAPPA也由于同样的原因，经过艰苦的谈判，几度破裂几度再谈，反反复复中耗费了大量的精力，最后勉强入驻；筹备当中没有及时和美津浓联系而错失代理资格；由于和龙之杰卖场的直接冲突，龙之杰旗下的彪马也不能上；国内二线品牌当中的安踏正处在代理商交接当中，开店计划不明朗，一直装修到中旬才确定下来，已是救命的稻草了，因为当时100多平方米的位置没有什么牌子可以吃下。最后甚至没有什么品牌可以把空置的位置填补上，只好自己引进新百伦填上去，明明知道这个品牌上来要亏损，是需要时间培养的，彼时的情景已属无奈之举。国内的其他品牌也是一波三折。面对这样的局面，原来确定的图纸阿迪达斯和耐克是排在比较好的位置，由于招商工作的困难不得已将我们的阿迪达斯和耐克往里面排。但阿迪达斯与耐克因为位置的变动又生风波，没有批准这两家店，装修招商已经开始，没有时间也没有办法再推倒重来，只好开综合店。

在一个多月的招商和装修当中，公司几乎所有的力量都倾注到动力在线当中，全力以赴，但还是错过2006年“十一”的黄金周，终于在2006年的10月13日开业。开业前的三天两夜里，很多的同仁都工作在一线，连续几天都没有合过一眼，为最后的细节做最后的准备。但人算不如天算，在开业的前夜里还是发生了一件不愉快的事，为了一块玻璃墙板的上与不上，和客户发生冲突，最后导致客户撤店，是晚多方斡旋都未能达成和解，致使在开业当天动力在线空置两个柜位。这给我们的教训是非常深刻的。

开业前三天我们做了很大的促销活动，一时很轰动，第四天的中午，当我们还沉浸在开业的喜悦当中时，卖场跑道的吊顶整体坍塌下来，幸无伤人。这正是我们没有选择好装修公司的错，远不限于付出高额的装修费。

开业之后适逢运动服饰品牌的淡季，开业不久卖场的经理甩手走了，迫使李国萍经理接管卖场。新人新事，已是费力，而外围的惨淡环境亦非一人之力可以改善，在经历几个月的惨淡经营之后，很多商户联名提出降低租金的要求。经历春节之后仍然有这种要求，卖场的经营环境日益恶化。

2007初传出百丽收购龙之杰的消息，并有消息证实百丽准备涉足运动大卖场，而动力在线将面临着与百丽公司竞争的直接冲突。

2007年3月30日丹尼斯撤店，这对动力在线几乎是雪上加霜。

2007年4月，房东新世纪物业公司与公司接洽，提出想整体招租。

2007年5月，在与百丽接洽3个月之后，关于百丽收购动力在线的谈判无疾而终。

而此时动力在线里阿迪达斯和耐克的业绩不错，处于上升阶段，但卖场整体经营状况欠佳，处于严重亏损状态。

至此公司觉得需要重新审视公司的战略方向，动力在线已经没有再继续经营下去的必要。虽然我们付出了很多，不仅仅是金钱的付出，还有多少人，多少个不眠之夜的苦心努力，我们每每谈到这个话题都那么的沉重，它几乎耗尽了我们的精力，甚至让我们无法面对。但这仍需要我们面对现实，面对未来，怀着勇气，壮士断臂，收缩经营，突出主业，从头再来。

伤心莫过于在失败的时候，不是得到安慰和鼓励，而是落井下石。临近结束我们不得不面对房东对于原合同的追诉，因为合同约定的对我方不利，再次给我们充分的教训：虑胜不虑败的思维模式。经过斗智斗勇的艰苦谈判，以部分赔偿作为了结。

至今回想起在此过程中与各商户或合作方的协调、谈判、妥协，几乎每一次都是一次煎熬，破裂后的心情犹如在油锅里来回翻煎，犹如在火上熏烤，其状不堪，个中滋味唯有自知。

动力在线的失败对我们公司的影响是深远的。专业运动卖场是公司迈向未知领域的一次尝试，是创建自主品牌的一次尝试，是一次创新。一个企业只有不断地创新才能不断地发展，而创新是一项持续的、不得不做的工作，这一次的尝试虽折戟沉沙，但虽败犹荣。这种尝试是我们必须承受的，必须面对的，必须冒的一种风险，也是必须承担的一种风险。我们盈利数字的背后，正是来自于不断对未知领域的思考、探索、实践而得来的。

动力在线的失败让我们清醒地认识到以下几点：

1.每个人、每个公司的资源和能力总是有限的，所有的优势都是相对的，而不是绝对的。我们应该清醒地认识自己，认识我们的公司：我们不是万能的。

2.人世间没有翻不过去的山，没有趟不过去的河，没有任何困难是不可以克服的，面对困难时的信心是不是坚定，态度是不是积极，决定了我们是不是能够翻越。

3.我们的胸怀还不够宽阔，以至于我们在面对冲突时会把过错归咎于合作者，总会以为自己的观点、自己的利益是最重要的。我们需要再重新审视有容乃大的真正含义。

4.夹着尾巴做人，夹着尾巴做事，在任何时候对于任何人都有普适的意义。傲慢与谦卑，自大与自信，我们很难时时都辨别清楚。

前行的路上绝非一路坦途，还有荆棘沟壑，创造一个伟大的企业正在于不断地经历这些磨难。历史正是有了沧桑斑驳才是历史，才值得我们不断地回味咀嚼。

忘记历史等于背叛未来，幸好我们还有历史可以记忆！

2007年6月

对百年老店的认识

让我们怀揣梦想上路

想象当你一天天变老，当你有一天由于这样或那样的原因离开德馨茶楼，当五年、十年后，甚至五十年后你已为人妻为人母，甚至为人祖母时，德馨茶楼的牌子依然挂在某条街的某一个门面上。你路过这个门面，无比自豪地对随行的爱人或孩子说你曾经在这家茶楼工作过，或许在它的某一面墙上，还挂着你当年的某一张照片，那一刻带给你和亲人的愉快是多么美妙和满足。甚至，我们每个人都不会仅仅满足于几十年后某一刻的快乐和自豪。而是此间每一次被提及的时刻，每一次享受它的一刻，它的历史总是被不断追溯，就像我们追忆老舍茶馆和全聚德这样的百年老店一样。

成为一家百年老店的商家毕竟凤毛麟角，屈指可数，大多数的商家都是红红火火三五年。但商海无情，他们不是由于自身的经营出现问题，就是被竞争者所淘汰。在这个企业平均寿命不到4.3年的时代里，要想成为五年店十年店都不是件容易的事，而遑论百年老店。

就像托尔斯泰在《安娜·卡列尼娜》开篇所说："幸福的家庭都是相似的，不幸的家庭各有各的不幸。"套用此句："成功的企业都有成功的模式，失败的企业则各有各自失败的原因。"

成功的企业，成就百年老店的企业有什么样的模式和经验呢？纵看身边的许多百年老店，它们大多源于一个成功的理念，建立了一个优质的系统，塑造了一种独特的文化，凝聚了一个富于合作的团队。

长寿的人都有对自己长寿的坚定信念，成功的人都有成功的想法和目标，百年老店的企业在一开始就有成就百年老店的信念和目标。如果我们没有五年店、十年店甚至百年老店的理想和目标，我们就永远不可能成为百年老店。所以，从这一刻起让我们坚定百年的梦想，永不动摇。

挫折从来都是伴随梦想而至，百年的路漫长而又遥远。从时间上看百年老店不是一个人创造的，而是由几代人所创造的。百年老店不是一帆风顺，而是历经坎坷的，就像说罗马不是一天建成的一样。成就百年老店绝非一人之功，一蹴而就，不是三年之力，十年之劳，百年老店是几代人的薪火相传，秉承一个理念，恪尽一种操守。是一天天一月月一年年的日积月累，是九尺之台起于垒土的一砖一瓦，是千里之行始于足下的艰辛跋涉，是每一个参与者的百年接力，倾情奉献跑好这一棒的无私精神。它要求每一个撑舵人坚定信念，排除万难，不折不挠，勇往直前。

在历史的长河中让一个企业夭折的因素很多，横切任何一段历史的百年，都会看到许多无常的风云变化，政治、经济、天灾、人祸，对于一个置身其中的企业，面对这些风险都显得孤助无奈，都显得藐小脆弱。任何一种打击都可以致一个企业于衰落，于死亡。这让我们看到通往百年的路是多么漫长，多么艰辛和不测，这要求我们面对不测、面对诱惑时，要操守诚信，不欺不诈，恪尽职守，不为利惑，不为欲诱，精诚团结，锲而不舍。

没有一直顺风的船，没有一直背负厄运的人，没有一直不犯错误的企业，成就百年老店的路还很长，五年、十年、二十年……一百年，而我们才刚刚上路。

尽管百年后我们已经看不到它的样子，但百年后我们的精神依然不朽，它一定铭刻在某个地方，生长在某些人的心中，点亮着希望之火，照耀着前进之路。

让我们怀揣梦想上路！

2003年9月28日

我的反对与欣赏

变革和创新是一个企业、一个公司永恒不变的主题。什么时候我们的思维迟钝了，行动缓慢了，固步自封了，我们就会被动挨打。任何一种企业文化一旦形成都会维护稳定缺乏变革的动力，变革仰赖于外部的刺激、内部的冲突和反省。我更想表达的是我的欣赏：开放、包容、进取、协作！

我反对当面一套，背后一套。
我反对牢骚满腹，自怨自艾。
我反对好好先生，没有原则。
我反对不思进取，得过且过。
我反对斤斤计较，患得患失。
我反对遇事推诿，逃避责任。
我反对唯唯诺诺，没有主见。
我反对心怀私心，投机取巧。
我欣赏言行一致，表里如一。
我欣赏心底无私，坦坦荡荡。
我欣赏踏踏实实，勤勤恳恳。
我欣赏兢兢业业，善始善终。
我欣赏与时俱进，不断进取。
我欣赏谨言慎行，少说多干。
我欣赏开放接纳，包容协作。
我欣赏精益求精，追求完美。

草于 2009年9月
修订于2013年3月6日

精进。 摄影/刘传辉

致一位老顾客的公开信

2004年元月11日，我接到一位老顾客的一封诚恳的投诉信，信的内容如下：

德馨：

我们是您的常客，但今天您们的服务有以下瑕疵：

1.服务态度冷漠；

2.对顾客（并且我们是长期顾客）的询问不置可否；

3.试问我作为一个长期消费者本身对贵店报以深厚的感情，但如贵店以如此深厚的“文化底蕴”报以顾客，何以言“诚”。

孔令强

2004.01.10

读过这封投诉信，作为德馨茶楼的经营者，我十分感动，因为自1998年开业5年来，我或多或少地听到对我们服务问题的抱怨和投诉，但投诉信这是第一封。这封信让我清醒地认识到，我们自身还有许多不足和缺陷需要提高和改正，顾客受到了不公的待遇，我们有必要就这件事给其他受到过此类遭遇的顾客一个说法。

我马上开始了解情况，当时的情况诚如顾客所言，我们的服务人员态度不十分友善，没有热忱，一问三不知，导致顾客的不满。我觉得这不是一件小事。因为一个以服务为卖点的商家，在服务的环节和态度上出错，无异于缺斤短两，以次充好，甚至假冒伪劣，用任何一个贬义词来形容都不过分。

事实上我们出售给顾客的是一个打包休闲的交流空间，是一个链条式的服务，而不是一站式的买卖。不是一个有形的商品，而是一个过程，一种感觉，一种惬意、温馨、愉快的体验。您从进门到离去，在这个过程中，您随时都可能因为我们的某一个服务环节出现差错，而等同于买到一件劣质的商品。您来到这里绝不单单是为了品一杯好茶，所以评判服务质量好坏的标准也决不能用茶叶品质的好坏来衡量（即使一杯茶的好坏，也有很多标准，如茶叶品质、浓淡、水质、温度、时间、冲泡的技法等）。

服务的质量是一项综合的技能，是我们出售给您快乐的一项重要组成部分，出现服务态度恶劣的事情，令人无法容忍。就像您买了一瓶假酒，一件黑心棉，一件价高质次的衣服，一台不出图像或没有声音的电视，一辆经常抛锚的汽车。试想无论是谁买到这些商品会不抱怨不投诉吗？更为不幸的是，如果这件事发生在陌生人的身上，你可以愤怒、可以下次不再购买，但它发生在您所熟悉的人和忠实的品牌上时，那无异于被朋友欺骗了一次。被朋友欺骗，除了愤怒还有悲哀。

在德馨茶楼的培训手册中有这样几条：

▲ **只有5%的顾客会提出抱怨**。100个不满意的顾客当中,只有5个人会对你说他的不满,所以你当警觉。当一个顾客向你抱怨某个问题时,说明已经有几十个人为此深受其害了，一个抱怨的顾客等于20~30个不满的顾客。

▲ **顾客是用脚来投票的**。很多顾客对于不满的服务会选择默默离去，不去抱怨和争辩自己的不满，只是下次消费他会走进别的地方。

▲ **抱怨的顾客是忠实的顾客**。抱怨是爱、是关心，所以我们当心存感激。

从这当中可以看出，还有许多不知名的顾客包容和原谅了我们的许多错误，暴露出来的只是我们服务不周的冰山一角。但我们必须清醒地认识到，如果我们不能及时地改善、改正我们的服务，顾客的抱怨和愤怒就像蕴藏的火山一样，迟早有一天会爆发出来——或者顾客默默地离去，而我们将是最后一个知道结果的人。

抱怨来自不被认同，同时也意味着抱怨是一种关爱，就像我们不会对一个陌生的人或不关心的人提出他的不足一样。对亲人，才会有抱怨。抱怨往往

德馨茶楼不仅是一家茶馆，还是一个文化交流之地。

是一个人对于自己钟爱的品牌的一种善意提醒，希望它能够不断改善、不断完善，希望它更加完美，契合自己的价值观念和审美要求。正像人们喜欢可口可乐、信任强生医药一样，许多知名的企业在发展的过程中都会犯过这样或那样的错误，但正因为这些企业正视自己的错误并能及时地改正错误，才赢得了人们更多的尊重和信任。

我们深为拥有抱怨的顾客，拥有关心、关爱我们的顾客而倍感骄傲和自豪，因为拥有您们我们才得以不断进步，不断完善。再次真诚地感激并感谢您们——我们忠诚的顾客。

2004年1月

翡翠城起名记

翡翠城是进入地产界后参与开发的第一个楼盘。

记得在确定楼盘名字的时候，所有的参与者费尽心机，翻阅词典，查找资料，发动朋友，恶整负责推广的CLEAR公司令他们几乎崩溃，先后推荐的案名一度达到上百个。

但还好我们在开始就确定了几个原则：

第一个原则：不起外国名字。

我们不希望世界是一张面孔，一个声音。在近百年的历史中我们几乎迷失自己，忘记了我们深厚渊源的文明，是全世界所有文明中从来没有中断的文明。在过去短短二十多年间的地产开发中，我们更是照搬一切外来的文化，典型的代表是建筑。最恶俗的是把它们的名字也一并搬了过来，于是北京拆了四合院丢了胡同，上海拆了石库门就差一点儿没有把百乐门也拆了，随后竖起一座座我们看不懂的外国名字。就连我们这座小城里也到处竖立着异域城邦的名字，最后我们自己都不知道身在何处，最关键的是我们的孩子找不到自己的家园。到处都是巴黎左岸、迪亚庄园、普罗旺斯、罗马假日、波特蒂诺等，似乎那一堆绕口的英文译名就会让我们联想生活在异国风情的碧水蓝天之下。这只是一厢情愿的错觉，这不仅让我们误解历史，还一并忘了地理常识。

第二个原则：不起带帝、皇、王、府、御、皇家、第一、1号等称王称霸的字眼。

记得去成都考察地产项目，在机场出口通道尽头赫然竖着一块广告牌“不是中央不足以称王”。我们几个人笑对说，我们是中央也不称王。

我们不希望我们的建筑都是紫禁城、贵族城堡、皇家园林、王公府地、第一、NO.1等。我们将为一群有品位、有思想、有追求的人服务，我们旨在建造最适宜人性居住的房子，而不是吹嘘没落的家天下文化、唯我独尊老子第一的强权文化。这让人想起郑州的蓝宝湾——NO.1，第一，牛叉，结果如何呢？河南人民都知道其几经易手还是不死不活。谁称王称霸，谁号称第一，谁就缺乏进步的空间，谁就认不清自己是谁。皇家王府不是说出来的，要有皇家的血统，王室的气度，高贵的精神，深厚的内涵和修养，没有三代出不了贵族。所以，还是好好审视一下吧，如果选择住在所谓王府房子里，有可能被贴上庸俗和爆发的影子。你是谁，看你选择了什么，这是一个人、一个阶层的价值取向，品位和格调在此体现。

而翡翠城追求的是一种含蓄的美，温润的美，内敛的美，正像很多集大成的人士追求的低调处世，不慕奢华一样。

第三个原则：不哗众取宠，不标新立异，顺应时代，体现中国元素，复兴传统文化。

在最初的提案中类似的备选名字也很多，其中有铭尊道、城里印象、家和万世、荣域、公园大道、公元2010、幸福里、时代广场等，一度有上百个名字。但所有的名字都因为种种原因最后落选，直到“翡翠城”三个字出现，几乎是众望所归，大家一致选择了“翡翠城”。

选择“翡翠城”作为案名，想来有以下几个原因：

1.想到翡翠，我们的第一印象是碧绿的、晶莹剔透的宝石。现在的翡翠城不正是这样一种联想吗？它坐落在城市的正中央，龟背之上，800亩的公园绿树成荫，大片的绿色植被是城市的自然氧吧，就像巴西的热带雨林是地球的肺一样。它宛若一颗明珠镶嵌在城市的中央，它正像这座城市胸前佩戴的一颗璀璨的翡翠吊坠，又像是皇冠上镶嵌的一颗耀眼宝石，翡翠城将塑造成为这座城市的地标建筑和名片。

2.翡翠者，硬玉也，玉不琢，不成器。即使再好的玉料，如果想获得一件传世佳作，也必须让技艺高超的工匠来精雕细琢。雕琢一件好的作品是在拿到毛坯料，开始画第一笔，刻下第一刀的时候就已注入了感情和文化。很多翡翠作品经常采用佛、观音以及其他带有吉祥如意含义的形象。不仅如此，比如雕一只猴子叫灵猴献瑞，两只猴子叫辈辈封猴，一只葫芦叫福禄双至，这样的寓意深具文化内涵。好的作品必须是工料兼备，相得益彰。

建设中的翡翠城。　摄影/刘传辉

在拍这块地之前，众多业内外人士都给予了该地块高度的关注。毋庸置疑，这块地已经是城中央最后一块绝版宝地，所有人都看到这块地未来的价值，她就像一块未经雕琢的璞玉。

拿到这块璞玉，我们觉得应该给予这块地以充分的尊重，赋予她不朽的生命力和传世的价值，一定要找最好的设计公司来做规划。最后大家千方百计，几番周折，坚持花巨资和澳大利亚柏涛设计公司合作。柏涛公司不愧是世界一流的设计公司，在翡翠城的设计中，大师们将人性居住的文化属性与建筑完美融合，最后的作品几乎完美无缺，无懈可击。

3.翡翠是传世的，典藏的。世上绝对没有两块完全相同的宝玉。在万万千千晶莹剔透、美轮美奂的玉石中，不管玉的粗细贵贱，只要是自己一眼看上的，只要是自己爱不释手且与之心灵相通的，就永远是只属于自己的那一块宝贝和珍爱，就会在自己百般珍爱的同时赋予它生命般的味道和灵性，并在行走岁月的漫长旅程中，成为自己生命里最为亲密的一部分。很多人不仅自己佩戴还想到流传给下一代，让子孙追忆这件首饰是外祖母给我母亲最后由母亲留给我的，这样的故事多么动人委婉，这样的故事不仅传承的是一件配饰，还有家族的文化和血脉亲情。

构想一下，居住在翡翠城的后代，会如何传说前辈们当初的英明选择，最后定夺了这座高贵社区的房子，并陶冶滋养几代人的传世房产。就像我们在《翡翠城赋》中所写到的：“怜桑田为沧海，唯佳居可承传。”我们这个时代很难再有乔家大院、王家大院这样的深宅大院留给我们的后代，但留一座翡翠城的房子也足以让我辈深感荣耀了。

4.君子如玉，人养玉，玉养人，玉讲究缘分，房子也一样。

许慎在《说文解字》里称：“玉，石之美者。有五德。”翡翠城的房子和翡翠美玉一样有着异曲同工之妙，一所好房子一个好社区，能够滋养人的身心，陶冶人的情操，培养人的性情；同样一个人也可以赋予一所房子以生命和品位，这就是我们参观名人故居所获得的精神力量。

翡翠雕琢的核心是追求一种精神的质量，物质的升华。翡翠城的意义也在于精神和物质的升华，达到居住生活品位的至臻之境。

草于2010年7月12日
修改于2010年7月30日

翡翠城的人居构想

翡翠城为什么叫翡翠城?

一想到翡翠,我们马上联想到的是:碧绿的、晶莹剔透的宝石,是顺势而工,精雕细琢的,是传世的,典藏的;是讲究缘分的,是具有深厚文化内涵的。而我们的翡翠城不正是这样一颗碧绿的明珠吗?

在城里十字,龟背之上,坐落着一座翡翠城。

在这里,家与公园之间只有一道篱笆,公园就是你的后院;

在这里,家与沃尔玛只有一双拖鞋的距离,沃尔玛就是你的便利店;

在这里,你可以每天与美食街、胖东来、体育中心亲密接触,一切近在咫尺。

所有的景观园林都可以复制。

可以再修建一座公园,但时间无法复制;

有些历史可能重复,但光阴不可以重来。

林荫道上的银杏树已经在这里等了你上百年,800亩人民公园已经驻足在这里50多年了,对于这座城市里的每一位而言,人生又有几个50年!近在咫尺的林荫大道,参天的银杏,茂盛的梧桐,宽阔的湖面,松软的草坪,给我们的孩子一个欢乐的童年,给我们的老人一个安详的晚年,给我们自己一个丰盛惬意的人生。

你也许即将面临退休的生活,最美不过夕阳红,夕阳是晚开的花,退休的生活是人生的第二个春天,你需要好好规划一下。当你一天天地变老,孩子单飞了,随着第一代独生子女成家立业,我们大多数人都将面临空巢期。偌大的房间打扫起来非常麻烦,你可能仅仅需要一个小小的房间,是和老伴的独立空间，每天买买菜，做做饭，散散步，打打拳，在公园里把年轻的爱情梦想进行到底——执子之手与子偕老。

你可能已过而立或者年届不惑，自己住在新房子里，而父母还在老房子里。他们渐渐变老，行动不便，是任何一个有孝心的子女都不得不面对的问题，再晚两年过马路都需要有人拉着他们的手。最幸福的生活方式未必是和父母朝夕相守，同住在一个屋檐下。其实，他们需要一个清静的空间，他们年龄大了有着自己的生活习惯、饮食爱好和生活方式，他们其实喜欢安静的生活，不被打扰，就像他们刚刚结婚时那样。他们需要热闹，但仅仅是偶尔的热闹，比如周末。这时候他们需要一个不大却足够温暖的房子。

树欲静而风不止，子欲养而亲不待。人生有几个等不得，其中最重要的一个等不得便是：孝顺父母等不得。为父母购置一套小而惬意的居所，让他们安详而又有尊严地度过他们的晚年生活，是我们为人儿女对于父母最好的回馈和报答。

你可能从出生或者参加工作就住在老城里，早就习惯了这里的一切，多年的生活习惯已经深入人生的每个细节，你无法适应没有公园晨练的生活，也不愿迁就他地，这里有你的老邻居、老同事、老朋友，你早已熟悉了这里的一草一木，每一条街道，每一家门店，每一个角落。甚至习惯了在哪家吃早餐，在哪里买菜，在哪里买烟，在哪个理发店理发，那里的人或许说不出你的名字但他们待你如朋友。人就像山中的老虎，有占地为王的生活习惯，只有在这个区域里才会觉得安全舒适。又像林中的麋鹿一样需要有熟悉的群居生活。作为翡翠城的建设者，我们努力营造这样的社区和生活。

今后我们要追求生活的便利化，想想如果你居住在远郊，每天都要6点多爬起来，牺牲清晨的美梦，做早餐，上班，倒车，红绿灯，接送孩子上学，中午就餐，根据多年的生活习惯你甚至还需要在午间小睡一下。随着每天300多辆车的挂牌速度，我们这座小城（新乡）的马路迟早有一天也会变成一个停车场，虽然说还没有像北京、上海、郑州一样拥堵，但这种趋势也很明显了。本地这么多精英之所以还没有去大城市发展，也许就是因为我们在这座小城生活的自由，还有一打朋友可以在饭店里坐定之后再凑人喝酒。

想象我们每天花一个小时，往返四次，怀着极大的耐心等待红绿灯穿越这座城市，将是多么痛苦的一件事，一天当中有几个自由的一小时让我们做无谓的等待！

你或许这时候已经奋斗多年功成名就了，但仍然苦于没能找到一所心仪的居所。那么，翡翠城将满足你对生活的所有期盼：交通便利，三世同堂，宽大的客厅，阔绰的卧室，幽雅的书房，能够承载一家人的天伦之乐，偶尔邀三五个知心朋友，坐在自家阳台上倒杯红酒，泡壶茶，聊些私谊的话题。想象一下，站在翡翠城20层的楼上，面向公园，在 40平方米的大阳台上，透过落地的飘窗，俯瞰绿树成荫的800亩公园，整个城市尽收眼底。仰观天象，俯察地理，看春花秋月，夏雨冬雪，观庭前花开花落，看廊外云卷云舒；物转星移，四时更迭，平添的是激赏人生的豪迈和勇气，激情和信心；是纵览时局，执掌人生，一切尽在把握之中的踌躇满志！还有什么比这种生活更值得庆贺呢？这或许是对自己沧桑半生不懈努力最好的犒劳和嘉奖！

有人说，家是“放心”的地方……你也许是即将结婚首次置业，也许是功成名就四十不惑，也许是已知天命，面临退休……此刻，请将你的心放下，作为翡翠城的建设者，我们怀着对居住者以及城市建设的敬畏，遵循我们内心的良知和追求生活的美好愿望，从第一天开始，我们就对这块土地给予充分的尊重，给予每一个参与者以充分的尊重，给予未来居住者以充分的尊重……

未来某一天，在城市发展的浩瀚历史当中，我们将发现，翡翠城始终如镶嵌在城市中央的一颗璀璨之心，又像是皇冠上镶嵌的一颗耀眼的宝玉，必将给居住者以光明、以力量、以信心！

翡翠城，只此一座，此后再无传奇！

2010年7月16日

注：此文为翡翠城音乐酒会上的发言。

翡翠城背后的故事——砍掉一栋楼

翡翠城开工前我们遇到这样一个问题，是否要把2号楼东单元砍掉？争论的焦点在于砍掉之后有什么好处？为什么要砍掉？

如果砍掉一栋楼，直接减掉1.5万平方米的建筑面积，依据当时的推算估价至少减少7000万元的收入，损失显而易见。在讨论中大家各持己见，相互不肯让步，甚至我们的设计师都觉得可惜了。施工图都已经开始设计了，现在改太可惜了，规划会已经通过，政府不会有什么异议，如果这样盖，不存在违规的问题。

那为什么还要拿掉呢？减掉之后又有什么好处呢？

从直接成本收益上看不到什么收益，反而是直接的损失，更何况别人都还在加，还在想办法修改规划。最直观的是收入减少，建筑面积减少，别人都在悄悄地想尽办法提高容积率，而我们却在主动降低容积率。

减掉之后，直观的视觉上似乎没有什么特别大的改善，为什么还要改？顾客的视觉不会有什么问题，顾客也不会知道。是的，顾客不会知道，但我们的良知会知道，正像古希腊雕塑家菲迪亚斯所说的：神会知道！

是什么让我们坚持减掉这1.5万平方米的建筑，减掉这栋楼？是基于理想出发的价值观和信念！

基于理想出发，设计最好的产品，我们花费巨资邀请澳大利亚柏涛公司来做规划设计，请上海川澜公司做景观设计，好产品从设计就开始了，而不是做出来以后，所有的营销都只是锦上添花，无法改变产品的根本属性。营销是手段但不是根本，你做的产品要感动自己，才能感动客户。如果你自己都不愿意使

原规划方案

砍掉一栋楼后的实际方案

用，为什么要推荐给别人。就目前而言，翡翠城是新乡地产界里地价最高，投入最大，设计费用最多的一个项目。

从经营的策略而言，正如孙子兵法所说：先立于不败之地，先把自己收拾好，以待敌之可败。不可胜在己，可胜在敌，先把自己的产品做得无懈可击，完美无缺，无论什么时候都经得起风吹浪打，不管市场如何险恶，真金不怕火炼。扪心自问，我们的产品相比较我们的竞争对手有什么优点，有什么缺点。为了让我们的院子更大一点，让1号楼和3号楼之间的间距更大些，视野更通透一些，减掉一栋楼能够提高两栋楼上居住者的满意度，提高整个社区居住者的舒适度，我们的产品就更加完美了。

虽然规划已经通过，这样盖下去不会触及政策的红线，但触及了我们对于好产品的理想。房子是一个家庭的耐用消费品，伴随一个人的一生，甚至几代人的一生，所以要做出对得起人的房子。想象一下居住者的幸福感，想象一下一家人倾其所有，举一家之力，甚至需要借贷，付出几乎一辈子的心血来购买一套房子。如果房子的舒适性达不到顾客的要求，那会有人在使用过程中遇到问题骂娘，这个小区里居住着上千户人家，那就会出现千夫所指，众口铄金，积毁销骨的作用，那将是多么大的压力和负债。

我承诺要住进自己建造的社区里，使用自己的产品，你才知道它的不足。要让所有的亲戚朋友，都住进这个社区。如果你不是尽心竭力做最好的产品，那么今后如何面对那些信赖的目光？我们这样一座小城，大家生活在一个熟人圈里，不是同学、老乡，就是朋友故旧或者朋友的朋友，不出第二个人就能问出来你是谁，熟人的交易成本最低，因为基于基本的信赖。

一个好房子不是在销售的时候有人说好，而是入住以后还有人说好；不仅入住以后说好，而且若干年之后还有人说好；不是这一代人说好，而是居住者的下一代也说好。好房子要经得起时间的洗练和考验。如果我们建造的房子若干年后仍然值得称道，那么我可以无比自豪地对着后人说："在这座城市的建设中，曾经因为我的某个决策影响了几千人的生活方式，在这座城市的建筑中展现出来我的智慧，经得起历史的考验，成为经典。而不是入住后无休无止的烦恼、指责、抱怨，而是舒适、宁静、和谐。"

什么最大化？基于什么出发？你时常问自己，我要的是什么？

一个经营者的信念决定了他最终能走多远，是眼前利益最大化还是长久利益最大化，是做百年老店还是捞一票走人，起点已经决定了终点。企业的经营是一场马拉松，不仅需要有持久的耐力和毅力，而且还需要有坚定的信仰。

追求理想不是不要盈利。一个企业不盈利就是犯罪，因为你占用这么多的社会资源，无效运转就等于是在犯罪。本着理想出发，可能当下损失些利润但晚上可以安稳入睡，夜夜好梦到天明，这正是中国人追求幸福的至高境界。

基于理想出发还有很多的好处，比如苹果的乔布斯，他追求完美的产品，甚至苛刻地要求他的设计师在iPad的外观上看不到一颗螺丝，正是这种精益求精、追求完美的精神造就了苹果的热销，成为时尚的代名词。

再看看中外两个百年制药企业，它们的价值观和理想决定了两家企业的百年辉煌。德国默克公司的理念是："药品旨在治病救人，不在追本逐利，但利润会滚滚而来。"中华老字号同仁堂的经营哲学是："炮制虽繁必不敢省人工，品味虽贵必不敢减物力。""但愿世上人无病，何愁架上药生尘。"此更是历来中药店门前不改的对联。

追求理想，顺便赚钱。

这个世界是由理想者来改变的，人因为有梦想而伟大，因为有信仰而坚定，因为有原则而从容。

草于2010年4月
整理于2011年1月17日

物业自治，革了谁的命？

小区的物业管理一直不怎么好，收不上费，不是停水了，就是停电了，再不就是电梯罢工了，物业公司走马灯换了好几拨。我们楼道有位热心的大妈召集这个单元的住户，投票来决定脱离物业公司的管理，实行——物业自治！

大妈很热心，把每家每户都走访了，把物业自治的好处一一给大家摆了出来，费用可以比原来的物业公司少30%，原来每月200多元的，现在只要100多元，不用物业公司的人打扫卫生，咱们自己打扫，垃圾自己清理，有问题了她去处理。我们单元的住户最终在大妈大公无私、高风亮节的博爱精神感召下，去大妈家里开了几次参差不齐的集体大会，最后由常委会投票决定，实行物业自治，大有翻身奴隶当了主人的快感。

一天晚上，热心大妈敲开我们家的门来收自治物业的管理费，一屁股坐下来开始跟我数叨在物业公司的管理下，小区简直就像万恶的旧社会，物业公司如何欺行霸市，多报费用、多收费。我只好耐心地听着，大妈越说越投入，全然不顾我如坐针毡的表情，最后我不得不打断她如滔滔江水壮怀激烈的痛诉："大妈，我对物业自治保留意见，但我会配合您的工作把咱们自治的费用缴了，如果物业公司来收费，我还会再补缴一份物业费。"

大妈原以为我早就折服她自治的英明之举，应该举双手赞成，最后听明白我支持物业公司时，白了我一眼说："你有病啊！"

此后，楼道里的确比原来干净了许多，每天都会看到大妈起得很早，把电梯打扫得干干净净，甚至把一楼的楼梯间也自己粉刷了一下，贴上了好多的贴画。水箱坏了，大妈积极地找人维修，甚至把楼道的电表从原来的物业公司过户过来，自己单独去缴费，电梯里不时贴出详细到以分为单位的账单，账单里每一分钱都花得实实在在，没有一分盈余。通过账单看到大妈的伟大，她完全是在学习雷锋好榜样，一心一意为大家谋福利，献身楼道的公共事业，物业自治公开、透明、公平、公正，成效突出，成果显著，得到了大家的一致认可。一时楼道里的人觉得气象万千、耳目一新，终于盼到社会主义的春天了。

我们楼道在武昌起义般的自治模式示范下，各个楼道都纷纷宣布独立，展开与物业公司的斗智斗勇，掀起了新一轮如火如荼的革命斗争，脱离横征暴敛、管理差劲、腐败无能的物业公司。最后物业公司连几名残兵败将、老弱病残看大门都无法维持，只好丢盔卸甲走了。

物业自治革命取得了空前的胜利，楼道山河一片红！

当所有人都沉浸在自治的欢乐中时，小区里爬了很高的常青藤在慢慢枯萎，四季长青的植物在这个干燥少雨的夏天由青变黄，院子没人自治，晚间回来不时踩上各种型号的“地雷”，电梯里侧板的广告画上有人在招揽性伴侣。楼道里有一天被凶猛地涂鸦：XXX大骗子，还钱！车库里的车横七竖八一再考验人的驾驶技术，门岗荡然无存小偷来去自由，有的楼道垃圾如山，并不是每个楼道都有雷锋精神的大妈……

追溯一下，最开始是由于有一小撮人少缴或不缴物业费，物业公司不能及时合理收到物业费，物业公司才只好提供廉价的服务，廉价服务导致更少人缴费，物业公司里扫地的大妈家里有孩子上学，看门的小伙儿要娶媳妇，他们无法奉献雷锋精神，他们要吃饭，物业公司是一个只有盈利才有动力保持优质服务的企业。

雷锋精神的大妈可以把一个楼道打扫干净，却无法组织大家把整个小区自治得井井有条，那需要专业的人员进行职业的管理！而这一切都需要大家来买单。现在好了，物业自治省去了30%的物业费，这里面恰恰包含着物业公司微薄的利润！

每个自治的家庭每月省去几十元钱，一年也就几百元钱，然后我们必须容忍楼道之外的混乱生活。更为糟糕的是，我们价值不菲的房子在房市一片大好声中增值缓慢，甚至贬值。因为好房子的价值除了位置，还有小区环境，良好的物业管理，这些共同组成了房屋的价值结构。

雷锋精神的大妈为我们每月省去了几十元钱，同时也为我们省去了每年几万元甚至十几万元的房屋增值款！

大多时候我们都有很强的道德，只是这种道德是建立在熟识的范围内，从小我们被教育“各人自扫门前雪，莫管他人瓦上霜”。我们都有良好的私德，而缺乏足够的公德。

世间万物守衡，天地人，你我他，俱为一体，休戚相关。你不让合作者或利益相关者获益的时候，你开始射向他人的那支箭，最后射中的肯定是你自己，搬起石头砸自己的脚，大妈这种“雷锋精神”不仅违背经济学的规律也违背了人性。没有免费的午餐，所有人不得不自食其果，我们不关注他人瓦上的一点薄霜，就像不关心物业公司的一点微薄利润一样，它就会把春天变成寒冬！

物业自治，到最后革了谁的命？

2012年7月11日

打个折吧!

做服装多年，经常有各路朋友打电话来要打折优惠，这是我们人情世故中的“优良传统”，时间久了，看到形形色色的朋友林林总总的要求，其间有很多的趣事。

最早的时候做阿迪达斯开了一家小店，当时在小城这是很牛的品牌。一天，店铺里有人来买衣服，要求打折，说是我市知名的某某，家喻户晓的交警大队队长WGK。兄弟孤陋寡闻不曾听说过这应该如雷贯耳的大名，后来在店铺里留了一张纸条，上面写着WGK的名字、电话和职务。这老大很友善，潜台词很江湖——以后开车被查了给哥打电话。我没给哥回电话，我又不是想往哪拐就往哪拐的人。

还有一次，店铺里打来电话说是工商局的某某大人，对方在电话里理直气壮地说我是某某某，市工商局的。咱当孙子当久了，马上说好好好，打个八折吧。只听对方没挂电话就开始骂了，“什么！八折？”下面的话不堪入耳，此处省去若干满口喷粪的话，由此结下了梁子。后来工商局的来查假货，那时我们开店不久，很多人都认为我们卖假货，甚至市面上经常有人说：“你们卖的是B货”，其实到现在我也不知道什么是A货，什么是B货。工商局的大爷们最后一看所有的证照齐全，抽样也都合格，实在找不到什么毛病，只好去查注册资本，最后以转移注册资金为名——全中国的商户哪个不转移注册资本？就此要罚好几万，哥哥把头磕破丫的也不给你优惠！

很多的时候是朋友打电话，一般会根据亲疏远近给适当的优惠。怎么个远近呢，其实每个人心里都有把尺，你丫一年不见我一面，吃饭总想不起我打折才想起我，你和我有多近呢？

一般来说至亲比如兄弟姐妹，当然都是按进价并且挂账，年底算账，其实最后都不了了之。几年下来，每年年底我在公司的账户上挂账最多，都是三姑二大爷，你是他姑父、姐夫、妹夫、姨夫，穿你丫几件衣服那不是应该的？账就那么黄了，顺理成章、天经地义，兄弟姊妹穿你件衣服那是给你面子！

最无趣的当属一种人，王五的朋友。王五是同道中人，都是做服装的，大家知根知底，业内自有不成文的折扣规则，一般都比较给面子。第一次，王五和某女一起来买衣服，我都给了很低的折扣。第二次她直接打电话给我，我照例给了个一般的折扣，她质问我："为什么不给我王五的折扣！"姐，你不应该这么问，你应该问你为什么不是王五！

有一种人让人厌，一上来就开口问："你给打几折呀？"这话翻译过来就是你和我有多铁呀，丫的，和我铁的从来不问这么没素质、没教养、没文化的问题，真不知道是怎么混到革命队伍中来的！

还有一种人给你打电话，他也不正经称呼，好像和你很熟："哎，打个折呗，我在你店里，几折？八折？你不是给MSB七五折吗？你店里正在搞活动，五折行不行？"这种人最孙子，不知感恩，总要求更低的折扣，逢到季末挥泪大甩卖，很多的时候都是低于成本价来清货了，他还要你打五折！

有一种没见过面的人，比如张三认识我，一次张三说我一个朋友在你们某家店里，按给我的折扣给打个折吧。张三面子大到可以给你定折扣，咱这人脸皮薄不好意思把谁的面子掉地上，就给这哥们儿优惠了。过了很久，繁忙中接个电话，这时候正在谈个紧要的事，对方一开口说我是李四，让人一头雾水，哪个李四呢？搜肠刮肚想了半天还是没想起来，说了半天他是张三的朋友，理直气壮地说："我在你们某家店，你给打个折。"嗨，你脸好大啊！

有朋友常打电话要优惠觉得不好意思，说给张打折卡吧，以后不用找你了。想一次解决打折问题，他要你批发给他一张面子的通行证。对不起，我至今也没有印制发行一张面子通行证。

真正的朋友如果有需要给你打个电话，从来都是轻轻地说："老刘方便吗？我在XX店。" 面对这样的朋友，由不得你不马上给店里或某个主管打个电话给最低的折扣，如果有什么赠品再送份赠品，而过后也总是会收到朋友表示感谢的短信，让你心存温暖的情谊。

有一种朋友很铁，从不给你打电话要你优惠，有一天你发现他都是你客户里VIP的VIP了。但他从没让你打过折，员工都认识，如果给你打电话你一定会很给面子。可他从来不找你，倒让人觉得欠了他很多很多，以至于有一次他打电话说临时拆借一笔钱，投个项目的保证金，一千万，一个月，多少利息要我说。我不假思索地说："好，明天来吧，不要利息！"

还有一些朋友打电话来，不是为了买你的东西，而是要你帮着去买别人的东西，大约是觉得哥们儿这些年混得有些人模人样了，倘若都很熟悉的关系倒也罢了，最悲催的是我和人家也不熟悉还得扛着老脸过去说。看来，一个人混出些模样，就有了为别人扛脸的义务了。

这几年慢慢淡出服装的业务，打电话来要优惠折扣的人越来越少，自己慢慢悟出些道理。倘若是请朋友帮忙，则无论事情大小，优惠多少一定要感恩以待，切勿强人所难，人人自有苦衷。对于自己则尽量不给别人添麻烦，朋友还是以无事相求为好。对于朋友，倘若能帮忙当尽力而为，一个人活着的价值正在于对别人有用。

2012年8月

后记：在此吐槽，有感于零售行业，终端费用不断提高，人员工资不断提高，管理费用不断提高，零售业已经变成一个微利行业，投入大，回报低，最后所有的利润就是高库存后的一堆过季货。

又记：以上人物纯属虚构，读者切勿对号入座。老刘继续一如既往，欢迎电话不断，折扣多多，您给我电话是给我面子，要不我到哪儿找到我的价值。

来时的路

任何小的、自我利益的、狭隘的目标都不能引起上帝的关注，只有超越自我、利益远大、崇高的目标才能获得上帝的青睐！在你实现这些崇高愿望的过程中，自我利益的愿望和目标就像你购买一件大宗物品之后附带给你的赠品一样，唾手可得。

我们都生活在一个熟
人的社会里，你得
为自己的那张脸负
责任。
二〇一四年元月十六日·
京北与

来时的路1

随缘与惜缘

在智兴公司五周年之际，我想用下面几个词来描述我们一路走来的心路历程：

随缘与惜缘，合作与团结，创新与失败，蜕变与转型，理想与未来。

2003年深冬的某个晚上，在郑州请一个做体育服装的朋友吃饭，因为对方帮忙在购买耐克鞋的时候给了一个折扣，席间偶然听说她们公司代理的耐克要开拓二线市场，其中包括新乡市场。我那时正沉浸在开一家口腔医院的狂热中，但鉴于我对耐克的热爱，觉得把这么大的一个世界名牌代理拿下来也是一件很让人激动的事，于是就决定做服装代理，尽管此前从未接触过服装品牌的代理业务（看看朋友在此间的作用，这个朋友是我爱人同学的表妹，此前我们并不熟识，她当时在郑州龙之杰体育用品公司做阿迪达斯的货品。朋友无意间的一句话可能会给你带来一生的命运转折，珍惜你身边的每一个人——惜缘，你并不知道谁会在这一生中给你带来好运）。我在此之前费尽周折耗时两年多的时间沉迷于开一家口腔医院，但最终由于种种原因让此前的努力付之东流（一个人有时候想做些什么往往是有心栽花花不成，无心插柳柳成荫，某种意义上讲也是三分人力七分天意。所以，很多事情要随缘，来不得强求，尽人事听天命）。

然而，事情往往不随心愿，等我准备开一家耐克店的时候，在2003年12月份，突然听到百丽公司在百货大楼开了一家耐克店，等到我去看时已经即将开业了。看到那家装修非常漂亮的耐克店，我几乎觉得是自己的店铺被别人抢走了一般难过。此前我还不知道耐克的代理是两家，一家是龙之杰（就是我准备代理的上家），一家是百丽公司（如果选定了方向就不要犹豫不决，好机会总是稍纵即逝)。

虽然我是那么地热爱耐克,但这个时候我觉得不是感情用事的时候(无数经验教训告诉我,如果在商场上投入多少感情最后就会为多少感情付出惨痛的代价)。为了避免直接的竞争,于是和龙之杰商量放弃耐克,代理阿迪达斯,在最初的一段时间里我甚至十分讨厌阿迪达斯这个品牌。但这似乎并不妨碍阿迪达斯茁壮的成长,在很长一段时间里阿迪达斯的业绩一直超越耐克。这充分说明事在人为,耐克和阿迪达斯是体育用品市场上两个世界级的品牌,耐克略好于阿迪。

于是有了接下来的故事:

2004年的5月22日,在胜利路的北段当时的丹尼斯超市楼下,寻找到一家63平方米的店铺,虽然每月9000元租金已经超出了我的承受能力,但我还是义无反顾地租下来了。因为在那个时候街边店是一铺难求,从某种意义上讲,拿到好的店铺加上好的品牌就等于赚钱。那时阿迪达斯刚刚开始三线市场的开拓,对于这么小的一家店铺并未有过多的要求。经过长达半年多的市场培养,阿迪达斯从开始的每月三五万元(每天都像在油锅里煎熬)到春节期间可以做到十多万元(好像就要熬出头了)。那时每天都在积极寻找大的店铺准备开旗舰店,胜利路上每一间店铺的房东是谁,什么时候到期,转让费多少,我都打听得一清二楚。也积极地和百货大楼进行洽谈,希望哪怕给50平方米的地方,挨着耐克开一家店。那时候商场稀缺只有百货大楼一枝独秀,非常遗憾的是他们马上要扩建二期,没有地方可以提供。如果他们知道此后不到一年的时间供求关系将发生翻天覆地的变化,他们当时就会毫不犹豫地把最好的位置拿出来与阿迪达斯合作(谁也想不到他们此后拖了两年的时间才扩建二期,贻误战机。而就在这两年中,市场的竞争者胖东来商场从一个外来商户立足本地,风生水起,凭借优美的环境,优质的服务,良好的口碑,后来居上,百货大楼把市场领先的地位拱手相让。我无意在此赘述百货大楼与胖东来的成败得失,就我们的合作而言,百货大楼从最早的一铺难求到扩建二期时招商工作步履维艰,给了我们很多的警示和借鉴意义。一个企业固步自封就要被动挨打,市场风云际会攻守间胜败瞬息万变,强势时切莫得意忘形,留一份余地与人;失势时不可颓废自弃,持几分风骨于身)。

很幸运在邻临近2004年春节年前,获悉胜利路有一间店铺正在对外招标

（听一个同行抱怨说他投标失败，如果你留意你总能发现价值），找了一个朋友（又是一个朋友，一个人的成就和你身边的人密不可分。想成为什么样的人就要和什么样的人在一起）引见认识了房东，真的要感谢上帝，这个朋友是我的一个影友（人有一项爱好给你带来的好处难以言喻，除了爱好本身的乐趣之外还有人脉，就像一个人娶了一个美丽的姑娘还附带陪嫁了丰厚的嫁妆一样）。他和房东是从小一起长大的同学（我们都生活在一个熟人的社会，世界是如此之小，在全世界范围内，如果你想认识一个人，通过中间不会超过6个人你就可找到。对于一个一百万以下人口的城市而言，更是同乡、同学、发小、同事、七大姑八大姨编织起来的，密密麻麻的网络，在这个网络里你更得为自己的一张脸负责）。一见面房东与我很投缘，我们彼此有共同的爱好（爱好再一次带来好运）：品茶，他去过德馨茶楼，听说过我（时刻为自己的声誉负责，你并不知道什么时候你的声誉会拯救你或者毁灭你），我们一见如故聊得非常投机。最后他还是想办法协商把房子租给我了。

2004年春节发生了一件事，有一个朋友在北京几个人买断了一家制药厂，力邀我加盟，经不住朋友的一再劝说（一个人不知所止就会迷茫不觉，就会经不住诱惑，被外界所左右），加上自己踌躇满志、一腔热血、豪情万丈的轻薄，觉得自己终非池中之物，应到北京这样的城市大展宏图，以实现自己的崇高理想。于是决定放弃在新乡刚刚起步的生意，还有刚刚出生的孩子，那时孩子才两个月大。当时面临着生意必须放弃一个，要么是放弃茶楼，要么是放弃刚刚有起色的阿迪达斯的服装代理。茶楼是自己一手创建的，已经五六年了，像自己的孩子一样有了很深的感情，而阿迪达斯的代理才刚开始，所以决定转让阿迪。

2010年9月7日

（节选自《来时的路——写在智兴五周年》）

来时的路2

合作与团结

2004年的春节，小海介绍一个朋友——李成林，此前我们本来就认识，只是不十分熟悉。成林想下海，他那时已经是某集团企业负责财务的高管了，他和小海由于业务关系合作得很默契，小海是那个企业资金部的高管，他们又是邻居住在楼上楼下，两人想一起创业。当时我认识小海已经好几年了，小海人热情善良直率，朋友几年，通过点点滴滴的小事已经让我们彼此十分信赖。他们两个来咨询我想投资开一家大型餐饮企业的事，春节期间已经冒着大雪跑到青岛去考察了一趟。我当时笑他们看惯了大集团动辄上亿的数字，觉得钱都不是钱了，第一次创业就敢投四五百万干餐饮，真是吃了熊心豹胆——有胆有魄。一家餐饮企业绝对不是有钱就可以干好的（有无数此类失败的案例可供参考），在我的劝告下，他们冷静了许多。我建议他们不如从小生意开始慢慢做，摸索出一些经验后再向大处发展（创业最好还是大处着眼，小处着手）。

我把当时要去北京发展，面临着无暇顾及阿迪达斯的情况，给小海说了一下，阿迪是现成的生意，虽说赚不了大钱但对于第一次创业来说也是一个稳妥的选择。大家都基于朋友的信赖，就这样成林和小海就决定接手阿迪达斯了（令人信赖是多么重要的一笔个人资产，远远超越了你坐拥亿万）。接手时，他们并没做任何的资信调查，我也没有虚假之词，我没有计算当时昂贵的店铺转让费，他们也没有过多计较装修和货品的折旧费。由于他们刚开始资金短缺，整个转让费用有几十万元，我没有急着收回这笔款（与人方便于己方便），而是说等他们资金宽裕的时候再还（如果你总是想着吃亏是福，那么福就会不请自来）。这笔钱到最后也没有收回，因为半年后我们成了一家人（有时候你种下一粒福气的种子并不见得需要等待很长的时间。如果我们彼此都斤斤计较，就不会有我们后来的合作，斤斤计较只会得二斤）。

此后，有一个细节我觉得很对不起当时负责阿迪达斯的窦纪慧，记得说要把阿迪达斯转让给成林和小海的时候，我们一起吃饭交接。那天茅台喝了两三瓶，大家都喝高了，窦大哭，因为她在这当中付出的比我还要多（每个人都需要成长，我想后来她能够明白一件事，每一项工作、每一个生意都是我们通往幸福生活的桥梁，而不是目的地，尽管有时候桥上的风景很好！）。

事情总在变化。我在北京待了不到半年，由于复杂的股东关系和杂乱无章的管理，我最终选择放弃在北京的发展（好经历、坏经历都是一笔财富），于2005年6月回到新乡。回来后无所事事，心情非常失落。随后外地的一个同学准备做房地产，要我投资一起做（你必须拥有好人缘或者是一个对别人有用的人，机会才会一再光顾你），于是我又跑过去做地产。那年的六七月份，我奔波在新乡和漯河之间，那个酷热的夏天，在一个陌生的城市，做一个地产的小项目，人事生疏，做得很是乏味。

那短短的半年让我认识了很多人和事，明白了很多道理，感谢那半年的经历。你不能听信别人的劝说，应该听从自己内心的召唤。北京药厂的事，让我明白生意好做伙计难搁，药厂在苦苦挣扎五年后，股东们分崩离析把工厂转让了，后来有几个股东也成为朋友，不时说当时我撤出来是多么英明（所谓的英明在于你能够见微知著，观察身边的人和事，观其言察其行，察其行，知其果。所谓智慧就是未雨绸缪，预知未来使问题不发生，即使发生了也在控制的范围和预知的结果之内）。

《大学》里有一句话："知止而后定，定而后静，静而后安，安而后虑，虑而后得。"那半年让我认清了自己，明白了自己适合做什么不适合做什么，或者说不擅长做什么（经历是一笔无法用钱赎买的财富）。我明白了自己无法回到过去做一名优秀的职业经理人，我是一个适合创业的人——知止，让我安心思考再次创业的事。而漯河地产的插曲让我明白了，那个项目最后虽有盈利，但这两件事让我明白人生其实还有很多比赚钱更重要、更快乐的事，在一个你不熟悉的环境里，在一个合作不默契的团队中，你无法发挥自己的才华。

那时候成林不时过来和我探讨一些问题，有时候是对工商、税务、城管、消防之类的事，有时候是协调房东的关系，有时候是对品牌发展的看法。世事往往都很有戏剧性，2005年6月，百丽收购龙之杰的阿迪达斯业务，一夜间使原来的竞争对手变成一家人，并且百丽要把新乡市场的几个品牌一起转给当地的经销商（尊重你的对手多么重要，你并不知道哪一天你们会变成一家人，你收购了别人抑或别人收购了你）。成林说百丽想把耐克转给他，过来问我对此的看法。我至今想来觉得也是一件非常英明的决策，记得当时我说想尽一切办法也要拿下来，不仅把耐克拿下来，连女鞋也要一起拿下来，养一只羊是养，养一群羊也是养，单一的品牌代理很难做，马上就会遇到发展的瓶颈。成林当时顾虑一下子拿这么多品牌资金是个问题，我说资金不是问题，先拿下来再说（优秀的团队加上好项目永远不缺资金）。

于是我们马上着手准备资料给百丽公司，成林和小海原来做过很多项目，对于市场计划书之类的事驾轻就熟（合作的力量开始凸显）。我的一个朋友卢劲恰在《足球周刊》做主编（你总会时时发现朋友遍天下给你带来的好处），他们那一年邀请皇马来中国踢友谊赛，当时贝克汉姆是阿迪达斯的代言人，也是皇马的当家花旦，于是就托朋友要了一件贝克汉姆的签名球衣，经过精心的装裱送给了百丽的老总（当你下定决心来做一件事的时候，上帝也无法阻挡你）。

8月21日，郑州百丽办公室。百丽公司当时看到我们的组合非常好，准备的计划书也十分详实，当下就决定把所有的品牌都让我们来代理，包括耐克、阿迪、百丽和天美意。当时鞋类已经准备给另外一个代理做了，我们几乎是虎口拔牙，订货会对方都已经参加了，准备9月1日接收了，好像满城的人都知道这件事，经此一变，令人感慨（在事情还没有板上钉钉之前还是闭上你的嘴巴，你不知道会有什么变化会出乎你的意料，只有想不到的事，没有做不到的事）。

这当中有两个朋友需要感谢，他们就是百丽当时负责新乡市场的权启胜和负责市场开拓业务的邹强，他们在百丽公司征询意见时都给予我们积极的评价。在过去的一年里，虽然我们曾经是竞争对手，但我们彼此尊重，没有任何非法和不正当的竞争，彼此都赢得了对方的尊重（你的一言一行都会给你带来一因一果的报应，不在此时即在彼时，在与百丽最初的竞争中我曾经想过种种不正当的手段来遏制对方，但最终我都按捺住这种幼稚愚蠢的想法，遵循正道，凭借自己的优势和对方竞争，最终赢得对方的尊重）。

2005年8月31日，这一天是连我自己都难以想象的一天。在一天之内筹集那么多钱给百丽公司打过去，亲人和朋友在那一天给予无私的信任和帮助令我没齿难忘。今天看来那不是一笔很大的数字，但对于当时的我们还是一笔令人惊愕的数字（一个人平常的积累和修为并不会在当下就体现出种种好处，但当你面临窘境需要帮助时，你才知道一个人可以没有钱，但不可以没有信誉，不可以让别人对你失去信心）。

9月1日，我们正式接收百丽旗下的3个品牌、4家店和11个人。这也就是我们公司为什么把周年纪念日定在每年9月1日的原因。

有一个插曲耐人寻味：9月1日我们举行庆功宴，邀请所有的员工聚餐，接收百丽的11个员工当时去了10个人，有一人没有参加，这个人曾经是最初做阿迪时的员工。当时我们和百丽是竞争对手，他背叛阿迪到百丽去了。想谋求更好的发展这本无可厚非，但他走的时候做了一些违背职业道德的事，所以在此我用了"背叛"一词，或许并不十分恰当（世间事分分合合，世间人恩恩怨怨，是巧合还是宿怨，如果我们明白当下我们在做些什么，我们就无愧于未来我们会懊悔什么！世界啊，总是这么小！敬畏神明不如敬畏自己，无论什么时候都要给自己留条路，这让人想到那句话，路都是自己走出来的，无论是康庄大道还是走投无路）。

2010年9月7日

（节选自《来时的路——写在智兴五周年》）

来时的路3

创新与失败

其实成功的背后都有一连串的挫折和失败：

2006年由于我们的强悍，不妥协，入住步行街谈判失败。

2006年由于我们的傲慢和无知，错失KAPPA（当时KAPPA公司首先来找我们做代理，由于我们的傲慢和无知，冷眼相待，KAPPA不得已找了别人代理，后来KAPPA卓越的业绩让所有人除了刮目相看还有艳羡，在这个世界上势利眼会让你把肠子都悔青）。

2006年9月动力在线开业前夜，与一个合作者因为一件微不足道的小事谈判破裂，几乎导致无法开业（因为强烈的自我意识，摆不清自己的位置）。

2006年引进李宁失败（和另外一家成熟的代理商来争夺新乡市场，如果你没有播种就不要妄想收获，对方原来就是李宁其他地区的大代理商，此前做了大量工作，给对方做是顺理成章的事。但尽人事听天命是做事的基本精神）。

2006年再次引进KAPPA 失败（为了动力在线的招商，强硬的谈判把对方逼上绝路也把自己逼上了绝路）。

2006年引进新百伦，在惨淡经营半年后失败，累计亏损30余万元（那是一个知其不可而为之的品牌，仅仅是为了填补动力在线招商不足的下下策，几年后把那一堆八九万元买来的崭新的道具当作废品卖掉，所得还抵不上存放的房租，真叫人欲哭无泪）。

2007年12月收购PUMA，此后累计亏损四五十万元（当时PUMA已是鸡肋，对于品牌组合加分不多，实际的盈利能力也十分堪忧。因为此前收购了对方的耐克，经不住对方软磨硬泡最后决定接收，拯救者的虚荣心和面子得到了极大的满足，此后为维护我们高贵的面子，直到交给百丽公司仍然亏损，面子和虚荣心是真金白银铸就的）。

2007年5月15日动力在线关门，标志着跨向新领域的投资失败（动力在线的成败得失见拙文《动力在线，再见!》）。

2007年引进女装欧时力、MODA失败（然而失之东隅，收之桑榆，此后我们成功地引进了凌致公司的杰克·琼斯）。

2007年12月引进ECCO，由于我们的经营不善，重视不够，抱着金碗要饭，截至2010年上半年仍然亏损，累计亏损60万元左右，占压资金严重，经营一直说不上成功。

2008年马克·华菲在胖东来商场撤店（在经营了一年多的时间里从账面看略有盈利，在杰克·琼斯二选一政策下的我们被迫放弃这个品牌，有所取舍才能有所收获。但最后收尾与市场的接盘者亦是没有把握好谈判的尺度以失败而告终）。

2009年8月11日，与百丽公司就转让费谈判失败，当晚参与此事的人都彻夜难眠（因为贪冒于财，欺罔其上，无知与贪婪让人鬼迷心窍，此后为此受到的精神折磨甚于百万之金）。

2010年4月由于固执与经验主义，还有尚未退去的老大思想，不识时务，在与胖东来商场谈判上三个品牌失败，同时由于谈判失败导致运作一年引进的知名女装也跟着夭折。

……

失败的事件还可以再罗列，在每一个失败案例的背后都有一个刻骨铭心的故事，给了我们深刻的教训，但也积累了丰富的经验。也正是因为这一连串的失败，支撑着公司每年几乎100%的增长速度。从另外一个角度看，我们也在不断开拓新的领域，尝试新的可能，如果我们裹足不前，固步自封，或许只有一个失败的例子可以书写——就是被淘汰。成功来自不断尝试开拓新的领域，是一个不断试错的过程，不断遭受挫折和失败的过程，不断磨练自己、修炼自己的过程。

在此引用《动力在线，再见！》中的一段话：

“一个企业只有不断地创新才能不断地发展，而创新是一项持续的、不得不做的工作，这一次的尝试虽折戟沉沙，但虽败犹荣。这种尝试是我们必须承受的，必须面对的，必须冒的一种风险，也是必须承担的一种风险。我们盈利数字的背后，正是来自于不断对未知领域的思考、探索、实践而得来的。”

2010年9月7日

（节选自《来时的路——智兴五周年侧记》）

来时的路4

理想与未来

理想，在黑夜里给我们方向，在困境中给我们力量，在顺境中给我们警醒，它是照耀我们前进的一盏明灯。

如果我们没有理想、没有抱负，就会失去前进的动力，就看不到更广阔的世界，就会害怕失败而裹足不前，就会彷徨犹豫、沉溺当下，满足于目前的成绩，或沾沾自喜、自鸣得意，或贪图享受、虚妄自大。

可能开始的时候我们的理想仅仅是如何改善我们的生活，买一辆好车，住一栋豪宅，赢得某一个社会地位。而当这些都得以实现，我们剩余的还有什么？就像2007年我曾在一篇文章中提到："如果一定要我说一个愿望，如果说住进别墅是我的一个愿望的话，我同时还有一个愿望，就是那些长期以来和我一起工作的人能够做我的邻居，就像他们在我的隔壁办公一样。"

回顾这个小小的愿望，2009年5月18日，与两位合作伙伴一起购买别墅隔邻而居，只用了短短的两年我们就实现了这个愿望。我发现任何狭小的个人愿望，如果我们勤奋努力都会指日可待，唯有人生的终极价值耐人寻味且发人深省。

是就此过上奢靡浮华、挥霍无度的生活，还是重新思考审视人生。苏格拉底说："未经审视的人生是没有意义的人生。"一个人活得有尊严有价值就应该是：

从为我、为我的家人着想到为我们身边的人谋求福祉，令他们的生活和自己一样有尊严有意义，进而为整个人类、整个世界谋求福祉。就像某个伟人所说："我希望在我老去的时候，世界因为我的存在比我出生前更美好。"

如果有机会我总是愿意再次提醒自己，我的理想是什么：

1.追求完美，不断完善自己，不断进取，获得未知领域的新知识、新技能，

凡走过之路，必留下痕迹。　摄影/刘传辉

认识自己的不足，不断改进；

2.通过自己的不断完善，能够影响更多的人，改变他们的生活和命运。

2010年9月7日草于智兴五周年

（节选自《来时的路——写在智兴五周年》

给上帝下一个订单

智兴公司五周年庆典侧记

2010年9月1日，是智兴公司成立五周年的纪念日。五年是一个节点，大家都期望已久。事前人力资源部门设计了一个问卷，询问大家有什么愿望可以写出来，晚会当天有抽奖活动，公司可以兑现给大家。我看了密密麻麻的纸条，可能是因为人力资源部门限制了条件，大家提的都是些小小的愿望，其中最大的愿望是要一辆电动车。于是我就买了一辆，最后JJ店长刘娜娜非常幸运地获得了这份礼物。当她拆开礼盒看到是她梦寐以求的礼物时，激动得差点疯掉，像个孩子一样跑过来拥抱我，令我也十分感动。

主管们是每人一部佳能G11的相机，事前他们费力地猜测了很久，因为大家的愿望各不相同，有的想要一瓶香奈儿5号的香水，有的想要一双爱步鞋，有的想要一个上网本，有的想要一顶户外帐篷。记得去年周年庆邀请当时已经转到百丽的部分老员工，每人赠送了一部佳能G10，当时我们很多人都很艳羡。记得当时我说："没有得到你想要的，一定会得到更好的。"今年我们留下的人获得了更好的。一部G11的相机对他们而言或许是件奢侈品，但我希望今后它变成我们生活的必需品，用它来记录生活中的每个精彩瞬间。我甚至希望未来，打开的下一个礼盒是一把车钥匙、一栋房门的钥匙。

我满足于大家在打开礼盒的那一刻，怀着激动的心情期待着惊喜和意外，当谜底揭晓时发出的惊呼和感慨。事后大家过来和我一一拥抱，我内心的感动无法言喻。分享是一种幸福，希望每个人都怀着感恩的心来面对生活的每一天。

这是写在礼品盒里的贺词，分享给大家：

无论你是谁，最后幸运获得这份礼物，你或许都会感到意外和惊喜，你一定受到了在场每一个人的羡慕。我不知道你此时此刻的感受，但我知道我此时此刻的感受——看到你开怀的笑，我比你还感到快乐和满足。这一生能够给别人带来快乐和幸福，是我最大的快慰和幸福。

我看到我们的员工在写到自己愿望的时候，是那么殷切和微薄，以至于我几乎想把你们所有的愿望在今天都一一兑现，自行车、电动车、电影票、豆浆机、化妆品、爱步鞋、香奈儿5号香水、一次happy的费用……可是我知道我无法满足所有人的愿望，就像我无法主宰每个人的命运一样。我想每一个人都应该明白这样一个道理：我们所有的愿望都有赖于我们自己的奋斗和努力，尽管有时候幸运女神会偶然降临到我们的身上，就像今晚，但这并不代表我们可以依靠幸运和他人来实现我们的梦想。

对于我们的整个人生，我们需要明白，有时候是我们根本就没有愿望和目标，有时候是我们的愿望和目标太小了，以至于上帝都没有看到。我想你从今晚开始，把你的愿望和目标写得大大的，在你日记本的首页上，贴在你的床头上，放在你的电脑屏幕上，压在你的办公桌上，在一切你能看到的地方，给上帝下一个订单。上帝一定会看到，在未来给我们一一兑现。同时我附赠一个能让上帝看到订单的秘诀：

任何小的、自我利益的、狭隘的目标都不能引起上帝的关注，只有超越自我、利益远大、崇高的目标才能获得上帝的青睐！在你实现这些崇高愿望的过程中，自我利益的愿望和目标就像你购买一件大宗物品之后附带给你的赠品一样，唾手可得。

2010年9月9日

七是一个不饱和的数字

写在智兴七周年

智兴公司七周年了。

七这个数字在中国人的概念里是一个轮回的终点也是下个轮回的起点，比如一周有七天，释迦牟尼在菩提树下开悟也是坐了七天；比如某个绝世神功要打通任督二脉，通常都是七七四十九天。七是个不饱和的数字，一个还有空间的数字，一个充满希望的数字，可见七是个吉利的数字，因为七不是十，所以七还是个需要奋斗和努力的数字，一个需要煎熬和忍耐的数字；七还有七年之痒，是个容易让人麻木的数字，一个容易让人颓废的数字，所以这个时候我们更应该提高警惕，振作精神。七是一个阶段的终点，更是下一个征途的起点。

开车的时候我们不时需要看看倒车镜，那让我们知道走过的路，更多的时候我们是通过前窗玻璃去看前面的路，那让我们知道未来。忘记历史就意味着背叛未来，我们每年九月举办公司的周年庆，也是时时要提醒大家我们走过的路，回顾我们公司的历史和使命，展望我们的未来和愿景。

未来是不确定的，特别是在这个瞬息万变的时代，我们无法把握我们的未来，不能确定我们的未来。这个世界能够确定的是我们的信仰和价值观，坚守我们的信仰和理想，我们就会走得更远，活得更幸福、更快乐。

著名哲学家康德的墓碑上刻着一句常被人们引用的名言："有两件事物愈是思考愈觉神奇，心中也愈充满敬畏，那就是我头顶上的星空与我们内心的道德准则。它们向我们印证：上帝在我头顶，亦在我心中。"

我们智兴公司的信仰和价值观是什么呢？

做人诚实，做事踏实的原则，
秉承专业精神，职业风范的理念，
持续学习，不断完善，
感恩善念，无私奉献，
不计个人得失，信奉团队至上，
追求完美服务，创造卓越人生。

回首往事，七年前，你在哪里？我们公司在哪里？我们大家在哪里？

展望未来，七年后，你在哪里？我们公司在哪里？我们大家在哪里？

在座的大多都是85后、90后的人了，七年前你在哪里呢？或许你正在上中学，对未来充满了憧憬和希冀，希望考上一所好大学，希望有一个体面的职业，有一份丰厚的收入，希望找个好老公。可是转眼七年过去，生活中一连串的挫折和打击，使你或许已经丢失了原来的梦想，没考上好的大学，找的老公也不是高富帅，自己也不是白富美。工作不是在高级的写字楼里做大白领，收入也不丰厚，高昂的房价，入不敷出的生活让你疲惫不堪，你渐渐随波逐流变得得过且过，成了月光族、啃老族，在迷茫和无助中丢失了梦想和目标。

七年前的智兴公司在哪里呢？七年前她是个什么模样？（此处略）我们公司的七年，正像我们所有人的七年一样，在开始的时候充满理想，在整个过程中充满挫败感还有些微的自豪感，也曾迷茫困惑，备受打击。现实一次次打破我们的梦想，凭借一息尚存奋斗不止的精神，上帝一次次拯救我们，仰仗上帝的青睐我们进入地产行业，在新的领域取得了不错的业绩。

我想通过我们公司的例子告诉大家，不要害怕失败，不要畏惧挫折，只要心怀梦想，脚踏实地，与人为善，持续学习，为顾客创造价值，与他人无私分享，无私奉献，我们的路就会越走越宽，理想就在不远处向我们招手。

那么七年后我们在哪里呢？你在哪里呢？

七年前我们不曾梦想有房有车，可是今天我们当中已经有一部人实现了自己的梦想，我想七年后我们会比今天更美好，会有更多的人实现自己的理想，我们公司应该拥有自己的品牌，拥有更强大的团队，拥有更持久的竞争力。

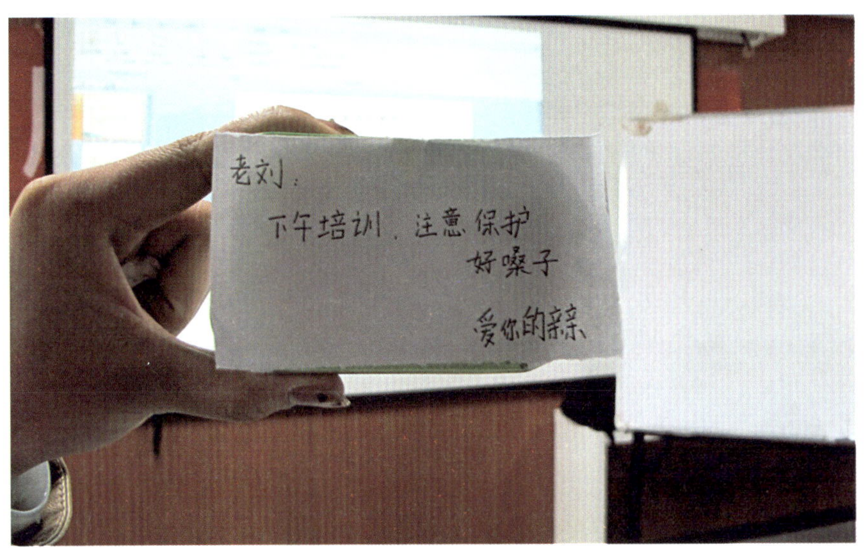

给员工做培训，嗓子经常出问题，一个员工在培训前给我一盒润喉片。 摄影/刘传辉

我的梦想是七年后，七十年后，我们创造的产品、提供的服务仍能为世人所称道，这家企业不仅提供优质的服务和产品，而且还为这个社会输送优秀的人才。在被称道的同时，不断有人提及是由于我们这样一批人创造了这家企业，创造了一个伟大的永续经营的企业和品牌。

2012年9月18日（根据当天的发言整理）

分享的快乐

智兴公司七周年庆典侧记

每年9月智兴公司都会举行周年庆，其中有个节目就是互换礼物。每个人进场都自带一个礼物，放入礼物箱里，落座之后随机分给大家。每个人都获得了一份意外的喜悦，结识一个意外的人。所以，这个节目很受大家的欢迎。记得三年前我带的礼物是一辆电动自行车，为此写了一篇文章《给上帝下一个订单》，深得大家的好评，今年（2012年）听从大家的建议送了一双ecco鞋，随手写了下文作为礼物。今年获得礼物的是一个含蓄缄默的员工，她激动得手足无措，加之本人潦草的笔迹几乎使她无法完整地朗读此文，整理后分享给大家。

你或许在此之前收到过不少礼物，或许也送过很多礼物给别人，或许很少收到礼物也很少送人礼物，无论是哪一种，你今天收到的礼物一定令你感到意外的惊喜。但我想你除了收获礼物和惊喜之外，还应有另外一种收获，收获一种快乐，这种快乐弥足珍贵，这就是——分享的快乐。

这种快乐在人世间如此的稀有和珍贵，很多人不乏努力奋斗以期有所收获的耕种之心，而少有与人分享的精神，从而很少获得分享的快乐。

不愿与人分享，盖因愚昧和偏见遮蔽了明澈的心灵，就像乌云遮蔽太阳的光芒一样。在我们不足够的时候，往往惧怕未来恐惧明天，所拥有的总认为是稀缺之物，倘若与人分享，给予他人自己就会少了一份。就像我有一个苹果给了别人我就没了，这种自私的偏见把世界看作一个零和的游戏，是如此的狭隘无知，因为你只看到今天少了一个苹果，不成想明天会有人送你一筐梨。

不愿与人分享来自于自私之心，自私之心人皆有之，乃人之天性与动物无别。而人之所以有别于其他动物，乃至于能成贤成圣成佛成道，莫不是不断战胜人性自私的一面，勇于追求无私之心、无我之心，以成仁之心。

不愿分享更深处的担忧来源于对自我的否定和自卑之心。分享的精神来自于内心强大的力量，就是笃定明天一定会更好！为什么懂得分享的人都那么富有？不愿分享的人从未知道这其中的秘诀，那就是分享可以获得巨大的能量，获得快乐，获得自信，获得创造明天的勇气和力量。

赠人玫瑰手留余香，自己拥有让他人也拥有，不仅是一种美德更是一种力量。自古以来古人就有“独乐乐何如众乐乐”，分享让我们拥有的更多！

世界不是零和的游戏，你所拥有的是你内心感召而来的，你内心越强大，越懂得与人分享就会拥有更多的快乐、智慧和财富，分享什么你就获得什么，分享的越多你就获得的越多。

最后祝愿你快乐！

2012年9月18日

士为知己

德馨茶楼11周年感言

弹指间十一年过去，时间过得真快。百年树人，十年树木，而德馨茶楼也正像一棵十一年的小树，或许只有手腕那么粗，也或许有碗口那么大，而一棵树的成长，离不开周围的环境。首先这棵树要根正苗红，其次要有适合的土壤和气候，最后还要不断地施肥浇水，不断地为这棵树修剪枝叶。

回想德馨茶楼这么多年走过的路，一时间感慨颇多。

十多年来不断有人问我一个问题：“当年为什么开间茶楼而不是酒楼？”饮水思源，这要感谢我当年的一个同学，因为他当年开了一间茶楼，我觉得自己可以开得更好。因为在看到那间茶楼的时候，内心里就充满了不可抑制的“热爱”和“喜欢”，还有关于自己如果开一间茶楼的种种构想和冲动。一个人一旦有兴趣做某件事的时候就很容易将事情做好。我觉得茶冥冥之中与我的生命有着千丝万缕的联系，我的女儿出生时我就为她取名“嘉木”，因为《茶经》的第一句就是“茶者，南方之嘉木也”。

其次，要感谢这个社会，正像一棵树的成长需要肥沃的土壤，适合的气候，还有阳光雨露一样。茶楼十一年来走过的每一步都离不开这个社会离不开周围的人。感谢这个社会的繁荣昌盛，历来盛世兴茶，因为社会的富足为我们每一个人提供了良好的创业和工作的机会，乱世人不如太平犬，我无法想象这间茶楼若开在30年、50年前，或者开在一百年前会是怎样。感谢这个社会六十多年来的太平盛世，让我们每个人都有闲暇的时间和消费的能力，来茶楼消遣时光。看看老舍先生的话剧《茶馆》，我们更能体会出这种幸福。

我还要感谢的是，在这十一年间不断为这棵树浇水施肥的人。那些曾经在此工作过的每一位员工，那些十一年来和我一起经历开业，一起经历很长时间的惨淡经营，一起痛苦煎熬过来的人。感谢他们，亲如手足、形同姐妹的每一位员工，没有他们的辛劳付出，不可能有茶楼的今天，很有幸的是今天仍能和他们中的一些人一起分享这个幸福的时刻。

没有人是一座孤岛，没有一件事可以孤立地存在，没有一个人可以不仰赖外界而生存，感谢每一个来到我们生命中的人，每一个人都带给我们一份独特的礼物。

在此一并感谢来到我生命中的每一个人——

感谢我的父母，是他们生我、养我并教给我做人的道理，要诚实做人，踏实做事，以善待人，以德报怨；

感谢我的爱人，一路帮助扶持我走到今天，是她站在前台，这么多年来为茶楼倾心

付出；

感谢我的兄弟，在茶楼开业以及后续的装修中不辞辛劳的付出，才得以有今天温馨的气氛；

感谢这期间在我需要帮助时，施以援手给予我财力支持，或开启我的智慧、付出时间和精力的朋友；

感谢十一年间德馨茶楼的每一位客人，感谢你们认同我们的理念，是你们滋润了茶楼这棵小树成长到今天；

……

没有你们就没有今天的德馨茶楼。

德馨茶楼是我梦想开始的地方，倾注了我太多的心血和激情。在这十一年中，她伴随着我的起起落落，始终是我的精神家园。十一年来，这里逐渐演变成我的一个客厅，一间书房，变成生活中不可或缺的一部分，成为我的一种生活方式。我想也演变成了很多朋友的生活方式，他们有的天天来，有的隔三差五地来，有时聊聊天，有时谈谈生意，这里成为工作和家之外的第三处生活空间。

每一次来到这里坐定，都如此的惬意，这里是疲惫时歇息的港湾，纵情时放逐心灵的乐土，我常在此间获得思索的灵光，或在这里独自幽坐，读读书，品品茶，挥毫泼墨，或邀三五朋友，说些不关痛痒的闲事，谈些风华雪月的疯话，一时间物我两忘，想想，人生是如此的快意！

尽管我工作的重心早已远离这里，但无论路走多远，这里永远都是一个起点。有时其他的工作繁忙会忽视她，但灵魂深处常常会被她召唤，不断叩问我活着的真谛：

人生当健康、丰盛、随性、自然……

一想到这些，即使坐拥亿万，王侯将相，我都不愿拿她来相换！

2009年11月28日

因缘和合

德馨茶楼12周年感言

12年，1998—2010，一个轮回，子丑寅卯，辰巳午未，12年4380天该是多长的一个岁月，以至于当我想把这12年的历史浓缩成一本册子的时候，发现我无法提取素材，因为有太多的记忆不知道该抽取哪一页。

1998年初冬的一个晚上，德馨茶楼在没有花篮鞭炮的欢庆，只有一架古筝的悠扬声中开业了。是晚没有名人佳客的剪彩，只有左邻右舍的祝贺，和敬清寂，完全就是茶的特性。“德馨”缘自刘禹锡《陋室铭》中的一句：“斯有陋室，唯吾德馨。”我想这句话约略是说，虽然（我）只有陋室一间，但只要（我的）德行很好，淡泊的馨香就会得以远扬。

我虽不才，却向往茶楼是间“谈笑有鸿儒，往来无白丁”的陋室，在此陋室过上“有朋自远方来，不亦乐乎”的生活。

回望走过的日子恍若昨天。

开业伊始，许多朋友经常问及这样的问题：“你为什么会想起开间茶楼？”更有不解的是，不能把茶楼同一个二十多岁的人联系在一起——时年我25岁。我不能尽详其意于每一位朋友，而当年开茶楼的那个意气风发的小伙子已经“眼角皱纹起，对镜华发生”，早已不是当年的我了。来这里喝茶聊天的茶客也年年岁岁客相似，岁岁年年人不同了。

12年来，一步步远离这个地方，但无论走了多远，仍会有人拿它来介绍我：“这是德馨茶楼的老板”，“德馨茶楼”成了我永远的印记，也是我最为得意的一张名片。她远远超过“刘传辉”这个名字，如果在众多的名衔中挑选一张能够代表我的，无论何时我都会义无反顾地选择“德馨茶楼”。

回望过去的岁月，开业伊始，由于是第一家开业的茶楼，没有知名度，很多人并不认可这样的消费模式。在很长一段时间里几乎没有人光顾，恨不得上街抓几个人过来免费喝茶，每天的营业额都是0，0，0，……还是0，偶然一天收入三块五毛钱，都会令我兴奋。每天面临着房租、工资和广告费用的压力，清晨还未起床就有人来催讨房租；因为资金在开业的前夜已经弹尽粮绝，隆冬的季节没有钱购买空调，连开业必要的茶具、茶叶都没有。在此后整整几个月里几乎没有收入，开业前花费不菲培训的新员工还没有开业都已鸟兽散了，他们看不到未来和希望。

回想当时那段非人的日子真不知道是怎么熬过来的，每天焦虑地只能睡四五个小时，且时刻都面临着关门大吉的威胁，后来有赖仅有的几个朋友的支持和帮助，茶楼的生意才慢慢有了起色。因为自己的兴趣，从那时起就开始举办讲座和沙龙，搞影展和画展，开专题和专栏，请名人来赏鉴。当时收入微薄，搞这些活动耗费了我大量的收入和精力，但自己却沉浸其中乐此不疲，那些艰难困苦的岁月如今都成为最美好的回忆。现在回想起来仍是人生中非常幸福和快意的一段日子，人生还有什么比干自己喜欢的事有理想地活着更幸福的呢？

我理想中的茶楼绝不仅仅只是一个喝茶的地方，就像我在茶楼的宗旨中所说的：

我们致力于使其成为——

一个平台、一个展厅、一个讲堂、一个港湾、一座殿堂……总之它必须是一个以茶馆为形式的装置艺术，以表现茶文化及其承载的历史和文化，必须让光临者感觉她的人性化，能反映出她的人文关怀，创造生活的质量和品位。延展这里工作者的嗜好、素养、人性以及追求卓越的精神！

茶楼一个重要的功能就是品茶。其实品茶就是修心修行，品茶就是“时时勤拂拭，莫使惹尘埃”明心见性的过程，常坐此间仍然能够温润我们的性灵。凝神当下，在备器，温水，洗杯，置茶，冲泡，赏鉴，品味，把玩，专注于每个环节，时间久了、工夫到了就会豁然开悟，了悟天机，就像参禅打坐、诵佛修行一样，这或是赵州和尚“吃茶去”的由来吧。

茶楼的另外一个重要作用就是人际交流的平台。感谢这间茶楼带给我的远远超越了生意和生活，那么多志同道合的朋友、道友、师长。这么多年，这么多人，在此工作过的，在此光临过的，在此交流过的，都因此成就一段缘分，因缘和合，促成多少良缘佳话的姻缘，生死契阔的朋友，风云际会的合作。祝愿每一个在此结缘的人惜缘惜福，感恩快乐！

一晃12年了，12年前那个放弃高薪职业，毅然决然从上海三菱电梯辞职，为追寻理想而来，破釜沉舟变卖所有家当义无反顾开这间茶楼的“我”在哪里呢？那个理想的我，那个冒险的我，那个自在而惬意的我，那个自由快乐的我在哪？当年那些一起聊天的男男女女、一帮愤青，那些把理想当饭吃的朋友们呢，他们都去哪里了，只留下我一个人，孤独地偶坐此间，独自品饮，在岁月的雕琢中，在慢慢远离茶楼的日子里，渐渐迷失了“我”。

世事无常，岁月易老，这个世界变化得太快，人来人往，唯一不变的是我们对于茶寓意世界里的淡泊明志、和敬清寂的坚持和守望，坚持在这个纷繁的世界里对闲适丰盛生活的执著。

值此12周年之际，作此文是为序。

草于2010年12月

整理于2011年2月17日

后记：在茶楼这篇文字，写至此听到旁座一个客人对另一个客人言："很多人是在这儿认识的，很多事是在这儿谈成的，来这儿十来年了，德馨茶楼是这条街上最老的店，我对这儿感情很深。"

听闻此言，无比欣慰！

好为人师

选择没有对错，结果则有差异。其实人生就是一个不断选择的过程，选择就是起点，现状就是结果。

行动比激动重要，不要晚上想想千条路，
早上起来卖红薯。晚上想想都是
门路，早上看看都是窗户。想到
了就马上去做，只有1%的想法最
后实现了。
二〇一四年元月六日 劢然達与北京

学习是终身的事

一直以来我们都在谈学习。学习贵在自动自发，没有人能打开你内心关于学习的这扇门，只有你自己！

我们所处的时代是一个知识爆炸、信息泛滥、竞争激烈、快鱼吃慢鱼的时代，知识在迅速贬值和老化。一个大学本科生，毕业后他本科前两年的知识已经过时了，那么现在大家问问自己还有多少知识可以老化？现在文盲的定义有了本质的区别，伟大的教育家艾文·托佛勒说："在这个伟大的时代，文盲不是不能读和写的人，而是不能学、无法抛弃陋习和不愿重新再学的人。"

那么由此可以得出一个结论：如果你还不愿抛弃陋习重新再学习，你就是新一代的文盲。

而被动学习主要受几个方面的影响：

第一是自卑心，由于学历较低，走不出学校应试教育失败的阴影，觉得学习是件苦差事，总是考不出好成绩，没有获得更高的学历，反正学不好于是失去了再学习的信心。

第二是不懂数、理、化，照样走天下，觉得没有必要再学习。觉得我从事的职业不是什么高科技的工作，不需要有较高的文化水平，没有什么可以学的，学不学一个样。这种意识是普遍存在的，也是危害最大的一种工作态度。

第三是患有学习近视症，没有从学习当中获得过好处，看不到学习带来的收益。的确，一个员工不会因为看一本书、写一篇心得就给涨工资，也不会因为专业知识考试第一就提职。所以，患有近视症者也大有人在。

针对这三种情况，我自己的看法如下：

（1）每个人都是上帝的宠儿，每个人都有长处。但并不是每个人都能认识到自己的长处，并不是每个人都适合我们现行的教育制度，用考试来衡量一个人的能力会扼杀了很多人的天赋。有人天生就具有语言天赋和亲和力，适合做销售工作；有人性格内向但富有耐心精于计算，很适合做服务后台工作；有人喜欢动手，行动力强适合做一线工作；有人具有很高的情商和协调能力，很适合做管理工作。然而这些在考高中、考大学时都不会用到，但在工作当中都会显现。如果你曾经失败于考试请千万不要灰心丧气，那只能说你不适合应试，并不能表明你不适合做老板，不适合成长为一个优秀的经理人。而是要重新认识自己适合再学习什么，爱好什么，有什么特长。然后在这方面继续学习，你一定会发现自己很快会取得意想不到的成绩。

几乎每个人在学校时都有偏科的经历，这恰恰为我们的兴趣和特长做了很好的解释。彼得·德鲁克曾说："实践表明一个人投入到他喜欢的学习和工作中时，他将事半功倍，更容易取得非凡的成绩。"每个人都有自己擅长的领域，只是你自己没有发现罢了。所以，从现在起去发现自己的长处，发现自己的爱好，发现自己曾经取得过较好成绩的领域，继续投入学习你将会很快取得成功。

（2）知识改变命运，学习成就未来。我们通过什么改变自己的命运呢？我想靠父母、靠朋友、靠任何一个人都不如靠我们自己，俗话说靠山山倒、靠人人倒。我们大多数人并没有亲朋故旧可以为我们的人生谋得一个收入丰厚而安逸的职业，我们所处的时代也没有任何一个职业是一劳永逸的，没有任何一个职业是不需要持续学习的，即使是一个一般的营业员也会有三六九等，也会有专业与非专业之分，也会有高下之别。做一个普通的营业员可能仅仅懂得一般的销售技巧和产品知识就可以上岗了，但距离胜任和优秀还有很远的距离。所以，我们一定要树立持续学习、终身学习的观念，取决你成就的不是你曾经是什么，而是你以后是什么。目前的学习观念在发生深深的转变，长期的学校教育慢慢转变为持续的、终身的职业教育和自我教育，这种观念越来越重要。媒体报道的北京大学毕业生卖猪肉的例子，告诫我们即使是北京大学毕业也需要持续地学习才能跟上社会的进步和发展。如果我们已经输在基础教育的起跑线上，我们就不能再输在职业教育、自我教育和持续学习的第二个起跑线上了。我们以前的学历、以前的文化水平，不能代表我们以后的水平和以后的能力，我们能否取得更大的成功，获得更优厚的报酬，取决于我们能否持续学习，能否终身学习。三国时期吕蒙“士别三日，当以刮目相看”的例子，就是最好的关于持续学习的注脚。

(3)对于学习近视症我开出的药方就是不要急功近利。大多数人放弃学习的主要原因是没有在学习中获得乐趣。对于学习的收益一般情况下需要有较长时间的坚持。比较权威的调查显示，投入学习的收益是1:25的收益率，也就是说每投入1元钱的学习费用将会产生25元钱的收益，这适用于个人也适用于企业。这是一个非常高的收益率，几乎高于任何一项投资收益。如果一个公司坚持不懈地投入学习的费用，我想这将是这家公司收获最大的一块资产。还有一个数字适用于我们每个人，就是每月拿出收入的十分之一用于学习费用的开支。我想这种收益正如现在给一个零首付的房子付按揭一样，若干年后连本带利并且是非常丰厚的利润一并回报给你。我们不可能通过短期的学习获得立竿见影的提高，但贵在坚持，贵在持续。虽然读一本书写一篇心得，一次专业知识考试的优良不可能涨工资，但不读书、不学习、不进步注定收入和职位永远不会提高。

如下几个问题我们需要经常自问：

我现在能为我的将来做些什么？

我通过什么来改变我的命运？

一年后我在哪里？我的收入会是多少？我愿意接受吗？

三年后我在哪里？我的收入会是多少？我愿意接受吗？

五年后我在哪里？我的收入会是多少？我愿意接受吗？

十年后我在哪里？我的收入会是多少？我愿意接受吗？

二十年后我在哪里？我的收入会是多少？我愿意接受吗？

……

2006年7月

学习是一种信仰

教育有三种，即学历教育、职业教育和自我教育。但并不是所有的人都接受了这三种教育。

几乎所有的学校教育都是基础教育。基础教育的功能就是让人获得基本的逻辑思维和人文素养，为其他再教育比如职业教育打下良好的理解和认知平台。接受基础教育好的人比如名牌大学毕业的学生，成为社会精英的可能性比较大，这是一个人成为社会精英的充分条件，但不是必要条件。基础教育一般可引申为学历教育，学历教育的好坏决定了一个人的起点，让一个人获得敲门砖，有更大的机会进入更好的平台，但此后的发展则取决于职业教育和自我教育。

学历教育特别是中国目前的应试教育，只是衡量一个人的考试能力，并不能衡量一个人的其他学习能力。有人擅长考试，善于进行理论知识的学习和研究，很多学者型的人或死读书的人知识都很强，但实践能力却很弱。一旦需要理论结合实际时就会脱节，不能把知识有效地运用到实践中来，“知”是知识，“行”是行动，知和行是两个概念。

很多人善于学历教育，智商高，在学校学习好，能够考上好的大学，得到较好的学历教育。但也有不幸，很多学习好的人毕业后，从走出校门就再也没有接受过教育，多年没读过一本书，没听过一堂课，没参加过一次有益的沙龙交流活动，生活、工作过得四平八稳。没有接受过挫折教育，或者经历失败一蹶不振，没有把经历转化为知识。缺乏醒觉反省和修正自我能力的人，自然就失去了再教育、再学习的能力。这些人渐渐与社会脱节，输在人生的第二个起跑线上，渐渐落伍。

我们身边这样的例子比比皆是。有一个80年代名牌大学毕业的高材生朋友，当年是各个单位争抢要的人才，香饽饽。长期的职业优越感和固化思维，使他渐渐不能再适应这个剧变的时代，慢慢落伍，现在整天无所事事，沉浸在打牌消遣的娱乐活动当中，时常回忆起当年的辉煌时光，既没有特殊的技能也没有独特的思维，和一票没有受过教育的人混迹一起，已经泯然众人矣。

职业教育就是在工作当中，根据工作的需要，环境的变化迅速适应，利用单位的平台获得一项独特的技能，或者自我学习取得他人不具备的特长。

一个朋友大学学的是机械制造专业，到了工厂之后一直在一线工作，自己也不喜欢机械制造这个专业。时值计算机在上世纪九十年代中期兴起，于是这个朋友自己买了很多计算机的书，每天下班回到宿舍就自学，后来工厂里计算机慢慢普及，一时没有那么多的专业毕业人员，他就被安排到计算机部工作去了。到了2000年后很多名牌大学毕业的学生到了工厂之后都拜他为师，因为很多人的理论很强但实践不行，他则是理论和实践都有，能够很好地、创新性地解决许多工作中的实际问题。

这就是职业教育和自我教育的结合。职业教育一般是为了获得某项技能，获得生存、生活的资本。

自我教育则是一种完善教育，一种实现自我的教育。自我教育来自内在的动力，自我欣赏、自我肯定。是通过有目标、有计划、有节奏、有方法地朝自己理想进发的方向去学习。

一个朋友原来是中国银行理财中心的一名普通员工，当时一个月一千多块钱，她不甘心自己就这样下去，觉得自己在培训方面有特长，很想做一名职业的理财培训师，于是在几年中先后通过自学获得了各种理财培训师的资格证书。2008年应聘到荷兰银行，年薪十万，一年后被猎到德意志银行，年薪翻了一翻。8个月后自己单独出来和培训公司合作成为一个理财培训师，又一年后自己独立成立了一个培训公司，现在手下已经有了十几个培训师，工作闲暇还捎带考了社科院的MBA。四年四连跳，从一个普通的员工成长为一个年收入百万的人，在帝都买房落户，并且把孩子送进北京最好的学校，做着自己喜欢的职业，有自由的时间。

这是自我教育的一个典型例子，值得一提的是这个朋友最初只是一个大专毕业的师范生。

有个忘年之交，一个八十岁的老人，书法家，几乎没上过学，从小喜欢画画，但没有机会接受正规教育。年轻时被招工到保温瓶厂当一名锅炉工，工歇时就拿根树枝在地上练字，被工会主席发现调到工会做宣传。因为画画的好，又被调到厂里的设计部给保温瓶画样板画。这时候有了更多的时间练字画画，正是由于这个专长被工商银行的领导看上调到工行，在上世纪八九十年代工行是多少人梦寐以求的地方，最后在工行退休。退休后仍每天坚持练字两个小时以上，成了职业书法家后不停地被邀请，润格也一再提升，每次见到他都自得其乐。老有所学，老有所乐。

学历教育、职业教育和自我教育，无论是哪一种教育，只要现在正在接受某一个教育你都在成长，都在进步。接受教育不应该是某个阶段的事，而应该是一辈子的事。孔子说：“朝闻道，夕死可矣！”无论多大年龄，什么时候开始学习都不晚；无论多大年龄，停止学习就开始老去！

心怀梦想的人什么时候开始努力都不晚。

值得惋惜的是那些获得较高学历教育的人，很多人的学习止步于迈出校门的那一天。值得反思的是那些学历较低的人没有意识到，人生是场马拉松，谁跑前十公里不关重要，重要的是谁最后跑到终点，跑赢了下半场。最为可悲的是那些根本没有再教育、再学习意识的人，没有认识到这个社会在日新月异地变化，知识在迅速地贬值，持续学习与终身学习不仅是一种意识、一种习惯、一种生活状态，而且还势在必行。

孔子说：“或生而知之，或学而知之，或困而知之。”生而知之的人毕竟是少数，大多数的人都是后者，学而知之，困而知之。但仍有一部分人困而不知，实为可怜可恨之人。

学习就是一种信仰，没有信仰的人如一只迷途的羔羊。

草于 2012年9月
整理于2013年9月23日

新兵蛋子

新兵一般分为两种，一种是刚毕业的学生；一种是在职场摸爬滚打有些年头的职业人士。但无论在江湖上混了多少年，进入一个新单位，你都是一个新兵蛋子。

对于刚毕业的学生我内心充满了爱和恨，爱他们充满朝气，精力充沛，一张白纸可以图画无限希望；恨他们心浮气躁，心高气傲，心猿意马，这山看着那山高，不能脚踏实地从零开始。上来就想当主角，不愿意当学徒跑龙套。大多的应届生把第一个单位当作跳板，很少有人踏踏实实沉下心来做事，因为没有过其他的选择，没有比较，总会觉得还有更好的单位，所以往往不到一年的时间里都会选择离职。

一般新人进单位我总是会把新兵蛋子叫到一边叮嘱一句话："少说话，多干活！"

学校里没教你如何写一份详细周密的工作报告；没有教你制作一个漂亮的PPT；也没有教你如何获得同事和领导的支持与帮助；没有教你如何把东西卖给顾客；也没有教你生意的根本是什么？

虽然也学了几天的市场营销、企业管理，可一用起来才知道都是些花架子，满口名词，不拽两句菲利普·科特勒的4P似乎就没学过营销，学人力资源的把人力资源的八大模块背得头头是道，还有悲催的连基本背诵的能力也没有，到了去招聘的时候不知道该说什么，问什么问题，背后是什么意思。正所谓读万卷书不如行万里路，实践出真知。

理论就是知道，实践才能做到。知道和做到差十万八千里呢！更何况你根本就不知道。我大学学的是工业企业管理，毕业时就学会了几个名词，科学管理、马斯洛、看板管理、计划—组织—监督—反馈—跟进。这说得多好，可在漫长的工作实践中，几乎一个名词都没用过，反而实地里总结出来的方法屡试不爽。

新兵蛋子进入一个单位，首要的任务是学习一个单位的基本业务，迅速在你的岗位上创造价值。没有人会给你更多的时间来学习业务技能，所以你必须加倍努力。找对师傅跟对人是很有必要的，有个好师傅言传身教会少走很多弯路，好师傅的技能大多是实践出真知的硬功夫。记得当年我做业务时，每到关键时刻，棘手的业务我总会叫师傅一起去，大多时候总能够马到成功，自己也在当中学会了应对的技巧。

其次，师傅深谙一个单位的人情世故，有人的地方就有江湖，好师傅会指点给你江湖通关秘籍。新兵蛋子最缺乏的就是对人情和世故的了解，学校里没有教“人情练达皆文章，世事洞明皆学问”，而这恰恰是一个人生存的基本技能。

每个比你入伍早一年的兵都有指派教训你的权力，总有人看不惯你，总有人给你挖坑，好事轮不上，但凡是脏活、累活、出力不讨好的活都会轮到你头上。公司里也总会有那么一两个资深古董拿你当猴，对你颐指气使，你只得忍气吞声。也会与同辈有利益争执，你可能觉得受到了不公平的待遇，可这就是事实，抗议无效，反而还引来更多的不快。没有绝对的公平，很多时候会气不过想甩手走了：此处不留爷，自有留爷处。你甩手走了，唯一损失的就是你，要对自己有个清醒的认识——其实你就一孙子，哪有不当孙子就混成大爷的。

在还没有练成什么武功秘籍的时候，千万别拿自己的职业生涯赌气，不要这山望着那山高，到另一个山头去混，说不定那里的江湖更阴险。

风水轮流，十年河东，十年河西，又何必计较一时的得失呢。倘若放下架子，低下头，虚心以待，眼里有活，手勤、腿勤、嘴勤、少说、多干，慢慢就会赢得他人的尊重，江湖的地位都是自己奠定的。

如果看看晋商历史中有关票号学徒的故事，新兵蛋子应该有所感悟。山西票号学徒有一套办法，从心性品格到业务技能，至少要经过三年严格的训练，才能被总号派出独当一面。许多山西票号中流传着这样一首学徒歌谣：“黎明即起，侍奉掌柜；五壶四把（茶壶、酒壶、水烟壶、喷壶、夜壶和笤帚、掸子、毛

活——卫辉狮包头乡小学。 摄影/刘传辉

巾、抹布)，终日相随；一丝不苟，谨小慎微；顾客上门，礼貌相待；不分童叟，不看衣服；察言观色，唯恐得罪；精于业务，全会精髓；算盘口诀，必须熟背；有客实践，无客默诵；学以致用，口无怨言；每岁终了，经得考验；最所担心，铺盖之卷；一旦学成，身骨入柜；已有奔头，双亲得慰。”

其实新兵蛋子就是要学会两个词：吃苦，吃亏。吃得了苦头，耐得了话头，最后才能出头。

有句俗话不俗：“年轻吃苦苦一时，老来吃苦苦一世。”时代不一样了，道理还一样，忍得住，耐得下，放下架，低下头，塌下腰，埋头苦干，把孙子当到底，你就是生瓜蛋一个。

生瓜蛋，硬邦邦的，什么时候变软了，就意味着你成熟了。

2013年7月31日于丽江云上公馆

为看不见的报酬工作

职场里常会有消极怠工。原因有多种：有的是对老板不满，有的是对待遇不满，有的是对顶头上司不满，有的是对岗位不满，有的是想另谋高就但一时还没有找到合适的地方先在这里赖着，还有的则是自己的个人原因。凡此种种，一天两日也是正常，谁没个不满的情绪呢？

可是就有这么一种人，占着茅坑不拉屎，就那么耗着！

我说："大爷，要干，你就干好，别一边儿干着，一边儿骂着，一边儿发着牢骚！此处不留爷，自有留爷处，大爷何必在此凑合，赶快另谋高就，耽误老板事小，荒废光阴事大，丢了名声不值！老板的钱浪费了还可以再赚回来，大爷荒废的日子和毁了的声誉可是再也回不来了！"

如果你认为工资低就直接找老板说。如果老板不答应你就挥一挥衣袖不带走一片云彩，另谋高就，去别的地方享受更好的待遇，大路朝天各走一边，两不相欠，有礼有节，山不转水转，以后还是朋友。如果老板觉得你奇货可居，这个岗位非你不可，他一定会给你相应的待遇，或在未来给你别的补偿。如果这个老板昏头不识货，你的价值也不会被磨灭——因为世间万物自有公道，你努力工作、提高技能和职业声誉的价值有时会被低估，但就像被低估了价格的股票一样，市场最终会给你一个合理的回报。如果你不说、也不作为，或者说了老板没答应你，而就这么耗着，结果会出现两种现象：

（1）你的确肚里有货是个人才，老板有眼无珠而你明珠投暗、大屈才能，但消极怠工会对你的能力和人品大打折扣，使你变成个二流人才。你忍耐一时、继续努力、证明自己，或许很快就会被认同，但你消极怠工必然导致工作绩效每况愈下，越来越糟，最后你不得不走人。这样你得不偿失，不仅没有得到应得的，而且还把自己最重要的一项资产——职业声誉丢了。

（2）你本来就是个水货，消极怠工则会加速让别人看到你是个草包。优秀的人一定有很好的情绪调节能力，会很快适应逆境、改变逆境、迎难而上，最终摆脱逆境。

在其位，谋其政，思不出其位。无论工作出现了什么不如意，当一个职业人遇到挫折困难而准备另有所谋时，最难得的是一如既往，兢兢业业，勤勤恳恳，善始善终，全力以赴跑好职场接力赛的最后一棒。

其实工作就是一份契约，你接受这样的工作待遇，说明你认可了工作的内容，你敷衍了事、出工不出力、人在曹营心在汉，首先就是违背契约。在人力交换的平台上提供了劣质的商品——低效和造成损失的工作。由于消极怠工所造成的损失远远大于你所得的报酬，这不仅令你的雇主愤怒也会引发所有正直人的不满，这时候你的同事们往往会因为这种不满而与你的老板站在一条线上。

职业精神在电影《梅兰芳》里有一种诠释——老生十三燕在胜负已定的情况下毅然拒绝梅兰芳劝说退出第三场戏的比赛，在第三场戏中由于戏霸作乱场子被砸得混乱不堪，人作鸟兽散。十三燕在满地狼藉的舞台上面对空空的戏场，依然拼尽全力唱完最后一幕戏，他唱给谁听啊——自己，最后用生命维护了自己一生的声誉。

人这一辈子其实就经营了两个字：声誉！

我不吝在此再次引述我曾经说过的话：

> 付出不足获得的报酬将会使你失去的远大于你所得的报酬，
> 为看得见的报酬而工作你将得到你所见的报酬，
> 为看不见的报酬而工作你将得到看不见的报酬。

通常，人们不知道现在的所作所为对未来会产生什么影响和结果，如果一个人知道现在所做的每件事对未来必将产生一个对应的结果，每个人做事都会谨慎恐惧，慎始善终，竭尽全力，尽职尽责，尽善尽美。

人们常说当一天和尚撞一天钟——得过且过，这是一种误解。和尚撞钟不是为了应付差事而是为了唤醒迷途的众生，所以当心怀虔诚，把普度众生的心力通过洪亮的钟声传递给迷途的人。下面有一则故事，愿这则故事能像一声洪亮的钟声唤醒迷途的人：

有个上了年纪的木匠准备退休了，他告诉雇主，他不想再盖房子了， 想和他的老伴儿过一种更加悠闲的生活。他虽然很留恋那份报酬，但他该退休了。雇主看到他的好工人要走了感到非常惋惜，就问他能不能再建一栋房子，就算是给他个人帮忙。木匠答应了，可是木匠的心思已经不在干活上了，不仅手艺退步，而且还偷工减料。木匠完工后，雇主来了。他拍拍木匠的肩膀，恳切地说：

“房子归你了，这是我送给你的礼物！”
木匠感到十分震惊：
太丢人了呀……
要是他知道他是在为自己建造房子，
他干活儿的方式就会完全不同了。
你就是那个木匠！
每天你钉一颗钉子，放一块木板，垒一面墙，
但往往没有竭尽全力。
终于，你吃惊地发现，
你将不得不住在自己建的房子里。
人生就是一项自己做的工程，
我们今天做事的态度，
决定了明天住的房子。

2012年5月1日

谈谈老板意识

老板意识说到底就是创新意识，是从现状中发现问题、思考问题、解决问题的能力。世界上最稀缺的就是企业家精神，企业家精神就是老板意识。

企业家精神是一种从无到有的创造意识，也是一种有持续改进和深深的危机意识。具有老板意识（企业家精神）的人能够从0—1，还有能力从1—100—1000—∞，也就是有创造从无到有、从少到多的能力；具有老板意识的人能够从目前的现状中看到危机以及危机背后的机会，能够做出亡羊补牢和未雨绸缪的决策。正是因为老板意识的稀缺造就了老板的价值，造就了老板一般拥有的财富比普通人要多。具有老板意识的人即便不是企业的所有者也一定是把企业当作自己的，而不是抱着打工的心态来工作。

不是去摆个地摊就有老板意识，有人摆地摊几十年如一日，终生都是一个摆地摊的，并不具备老板意识。具有老板意识的人可能从摆地摊做小生意开始，但决不会停留在这个水平和层次之上，而是不断发现市场的新机会，发掘顾客的潜在需求并不断满足这种需求，这就是老板意识中的创新意识。老板意识还在于具有这种意识的人都非常明白首先满足别人的需求然后自己的需求才能被满足，他们大多都具有饱满的热忱和为他人服务的精神。

具有老板意识的人通常还有深深的忧患意识，并且勇于承担责任和面对困难。正所谓生于忧患死于安乐，今天做得好并不代表明天做得好，今天的成功经验或许在明天就会是成功的绊脚石。多少英雄豪杰一时雄起，但难以基业常青，或折戟沉沙，或销声匿迹，正在于不能审时度势，与时俱进；为经验所羁绊，为昨日的成功所迷惑；沉迷过往，骄傲自满。水满必溢，月圆必缺，人满必败！

许多员工缺乏老板意识，有浓厚的打工心态，干好干坏一个样，推推转转，拨拨动动，缺乏主动发现问题的意识，看不出问题自然就不会主动思考问题，更谈不上解决问题。不会发现问题是没有危机感的具体表现。一个公司可以拿着数十万甚至数百万的资金委托给你，干坏了没收成，甚至亏损。对于个人可能仅仅是少收入几百元钱，但对公司的损失可能就是几百倍甚至几千倍。这些不是最重要的，重要的是大家是否从失败中总结经验教训，不再犯同样的错误。公司给大家犯错的机会，承担犯错的高昂成本，交学费说明公司有信心给大家纠错的机会，但犯错者需自省。

一个处在打工者位置的人，如果每天不断问自己一个问题，我目前操盘的生意假如是我自己的，我会如何来管理，我能够容忍这样的销售状况吗？能够容忍这样低的回报率吗？还有没有更好的办法？如果有，我尝试了吗？我们每天用于思考的时间有多少，我思考过吗？

具有老板意识的人对于自己都有更高的目标和要求，站在未来思考当下的工作。欲穷千里目，更上一层楼，站得高才能看得远。站在更高的层面来想问题，不要站在自己现在的位置、现在的职位上来思考问题，要用发展的眼光来看问题。

看看未来的工作需要什么样的技能，自己适应这样的岗位还有哪些不足之处，对照未来从现在就开始，缺什么补什么。我想成为一个什么样的人，未来的岗位要求我具备什么样的能力，先成为这样一个人，然后按照理想中的人去要求自己，这就是目标导向。我想自己创业，创业需要什么条件；我想成为一个年薪十万的人，年薪十万的人需要有什么能力，我还缺乏哪些方面的能力，现在就着手去学习。当我们的资源、能力和我们的目标、工作匹配时，我们要的东西自然就实现了。

我们不能把希望交给别人，靠山山倒,靠人人倒，只有靠自己。其实每个人都是自己的老板，都在经营着“我”这样一个品牌，“我”这样一个公司，你就是这个公司的CEO。

2008年8月

办公室里的婆婆话

14句话说接地气

1.办公室里创造不出来效益，只能产生成本，效益在一线，不要怕弄脏你的双手。

2.业绩在一线，一线，一线！所以——让听到炮声的人来决策。如果你没有亲临一线，你就失去了决策权。如果还在下命令，也只能说明你在瞎指挥。

3.作为一个管理者，你必须听到不同的声音，这种声音来自不同的地方和人。当对一个问题你听到不同声音、看到不同侧面时，一个问题就会变得立体起来，问题往往由此迎刃而解！

4.你需要放低自己而不是高高在上，和一线员工蹲在路边吃碗凉皮获得的信息，或许比你在办公室里开一下午的会要重要得多。

5.把注意力放在人的身上而不是业绩上，所有的业绩都是人创造出来的。

6.只有选对人，才能做对事！

7.一个领导者最重要的工作就是——物色人，这是一项风险性很大的工作，通常每一次用人都是一次赌博。第二个重要工作就是——培养人。这两项工作都非常重要，但往往因不够紧急而被我们忽略。以至于我们不得不承受在需要用人时陷入一个无路可退的死胡同——无人可用！

8.当换人之举势在必行时需当机立断，切勿迟疑。

9.经验主义和照猫画虎都会害死人，创新来自于漫无边际的想象力和对一切不可能的否定！

10.穿在别人身上的衣服虽然好看，但穿在自己身上就未必好看，不要削足适履。

11.久坐办公室里不仅屁股上会长痔疮，脸上还会滋长官僚主义。

12.少一些务虚，多一些实干！

13.多一些倾听，少一些责备！

14.把袖子卷起来，干吧！

22句话说做一个好下属

1.如何做下属，所有人的资源都是有限的，管理者、领导者的资源更是如此。其中一个重要的资源就是管理者的时间，职位越高的管理者时间就越有限，作为一个下属要好好利用管理者的时间，这些天然资源只有很少的下属能够悟到。

2.常汇报，常回报，上司交代的事，最好不要过夜，即使今天没有办完也要给上司一个回话，事情进展到什么地步，遇到什么困难，需要什么支持。每个上司都是下属的一个重要资源，只是很少下属知道如何利用这种天然资源——获得上司的支持！

3.忠于职责，眼里有活，超出期望，多干少说，补位不越位——作为下属谨记这几句话，职场前途无量。领导对下属的三点期盼：

第一，并且永远是第一：忠诚——你办事我放心；

第二，称职——把活干好！

第三，如果前两项都能做到，干得超出期望。

满足这三项要求，恭喜你——前途无量！

4.懒惰是进步最大的敌人，身先士卒，鞠躬尽瘁，敬业是永远不会亏本的投入！

5.当换人之举势在必行时，切勿迟疑，千万不要因为一时找不到一个合适的接替者而拖延换人，哪怕临时任命一个士兵来代替不合格的将军，一个勇往直前的士兵要比一个临阵脱逃的将军更有力量！

6.你的世界正是你的一面镜子，你是什么样的人就会感召同样的人到你的身边。所以，看看你的下属就知道你是谁了——别抱怨指责你的下属无能、无功、无力、无知、无量，每念及此，就拿下属这面镜子照一下自己。

7.关心你的下属——你让他住在像猪圈一样的房子里，他只能给你干出猪一样的活，如果你只给他劣等的工资，就不要期望他干出高尚的绩效。

8.给他适合的，而不是他不需要的，一个人还在渴望吃肉的时候，不要给他说素食的好处！

9.上司如果缺乏安全感，那就给你的上司安全感，让他觉得一切尽在掌握之中。他希望事事皆在意料之中，不要给你的上司意外，哪怕是惊喜。

10.给上司选择题而不是论述题，对你来说，上司是用来决策的。

11.让一人接受坏消息需要时间和步骤，正如一个高明的医生对一个癌症患者不会直接宣判死刑，而是逐步让病人接受问题的严重性。

12.一个高明的医生不会对一个哪怕是常规感冒的病人拍胸脯说没事，而是说："问题有点严重，我先给你开服药试试吧。"结果一试好了，病人赞之为神医。降低顾客期望的同时，给予超出期望的，才能创造顾客忠诚。顾客满意是等价交换，是商家的义务，而顾客忠诚则需要提供额外的价值和付出。

13.凡事都有意外，不可大包大揽，拍胸脯的最后可能只有一条路可走——拍屁股，留有三分田，进退方能自如。

14.组织里的新人要认清自己的角色是"孙子"。最忌讳来了还没摸清情况就否定现状，拿原来的经验套用新的工作。慢慢来，哪怕你身怀绝技，也要一件一件往外亮，不要把十八般武艺一下子都抖出来，身怀不露也是一种修养！

15.选人用减法，用人则用加法。首先假定一个人是不称职的，不合格的，不优秀的，在用的过程中做加法逐步发现优点，就会发现人人皆有闪光之处，世上无不可用之人。

16.新人办新事是用人之大忌！切切，切切！

17.每次选人就像一场赌博，只有用了才知道。新人的成本远远超出他的工资待遇，背后隐形的成本不可估量，比如为此而带来的决策失误以及信任的代价。

18.在一个岗位上的不作为，受害的不是别人而是自己。耽误的事可以重来，浪费的钱可以再赚，可是荒废的时光和毁掉的声誉再也无法追回！

19.抱怨和建设性意见的区别在于前者只说问题的现象，后者不仅说问题的现象还说解决问题的办法。

为什么贫穷？

第一，懒惰多半是推不掉的；

第二，胆小，总想求稳不败；

第三，占小便宜吃大亏，一肚子的小聪明；

第四，不负责任，不愿承担。

20.千万别摆谱，一摆，谱就没了。

21.菜市场上卖的鸡，鸡翅每斤12元，鸡腿每斤10元，鸡肉每斤9元，鸡架每斤3元。架子最便宜，只能喂狗，有什么千万别有架子！

22.要么好好干，要么走人，大路朝天，各走一边，有缘才能同道，无缘也别凑合，谁都别敷衍谁，谁都别耽误谁。

2012年4月24日

谈谈创业1：一切从梦想开始

作者按：2010年11月23日，受新乡学院管理系娄继春书记的邀请去给管理系的学生分享创业的心得。承蒙大家的抬爱，权且在此就自己的一点经验抛砖引玉，在此把当天的演讲整理了部分内容与诸君分享。

有朋友经常在一起说起创业的问题，或许我有许多创业失败的经验可以“分享”。创业的类型各不相同，所以也无法一概而论，有几个朋友的处境都很相近，都是工作多年要么是找不到下一步的职业方向，要么是手里有了些闲钱，不知道该怎么办，投资没有出路，于是就想到了创业。但他们的创业很容易走入一个误区——我投资请一个人来管理，我做甩手掌柜，或者我投资做个合伙人不参与管理，只管分红。这种创业思想其实很普遍，其背后的问题很多。

很多人想创业，但如何创业却是条条大路通罗马。创业成功总归有些规律可以归纳借鉴。以下只是一些经验之谈。

梦想是成功的前提！

可能最开始的时候最缺的是钱和人，不缺创业的激情和梦想，如果开始就缺激情和梦想，那就此打住创业的念头吧，因为创业者什么都可以缺，唯独不能缺的就是激情和梦想。

就像马云所说：“一时的激情不值钱，持久的激情才值钱。”很多人有很多的想法，就是欠缺实际的行动。行动比激动重要，不要晚上想想千条路，早上起来卖红薯。晚上想想都是门路，早上看看都是窗户。想到了就马上去做，只有1%的想法最后实现了。

创业讲座。

冒险创造价值!

为什么好汉没好妻?为什么甲男找乙女,丁男找甲女?为什么金童玉女、郎才女貌在现实中这样的美好婚姻常常少见?因为甲男求甲女旗鼓相当,所以害怕失败;甲男求乙女就有了安全感和优越感,而轮到丁男什么也没有,舍得一张脸敢把美女拉下马,所以求爱容易成功。创业和追求美女有异曲同工之妙,就是要敢于冒险。

冒险创造价值,冒险的精神是创业的第一道关。信心和勇气是成功的前提,创业就不要想着留条后路,没有回头路可走,要有破釜沉舟,搭弓没有回头箭的精神。如若认为自己是生性胆小怕事的人,那是不适宜创业的。上了这趟车就没有下车的时候,只有一条路走到头。鱼与熊掌不可兼得,不要妄想兼职就可以创业成功,创业需要创业者的倾情投入,特别是在创业的初期需要拿出所有的心血,来不得一点侥幸和懈怠,来不得半点三心二意,三天打鱼两天晒网。如果瞻前顾后、前怕狼后怕虎总想留一手,多半难以全力以赴,在关键时候打了退堂鼓,最后功亏一篑。

发展靠优势!

盘点自己有什么优势，有什么资源，有什么可以凭仗，有什么可以整合。德鲁克说："基于优势发展，或者说发展靠优势。"基于优势，依靠优势发展。靠山吃山靠水吃水，不要放着手边的资源不用，这山望着那山高。

有关系找关系，有技术用技术，比如你有祖传秘方、你有渠道优势、你有客户资源，有什么资源用什么资源。一个朋友在壁纸行业打拼多年，在一家公司跑市场，搭建了丰富的渠道资源，最后自己创办了一家壁纸公司，找人做OEM，然后利用自己在全国各地的渠道资源顺利地创业成功。另外一个朋友祖上是开中药铺的，有一副祖传秘方治骨折疗效非常好，他就开了一家骨科门诊，进而开了一家医院。有朋友开始依靠老朋友的关系搞装修（依靠关系的优势），后来朋友调离了，他就转行搞石材批发的生意，因为他家乡盛产石料（依靠资源的优势）。

成功有时则是依赖技术优势，服装店的老板娘大多很有时尚的眼光，对流行趋势有敏锐的嗅觉和眼光，创业之初拿散货就比别人挑的货好卖。开理发美容店的老板本身就是一个技术精英，自己拥有一大堆的客户资源（任何一个行业，客户资源都是一个很重要的创业前提）。

所以，基于自己的优势，有时候是比较优势，有时候是核心优势，优势令其他人在同一领域很难赶超，在开始之初已经胜利一半了。

成功来自爱好!

基于兴趣爱好是最好的资源和创新的源泉。

创业来自爱好或者专业技能。比如经营服装的，可能开始的时候就是喜欢穿着；开饭店的往往原来就是厨师出身；做软件公司的自己就喜欢软件开发；喜欢钓鱼的开了渔具店；爱好体育的开了运动馆；喜欢户外运动的开了户外活动俱乐部。就像星巴克的舒尔茨最早发现星巴克咖啡一样，激发了舒尔茨的创业激情，以至于有人说舒尔茨的血液里都流淌着咖啡。

兴趣是最好的老师。兴趣和爱好能够让一个人乐此不疲，事半功倍。很多的创新和商业模式都是在爱好和兴趣的激发下不断被发掘，最终形成商业利润。在兴趣的激发下，人们很容易找到成就感和乐趣，以苦为乐，进而因乐获利。

一个好汉三个帮——谁来辅佐！

一般情况下创业的资金都不充足，资金的门槛不会很高，少则几十万，多则几百万已经很多了，这样规模的小企业很难吸引到很好的职业经理人，他凭什么投身于你呢？凭什么放着大企业的职业生涯、星光大道不走而来到你这个小企业和你同甘共苦呢？

所以，创业初期需要老板的亲力亲为，老板既是财务处长又是采购员，既是技术负责人又是客服，集多工种与职业于一身，什么都得干，因为没有那么多的人供你差遣，你负担不起高昂的人力成本，雇佣不起高级的职业经理人。

首次创业很重要的一个问题就是要获得周围人的支持和帮助，首先要获得家人的支持和赞同。生意初期大多是从夫妻档开始的，通常情况下是男主外女主内，创业之初要人没人，要钱没钱，就需要获得身边人的支持，首先是老婆、兄弟、大姨子，有时候还有搭上父母，一帮不开工资也会跟着干的人，没有这些人的支持，创业成功的概率就低了N多个百分点。

没有哪一个创业者什么都不缺，要风得风要雨得雨，如果这样就不用去创业了。创业者几乎什么都缺，所谓企业家精神就是无中生有的，在缺的状态下创造有的结果。企业家的能力就是整合资源的能力，没人找人，没钱找钱，没事找事，然后把人、财、物整合到一起。

2010年12月5日

谈谈创业2：选择比努力更重要

之所以用很大的篇幅来说这个话题，是因为当我们明白这个道理之后，往往是已经花费了很长的时间成本，而时间的花费是一个人最大的成本。正所谓男怕选错行，女怕嫁错郎，觉察到选错行的时候一般创业的旺盛生命都已过半，冯唐易老，李广难封，悔之晚矣！明白过来选错郎的时候往往孩子都已经会打酱油了。

选择就是决策，确定方向，方向错了，无论多么努力都将是差之毫厘谬之千里或者南辕北辙，效率越高背离越远。是选择做小池塘中的大鱼还是做大池塘中的小鱼，是选择先苦后甜还是先甜后苦，是选择先取后舍还是先舍后得，是选择眼前利益还是长远利益，是选择看得见的利益还是选择看不见的利益，选择决定了今后创业的规模和出路。

是选择挣快钱还是选择赚慢钱，是选择赚灰钱、黑钱还是赚白钱、硬钱，也决定了你的企业最后的终点。挣快钱的捞一票走人，不用考虑长远发展和商业伦理以及商业道德，赚慢钱的就需要坚守信用、坚持价值、忍耐过程，坚持到最后冲刺。创业是一场马拉松，谁跑赢前10公里没有很大关系，谁最后冲刺在港交所、深交所等所去敲钟，建立一个品牌和一个永续经营的企业，恐怕才是最后的胜者。

是选择单干还是合作，选择与谁合作，是选择和有钱的人合作还是选择和有用的人合作，决定了你的企业能否做强做大。不能因为缺钱就将就和钱结婚，和钱结婚早晚会离婚，因为缺钱是一时的，而过日子是一世的。结婚需要双方情投意合、性格互补，选择合伙人与结婚很相似，也需要互补。或能力互补，或性格互补，或优势互补，总之搭配要协调一致，正所谓没有完美的个人只有完美的团队。合作容易将蛋糕做大，单干虽赚的钱都是自己的，风险也得由自己承担，做到1000万的生意100%的股权也就是1000万，而合作把蛋糕做大30%的股权或许已经不止三五个亿了。跟着项羽的最后在乌江边给他收尸了，跟着刘邦的最后都封王封爵了。

跟谁在一起决定了最后的结果。

是选择先易后难，还是先难后易。比如做品牌代理生意，可能开始时比较容易，借助品牌的优势能够迅速打开市场。但随着生意规模的不断扩展，由于自己不是品牌的拥有者，就像盖房子，每一砖一瓦都是在为别人盖；就像养孩子，你只能是代理父母而孩子不是亲生的骨肉，早晚都是别人的。虽然你在过程中也竭尽全力，付出一点都不少，但选择的原点决定了未来的终点。选择代理创业起步时可以，发展时掣肘，当下可以，长远不行。代理就是代别人打理，代理的生意犹如无根之木、无源之水，如在沙上建塔，随时都有倾倒的可能，但作为创业者第一桶金的初级积累是一项不错的选择。

如果开始创业就选择自己创立品牌，虽然开始打市场的时候比较困难，但随着时间的推移，每一步都是在为自己的品牌添砖加瓦，建起来的房子最终是自己的。当品牌逐渐随着时间的推移渐渐树立起来的时候，就像飞轮效应，开始转动飞轮的时候可能非常费力，但飞轮运转起来之后，一个手指都会拨动整个飞轮。

是选择成熟的行业还是选择一个新生行业？成熟行业的商业模式已经经过检验，风险较低，相应的利润率也较低。新生行业的风险较大，但未来的市场空间也可能较大。

是选择边际增长较大的行业还是选择边际增长空间有限的行业？比如客户对象是面对区域市场还是面对全国市场，是面对国内市场还是面对世界范围；比如都是做餐饮，是选择传统饭店业（不容易移植，即使每天满员也能算出最高的营业额），还是选择连锁快餐业，容易移植、容易扩展，最后的结果天壤之别。各地都有当地很好的饭店，但在港交所上市的没有几个小肥羊，更别说肯德基、麦当劳、星巴克这样的国际连锁餐饮业了。

是选择低附加值的行业还是选择高附加值的行业？比如都是做零售业，

你选择了卖酱油、饮料和快速消费品，而别人选择了卖黄金、钻石和珠宝。你的货品有保质期，货品越放越不值钱；别人的货品越放越升值。你的财务报表显示的是减值，而别人的财务报表显示的是溢价。你做一份工作获得一份正常的利润，别人却获得两份利润（正常利润加溢价部分），干一份工作赚两份钱，差距就是这么被拉开的。都是做手机销售，你选择了做摩托罗拉，别人选择了苹果（2010年全世界70%手机行业的利润被苹果一家独吞）。都是做地产，别人选择在一线城市，你选择在三四线城市，一线城市涨价幅度以千以万为单位，你涨价的幅度是以百为单位。

是选择顺势而为还是选择逆流而上？顺风时只要稍加努力就能好风凭借力，送我上青云，得到事半功倍的效果。在一个飞速发展的行业中，猪都会飞，比如近十年间的地产业和珠宝业。而在一个没落的行业中，即便你英雄再世使出浑身解数已无回天之力，最多只能延缓行业衰势，行业的没落或白热化的竞争不是某个英雄的一己之力可以独擎，比如你不幸在2010年进入了家电零售业和电脑行业，或者进入了其他已形成寡头垄断的行业。当某个行业已形成寡头垄断，你不是前三名就意味着你距离死亡不远了。最通俗地讲就是一个1500人的村里已经有了三家小卖部，再开一家就必然有一家要死掉。在这种情况下选择不开是上策，除非你拥有什么独门绝技（但不幸的是很多激情澎湃的创业者都认为自己身怀绝技，最后都死无葬身之地）。所以，小池塘的大鱼好做（但同时也会有边际规模的限制，没有对错都是选择），而大池塘的小鱼难做，在物竞天择、弱肉强食的自然规律下说不定哪一天就会被吃掉了。

选择没有对错，结果则有差异。其实人生就是一个不断选择的过程，选择就是起点，现状就是结果。

管理学上有句真经——先做对的事，再把事做对。

选择就是做对的事，努力就是把事做对！

选择比努力重要！

2010年10月5日

谈谈创业3：失败是最大的资本

常在河边走怎能不湿鞋，失败正是创业成功的必要条件，失败比教科书更有用，失败是创业者自己活生生的案例，这期间涉及的经验教训比读MBA更有用。没有一个创业成功者是一帆风顺的，必定有许多失败的例子为成功做了垫脚石。

失败让一个人承受挫折的心理阈值不断提高，当面对下一次失败时就会坦然面对，处乱不惊，积极思考，勇于面对，而不是逃避和退缩，最终战胜困难、解决问题、获得成功。

无论失败多少次，跌倒多少回，要具备曾国藩的精神：屡败屡战，而不是屡战屡败。

凭借自己的影响力吸引到的钱才适宜创业

创业之初，通常资金很重要，但资金不是决定胜负的关键，是创业的充分条件但不是必要条件。

创业者要明白钱和人的关系，人和钱一般会经历三个阶段，第一个阶段是人找钱，第二个阶段是钱找钱，第三个阶段是钱找人（见拙文《钱从何来？》专门论述人和钱的关系）。

因为首次创业的人一般情况下资金都不会很多，除非你本身已经做到某个很高的职位，比如五百强的CEO或者其他高管，比如创新工场的李开复，“李开复”本身已经是一个品牌了，可以直接吸引到很雄厚的资金，他甚至可以直接开一个创业园，做一个创业孵化器。但作为一般创业者，如果还没有达到那么高的声望，还是正视当下，从小做起吧。

天上掉馅饼的钱或者偶然撞大运发财都不适用作创业基金。钱的来路很重要，当钱不是靠一分一分慢慢积累起来，对钱的路径不熟悉缺乏了解，就会依照天上掉馅饼的思路来考虑来钱的速度，但好运不会天天都有。不了解钱的来路就不会合理安排钱的去路，最后钱会迷路。

父母的钱不适宜拿来创业，另外如赌博、彩票中奖、股票升值、房产升值等的钱几乎都不适宜拿来创业。因为创业的钱不是单一途径的因素，需要考虑的因素很多，只有众多的因素都考虑到了，平衡到了，才会成功。

创业者特别是职业经理人创业，最容易犯的一个错误就是把某个点无限放大，比如做营销出身的人唯营销至上，搞技术出身的人唯技术论，搞财务出身的人唯财务论。而创业成功恰恰不是唯某个论至上，每个因素都重要，但都需要平衡，各个环节就像伸出手掌的五个指头，缺一个都是残废。

自己的积累，凭借自己影响力吸引到的钱才适宜创业。

在整个创业过程中，你拥有超越你现有资金的资本就是你的信誉，如果使用得当，会远远超越你手里存有的资本，这是你最大的一笔资本。你的信誉比什么都重要，从某种意义上讲信誉超越了生命，一次信誉破产意味着终身破产，你永远无法再把它拾起来。

活着是第一法则

创业初期生存是根本，就是怎么能够活下来，因为创业初期创业者的资源很有限，无法支撑起梦想。三五个人两三杆枪，缺医少药，兵不强马不壮，不能什么都想干，你只能挑选你必须干的，比如在第一桩生意还没有形成正向现金流的时候，就不要妄动扩张地发展。开了一家店，在商业模式和盈利都还没有稳定的时候，就开始异地发展或者考虑加盟连锁，这些想法只能像在沙堆上盖房，根基不牢房子自然也就盖不高。

盈利是次要的，活着才是首要的。

创业的时机：走谁的路

借用张爱玲的一句名言："出名要趁早"，男人犯错要趁早。要趁早创业，这会让你认识很多人，认清很多事，掌握生意的规律，有充足的时间来调整失败。

假如你不是比尔·盖茨、乔布斯的话，还是不建议辍学去创业，工作几年积累一些经验和资源来创业会更好。但也不宜工作很长时间，比如15年以上。因为那个时候拖家带口负担会很重，身边的人对你有安全感的要求，比如父母妻儿，面临创业的压力会更大。这种要求一般难以让一个人轻装上阵，包袱很重会影响一个人清醒的判断力。

对于比尔·盖茨、戴尔、贝索斯等辍学创业的故事，和风投VC们的美好故事，张朝阳、丁磊等技术精英的创业故事，马云、牛根生、史玉柱们的神话等，与其钦羡遥远的英雄神话，不如脚踏实地，一步一个脚印从小做起。这些创业的故事和神话，有参考的意义，没有效仿的基础，有阅读的趣味，缺乏实操的可能。如果你自认没有比尔·盖茨、戴尔、乔布斯的天赋，你就不要梦想在车库里创业一夜成名。是时势创造了英雄，还是英雄谱写了时势，盖无定论。对于天才我相信这样的神话可以再次复制，对于凡人我宁愿相信黄光裕摆地摊草根起家的版本更具实操性。

总之，创业要从大处着眼小处着手，不要好高骛远，大的做不来，小的看不上。

如果要创业，建议不要看很多的管理书籍，建议多看故事、看传记，看大人物在关键时刻的选择，看他们处理事情的方式和拿捏的尺度。冯仑说的好：“满街都是管理人才，到处都是破产企业，到处都在卖爱情教程，听到的都是不幸婚事。MBA教育不出来创业家，但创业家可以借助MBA再上新台阶。”

以上都是自己一些浅薄的经验和教训，套用《金刚经》的一句哲言：“经验者，即非经验，是名经验。”别人走过的路终归是别人走过的路，别人吃过的盐是什么味道说也无用，终归还是要自己来尝尝。

2010年12月19日

谈谈创业4：给创业者的读书建议

在此给创业者建议一些可阅读的书目：

- 推荐书目：历史、哲学、宗教，皆可涉。
- 经典系列，如四书五经、道德经、庄子、金刚经、坛经
- 《新教伦理与资本主义精神》（作者：马克思·韦伯）
- 《战争论》（作者：克劳塞维茨）
- 《毛泽东选集》（前三卷）
- 《孙子兵法》《六韬》《三十六计》
- 《彼得·德鲁克管理学系列》
- 《智慧书》（作者：巴尔塔沙·葛拉西安）
- 《君主论》（作者：马基雅维利）
- 《胡雪岩》（作者：高阳）
- 《曾国藩全集》
- 《毛泽东传》《蒋介石传》《杜月笙传》《卢作孚传》
- 《史记·高祖本纪》《史记·项羽本纪》《史记·货殖列传》
- 《富兰克林传》《林肯传》
- 《福特传》《李·艾柯卡传》《斯隆自传》《洛克菲勒传》《卡耐基传》《摩根传》《麦肯锡传奇》《沃森传》《将心注入：舒尔茨自传》
- 《野蛮成长》（作者：冯仑）、《我用一生去寻找》（作者：潘石屹）、《光荣和梦想》（作者：王石）

以上书籍基本上每一本我都读过，只是阅读的深浅不一。在不同的书籍中读到了不同的故事。从历史、哲学和宗教中学习的是智慧，是大是大非，是价值观和信仰。一个创业者没有信仰基本没戏，一定走不远，没有信仰就不会有自律，就不会有责任心和使命感，就难以感召更多的人追随。

在大多数传记中，看到的是伟大人物在关键时刻的抉择。其实人生就是一个不断选择的过程，看他们的取舍得失观，看他们面对利益时的选择，看他们面临失败和胜利时的态度，看他们创业时的初衷和理想。

《我的生活和生意：福特传》让人看到了创业者的理想——让所有的人都能开上车，第一个实行每人每天五美元，第一个工业化的流水线作业；《斯隆传》让人明白了公司的体系建立和运作以及什么是职业经理人。这两个人都是工业时代的汽车巨子，是现代工业体系和公司精神的创建者。

彼得·德鲁克的书是不能不读的，如果你创业还不想仅仅停留在赚钱的级别上。看过德鲁克系列的著作之后，其他的管理类书籍基本上可以不用再读了。其余的不过是在拾他老人家的牙慧，演绎他所说过的理论。

看《杜月笙传》，明白了什么是中国的江湖文化，正所谓大道同源，教父级的人物身上有学不完的东西；看看《胡雪岩》，除了学习高超的商业智慧之外，还要知道在中国做生意要和政治合作，中国商人要明白自己是谁，千万别有两个银子就忘了自己姓甚名谁——时时都要夹着尾巴做人。

看《战争论》和毛著，明白了什么是战略和企业文化，比读迈克·波特的书好用多了。而《孙子兵法》《六韬》则让人学会了辩证地看问题和系统思维，学用人、学带兵的策略。

看二十世纪初的西方企业家传记，如《洛克菲勒传》和《卡耐基传》，那一代企业家是新教伦理与资本主义精神的典型代表人物，他们深受新教伦理的影响，以及以富兰克林为代表的资本主义精神的影响。他们身上所具有的商业伦理以及冒险、节制、秩序、决心、勤勉、真诚、正义、中庸、清洁、平静、贞洁、谦逊、节俭和缄默，这些优秀的品质和价值观支撑了二十世纪世界巨富们的商业王国。

在《麦肯锡传奇》中，作为世界上最大咨询公司的创始人马文·鲍尔在其创

如果可以再做一次职业选择，我将如何面对？

业过程中，展现出了卓越的精神和价值观。诚如鲍尔所言：“规则造就贵族”，他所制定出来的规则至今仍然影响着麦肯锡和整个咨询行业。在《沃森传》中，沃森是IBM的创始人，他严谨自律，独立而特行，他创立的“THINK”文化如今仍是蓝色的IBM的准则和精神，他造就了IBM这个巨人企业，几乎每个人的血液里都流淌着蓝色的血液。从这两个人的身上，可以学习创造一个永续经营、基业常青的企业，而塑造正确的价值观和企业文化，是其中的根本和前提，制定严谨的制度和体系是其中的保障和支撑。

看《曾国藩全集》，学修身，知荣辱、得失、成败、自律、忍耐、襟度；现代史上两个大人物都非常推崇曾国藩，一个是蒋介石一个是毛泽东，毛泽东说：“予于近人，独服曾文正。”

《智慧书》是葛拉西安献给人类的一本通俗智慧读本，是一本手不释卷的书！是可以随身携带的书，是常读常新的书！

《君主论》在颠覆一些通常意义上的价值观念，其关于领导力的部分值得学习。

冯仑的《野蛮成长》，王石的《光荣和梦想》，这两位地产巨鳄对我本人的影响甚大。他们无论做人与做事，皆是在世企业家中我非常倾慕的人。读二人的书学什么？向冯仑学智慧，向王石学精神！

2010年12月20日

阅读悦读

信仰是一盏照耀人性光辉的明灯，不断审视，内心的良知才会驱赶人性中丑恶的一面。

读书的最高阶段，
是从薄读到无，
读一部人生的无字书。
二〇二四年元月七日劲然速写北京

究竟需要认识多少人?

读《至关重要的关系》

人的资产分为两种,一种是硬资产,一种是软资产。硬资产很容易算出来,但软资产却永远无法估量,因为软资产很重要的是包括你拥有一群什么样的朋友。

生活中我们需要认识多少人?谁才是我们至关重要的关系?

年轻时我们精力旺盛,对各种新鲜事物充满了热情,几乎想认识世界上所有的人,见一面就要留下对方的电话,以便后来联系,可是后来我们究竟和多少人保持着联系?

慢慢上了年纪才发现,不要妄想和所有的人成为朋友,你只能和一部分人成为朋友,如果你和所有的人都好,那么所有的人和你都不好,世界上真正能懂你的人不会超过一把。

人际关系专家测算,在一段时间内一个人最多只能维护和150个人联系。这150个人包括了家人、朋友、同事、重要的合作伙伴,你的生活受这些人的影响,你的命运也受这些人的影响。所以你是谁不重要,重要的是你和谁在一起。有句话很俗,但透着真理:穷也要站在富人堆里。

这里的穷分两种,一种是物质的贫穷,一种是精神的贫乏,前一种贫穷往往是由后一种贫穷所引起的。

那么如何站在富人堆里呢?

在认识一个新朋友的时候,一般人往往在见第一面时就开始在脑海里盘算,这个人对我有什么帮助?而这恰恰是建立人际关系的大忌。与人建立关系的第一法则:以利他之心待人——我能为你做些什么?

首先要想的是我对你能有什么帮助,我能为你提供什么价值?随之而来的是对自己的要求：我要成为一个有用的人，一个能给他人提供独特价值的人。这就需要不断提高自己，投资自己，丰富自己，不断成长，改变自己，跟上时代的步伐，顺应关系的改变，至少需要保证自己不落伍。要么学习一项独特技能，培养个人爱好，要么在某领域建立独特的权威和影响力，在某个职位上不断攀升，在某个行业成为领军人物。总之，你不能止步不前。

首先你要成为一个富人，你才能站在富人堆里。

你不能上来就索取。没有人在交往中是个傻子，能够一直被你索取，哪怕再好的甘泉，在不停的索取中也会有干涸的一天。就像去银行储蓄以备不时之需一样，你不能总是透支，授信额度再大如果不及时还款，也有被刷爆的一天。

任何的关系都需要喂养，即便如血脉相连的亲情也需要不时地关爱。其他关系更需要不断地维护、付出并且不求回报。能为他人提供价值，才是恒久关系的基石。

除了付出，让朋友适当的帮个力所能及、举手之劳的小忙，也是体现朋友价值的美德，这会让朋友深以为荣。

那么我们究竟要认识多少人？

其实不在于我们认识了多少人，而在于我们认识了多少优秀的人，多少能够启发、帮助、指引、提携、推荐、棒喝我们的人。

我们的朋友是不是跨界杂交的朋友，来自不同领域、不同行业、不同职业，有着不同的爱好。横跨各个领域的朋友为我们带来不同的视野和信息，还有不同经验碰撞的火花和灵感，丰富着我们的生活和人生。这些宽泛的关系网络连接是我们看到另外一个世界的窗口。

一个人的一生中认识的人那么多，那么如何保持在我们认识的那么多人中和至关重要的150人保持联系呢？

至关重要的关系不是一个恒定不变的量，而是一个不断增加和删除的过程，主要是我们没有太多的精力来维持如此复杂的关系，所有关系的投入都需要时间和精力，还有共同创造的话题和故事。其实你和谁维持持久的关系，除了故事，更多的还需要秉持相同的价值观。

如果说你们很好而十年都没有联系，彼此不知道对方现在在做些什么，那么无论你们好到哪里，见面恐怕只剩下十年前的话题了。

人都是喜新厌旧的，这是自然的本性，连孔子都说：“无友不如己者”，这话透着一股的势利。如果每个人都秉持这种交友的态度，岂不是每个人都交不到朋友？但老夫子毕竟还是有智慧的，他随后又补充了一句，“三人行必有我师焉”。提醒每个人身上都有值得学习的地方，无论多么成功、多么优秀的人也都有自己的缺点，正所谓，妻儿奴婢眼中无伟人一样。生活中的伟人可能屁股上也长痔疮，不怎么讲卫生邋遢成性，但并不妨碍我们与优秀的人交流，学习其身上常人所不具备的品质，比如真诚、勇敢、智慧、包容、专注、舍得的精神。

人生的各种关系都处在不断变化中，随着其中一方的学识、见识、地位、财富变化，逐渐被无形地划归各个世界，各个世界似乎没有篱笆，但似乎又泾渭分明，有交融，又被割裂。在交集中如果只有过去的时光和故事，没有新鲜的信息和资源，那么交集必然越来越小，越来越少。

至关重要的关系可能是我们的盟友，合作伙伴，核心朋友。但生命中还有那么多认识的人，过去的同学、师长、同事、同行，包括结束了合作的伙伴，我们对他们该如何以待呢？我的感受是保持一定距离适度联系。而书中给出的建议是：许多关系都会在不知不觉中不幸变淡。主动去维护你所珍视的那些关系，自觉地让其他关系淡化吧。

昨天的已经过去无法更改，和更多的谈论明天的人在一起，而不是和谈论昨天的人在一起，明天或许更精彩。

如何为朋友提供独特的价值？

除了分享知识、经验、机会、财富以外，还要成为一座通向各个朋友的桥梁，把他们彼此介绍给对方，让他们因你而组合出独特的价值。

没有人会告诉我们在哪一次饭桌、沙龙、旅行、聚会、公益活动上，哪个圈子，哪个人，哪句话，会给我们的生命一个提示，从而给我们的命运带来一次转折。所以我们能做的就是：动起来，积极参与，投身到有意义的活动中去，某个契机一定在某个不远的路口等着我们。可能是终生不渝的伴侣，可能是生死契阔的朋友，也可能是情定终身的事业。

2013年7月30日于丽江云上公馆

2009年阅读札记

2009年的阅读杂乱、毫无方向和目的，年终回想阅读的每一本，就像反刍未尽的余味，在灯光下就是那么随意嚼一嚼，也后味无穷。

没有仔细翻检过，到底哪一本是彻头彻尾阅读，哪一本是浅尝辄止，哪一本书是细细品味，哪一本是半途而废，哪一本被束之高阁了。总之，能留下记忆的，一定是在某个方面产生了共鸣，或者说开启了智慧的源泉。

不妨漫卷开来吧。

年度最好的一本书：林语堂的《苏东坡传》

推荐指数：★★★★★

阅读时间：2009年春节期间

几乎所有的人都忙着应酬赶场各个聚会，亲人、朋友也或者是老情人，总之在这个传统的节日里难得一刻的闲暇。记不得从什么渠道了解到这本书，大概是受林语堂的《生活的艺术》的影响和对他作品的信赖，当翻开这本书时，犹如少年时期在课堂上偷看金庸的武侠小说一样欲罢不能，推却一切的酒会、约会，一头扎进苏东坡的世界。觉得他似乎不是生活在900年前遥远的大宋，而是就在身边，看着他的悲欢离合跟着他喜怒哀乐。自宋以来，中国文人可以称得上“才华横溢”的大师级人物，没有可以绕开“苏东坡”这三个字的。然而如果仅仅将苏东坡当作一个文人来阅读，显然是一叶遮目不见森林了，在此借用本书封底的一段话做一个概括性的描述：

“苏东坡是一个无可救药的乐天派、一个伟大的人道主义者、一个百姓的朋友、一个大文豪、大书法家、创新的画家、造酒试验家、一个工程师、一个憎恨清教徒主义者、一个瑜珈修行者佛教徒、巨儒政治家、一个皇帝的秘书、酒仙、厚道的法官、一位在政治上专唱反调的人。一个月夜徘徊者、一个诗人、一个小丑。但这些还不足以道出苏东坡的全部……苏东坡比中国其他的诗人更具有多面性天才的丰富感、变化感和幽默感，智能优异，心灵却像天真的小孩——这种混合等于耶稣所谓蛇的智慧加上鸽子的温文。”

《苏东坡传》带给自己的词汇：乐天、豁达、豪迈、慷慨、悲悯、责任、正直、洒脱、不羁、热爱生活……

落魄时，想想他几度面临被杀、被一贬再贬、流放到惠州岭南，“日啖荔枝三百颗，不枉常作岭南人”，以苦为乐。比照他觉得人生中遇到的那些困难挫折，那些天都要塌下来的事，不过都是些鸡毛蒜皮的事罢了；得意时，想想他被召起用得势之时，对待敌人的态度，他眼里根本就没有敌人，看看自己还有什么深仇大恨、爱怨情仇不能放下呢。

如果把二十多年来的读书经历归纳出来，选出十本对自己影响最大的书，我想《苏东坡传》应该榜上有名。

《苏东坡传》不可不读！不该错过！

佛教读物是近几年来的热门，大概是现在这个时代过于浮躁，人们很难在生活当中找到心灵的归宿。社会纷繁芜杂，功名利禄，功利的社会造成许多的社会问题、家庭问题和个人的心理问题，而佛教的读物正在于解脱出世的心灵。

最值得珍藏反复诵读的书：《金刚经》《六祖坛经》《心经》

推荐指数：★★★★

这几本经书是佛教的经典著作，浓缩了佛教著作的精华。之所以给出四星的阅读指数，是因为佛教的读物并非适宜所有的人阅读，至少在一个人没有一定的人生阅历和对“信仰”没有理解之前不要阅读。当然如果试图知难而上阅读原著，我保证你看不到第三页就会随手丢掉，索性还好有星云大师、李叔同、南怀瑾，还有可以收集到的其他大德的解读版本。其中星云大师的《金刚经讲话》和《坛经讲话》都是不错的读物。还有一本通俗版的《当和尚遇上钻石》，是一个美国僧人根据《金刚经》的智慧经商成功所作的入世版解读。这是我年度送给朋友最多的一本书。

星云大师的系列读物

推荐指数：★★★

当中以当下热卖的《宽心》《包容的智慧》最是畅销，也最是浅显易懂，可以当作枕边的读物。《星云大师谈智慧》《星云大师谈幸福》《星云大师谈处世》也可随手翻翻。

圣严法师的系列读物

推荐指数：★★★

2009年2月3日，台湾法鼓山创办人圣严法师，下午4时圆寂，享寿79岁。引发圣严法师系列佛教读物的热销。《正信的佛教》《学佛群疑》《学佛入门》可以作为学佛的初级读物，也是最为普及的读本，读完这三本书基本可以对佛教产生一个积极的认识，这三本书解答了初级学佛的疑惑和常见的问题。他另外两本《圣严法师教坐禅》和《禅的体验》，我读了没有能够实践，但也由此引起我的许多思考，让我因此也印证了“静能生慧”的哲理。我们的大脑需要不断地清零，不断地把无序的思维，滞留在思维路径中的垃圾清理，大脑运算的速度才会更快，就像电脑速度缓慢时需要关闭一些窗口，死机时需要重启或者重装一次系统一样。无疑，千百年来佛教给我们留下了一个便宜实效的方法：坐禅。

如果有兴趣，亦不妨一读。

值得终生阅读的书：叔本华《人生的智慧》

推荐指数：★★★★★

薄薄的一本小册子，浓缩了人生的精华。每次翻阅都有新的收获，这本书读了多次，但仍然爱不释手，书已被画得面目全非，几乎每个篇章都觉得充满了智慧，字字珠玑。虽然作者生活在100多年前，但书中所说的事物与我们目前的生活较为接近，涉猎关于健康、财富、名声、荣誉、养生和待人接物所应该遵守的原则。如何解读这些原则，如叔本华所说的：真理是我唯一的指路星辰；真理可以耐心等待，因为它长久存在。遵循这样的原则，我想我们的人生相对会更有意义，也能够让我们彻悟人生的真实意义：人生就是在痛苦和无聊中徘徊，求之不得则痛苦，求之可得则无聊，幸而痛苦和无聊之间还有一段距离是片刻的欢愉。

圣者的道是孤独的起居生活，只有孤独，才能领略生活的乐趣。

非虚构类小说：《三杯茶》

推荐指数：★★★

这是一个真实的故事。登山爱好者葛瑞格·摩顿森在攀登世界第二高峰乔戈里峰途中遇险，当地的巴尔蒂人将他救起，奉上甜茶帮他恢复体力。壮丽的雪山冰峰下，孩子们跪在霜冻土地上学习的场景，令摩顿森无限震撼，遂许下诺言：一定要为孩子们建起一所学校！为兑现这一承诺，他苦心奔走十余年，九十多所学校陆续建起，数以万计的孩子终于有了温暖的教室。读后让人感觉心灵受到一次洗礼，一个人为理想而活着是一种幸福，书中葛瑞格·摩顿森正是这样一个为理想而生活着的人。

敬上一杯茶，你是一个陌生人；

再奉第二杯，你是我们的朋友；

第三杯茶，你是我的家人，我将用生命来保护你。

——摘自《三杯茶》

虚构类小说：《追风筝的人》

推荐指数：★★

作者以追忆的笔调，赋予小说纯净哀婉的气质。一个完美的道德寓言，被置放在阿富汗的当代历史进程中，卡勒德·胡赛尼因此获颁2006年度联合国人道主义奖。他在获奖时说："每个布满灰尘的面孔背后都有一个灵魂。"那的确是他的内心使命——他就是要拂去那些阿富汗普通民众面孔上的尘灰，将"灵魂"的悸动展示给世人。他给小说取名《追风筝的人》，并在小说中对这一阿富汗传统文化习俗做了细致的描述，丝毫不回避是受到报纸上一条新闻的触动：塔利班禁止阿富汗人斗风筝。这或许是代表阿富汗沉默的大多数人，向塔利班强权发出的抗议之声吧？

最无聊的书：《一句顶一万句》

推荐指数：★

这本书是刘震云憋了3年写出来的一堆废话，362码的一万句废话顶一句。话，一旦成了人与人之间唯一沟通的东西，寻找和孤独便伴随一生（当然，这当中饱含了我的狭隘和偏见，媒体和其他的舆论则是冰火两重天）。

最有趣可爱的书：《明朝那些事儿》系列、《绝版魏晋》

推荐指数：★★★★

历史类的读物《明朝那些事儿5》是延续了2008年当年明月的系列版本，我被他调侃诙谐幽默的另类历史俘虏，彻夜苦读，在深夜里击节较好，引得半梦半醒的老婆骂我神经病。“另类历史”这个词也是由此进入流行时代一发不可收拾，引发各种朝代的另类读本，如《绝版魏晋》《华丽血时代——两晋南北朝的另类历史》。其中《绝版魏晋》是《世说新语》的解读版本，但不是纯粹的翻译和注释，而是把一个个故事就着历史的大背景，随手拈来，把错综复杂的人和事用清晰的脉络贯穿起来，让你看到一个完整的故事。书的名字起得也好——绝版，门阀时代的谢家、王家的世家风范，竹林七贤的放浪不羁就此成为遥远的绝响。

这样的阅读犹如吃一口饺子就一口大蒜，一口咬一瓣，得劲！

而《华丽血时代——两晋南北朝的另类历史》则读到的是血腥的屠杀和淹没在历史深处的荒唐。

这几本书给初学历史的人一个捷径，但也由此丧失阅读历史原著的滋味，毕竟都是另类观点的一家之言，尽管历史永远没有真相。

给出四星的阅读指数也是因为有趣、好玩、消遣……还是买来自己看吧！

2009年我的枕边书

明清系列笔记：《小窗幽记》《小窗自记》《娑婆罗馆清言》《围炉夜话》《幽梦影》《菜根谭》。

还有日本的《日本经典随笔》，吉田兼好的《徒然草》，美国作家梭罗的《瓦尔登湖》。

明清随笔是中国文学史上不能错过的消遣乃至修身的必备之物。

“读明清随笔，颇觉意味隽永，与闲暇之日读来如与老友聊天，后又读日本《徒然草》更觉人性释然快慰。人性不分民族地域，大概日本深受中国文化熏陶，对美的意念几近相同，如《枕草子》中的文字。读此类书适宜于秋日绵绵细雨的午后，泡清茶一杯，燃香一支，半卧南窗之下，或寐或醒，随意翻读一章，其况味不可言说。”——摘自2009年9月13日日志。是日阴雨霏霏，绵绵不绝，读此书万虑皆忘。

屠洪的《娑婆罗馆清言》则超然于物外了。

《菜根谭》对一个中国人来说是修身必备之书。它是中国人处世哲学的集大成者，千年来智慧的精华内容，涵盖了修养、人生、处世、道德、孝悌，等等，句句发人深省，震撼心灵，文字隽永，对偶工整，风格清新灵动，行云流水。

杂志报纸

《南方人物周刊》《南方周末》《中国企业家》《第一财经》《人民摄影报》等。

杂志报纸期刊类的读物，我一般会选择在茶楼喝茶的时候随手翻阅，一杯茶喝完了，报纸杂志也看完了，很是惬意。旅行的途中也是阅读此类读物的最佳时间，候机厅里、飞机上、卧铺的车厢里，都是难得的阅读时间。在此类地方读杂志和报纸很适宜，一般文章会很短，题材也会比较轻松，以此来消解旅途的舟车劳顿所带来的疲乏，也是增加信息量、知识面的很好途径。

我的阅读时间

我的阅读时间一般会安排在晚上12点之前，大多的时间是在书房，临睡前也会在床上看半小时消遣类的轻松读物。比如明清笔记或《随园诗话》，王国维的《人间词话》，有时候也看《沉思录》，《朱光潜谈美》之类的关于哲学话题的书。有时候也会奢侈地用整整一个下午或一天的时间读书，沉浸期间忘记上班了，事后反而觉得自己不务正业，怎么偷偷旷工了。

2010年2月6日

2012年的阅读

2012年估计读了几十本书，很多的书如过眼云烟，但还有很多书值得回味，在这个年尾，反刍那些好书，如置一壶老酒与一票老友对酌一样，不需满汉全席，饕餮盛宴，只须一碟花生和两个猪蹄就可以好好喝一壶了。

2012年读了十多本散文和杂文，其中首推刘瑜的《送你一颗子弹》，这本书长期雄踞豆瓣读书评论的榜首想来是不容置喙的。我用5分钟读了两篇就奋不顾身地爱上了她！

一个人在山里小住捧着《送你一颗子弹》这本书，犹如捧着她一张顽皮、可爱、幽默而又不失智慧的脸，读到会心处让人想附身下去亲吻那张可爱的脸，除了击节叫好之外我把大腿都拍得啪啪直响，如果她在山谷那边我想大声喊：刘瑜，刘瑜，我爱你！（写至此我都怀疑这是出自一个一向持重的四十岁老男人的轻浮之言）。读她的第一本书《民主的细节》觉得像个老生在谈政治，根本没有意识到作者还是个温婉可人同时又下笔如刀的女性学者。哥伦比亚大学的政治学博士，哈佛的博士后，剑桥大学讲师，清华大学讲师，那一连串学术头衔都不及她写作随笔的魅力。她的文字灵动、感性、干净、犀利、活色生香、妙趣横生，我想把所有好的词汇都给她。看她的文字就像在写你自己，而那种用笔让人都羞于给她写书评，就是这个业余的作家，让那些蹩脚的以写作为生的人恨不得一头撞死算了。

野夫的《乡关何处》。或许是近期才读到的，所以印象深刻。野夫写的故乡、故人、故土，都是些小人物。但作者从描写小人物上让人看到历史宏大场面背后那些鲜为人知的凄怆，个体的悲剧与时代的厄运交织在一起，掩卷之后不禁唏嘘不已。野夫是墙外开花墙里香，先是在台湾以《江上的母亲》获奖后，再出版大陆版的《乡关何处》。遗憾的是这本书是删减版，缺失《父亲的战争》这个政治敏感章节。但不妨碍透过剩下的文字阅读小人物身上历经丧乱，悲欢离合，至亲至爱，在回忆中的苦涩痛楚，感叹人生的无常和温馨。

这种文字和回忆还有台湾导演兼剧作家吴念真的《这些年，那些事》，和野夫有不谋而合的默契。野夫写的是大陆这些年来的事，吴念真写的是海峡那边的人物和故事，都是以故乡、故人、故事为背景，故事都是些小人物组合而成的，通过小人物看到大历史的画面。这两位作家都文笔细腻、用情真挚，不经意间打动读者心底最温暖、最柔软的情愫，激起欲罢不能的阅读欲。没有矫揉造作，只有真挚和笔底缓缓的叙述，像首婉转的乐曲，轻轻的略带些淡淡的忧郁！

美国历史学家史景迁写的《前朝梦忆——张岱的浮华与苍凉》，这本书究竟是小说还是历史写实难分泾渭。张岱出身明末仕宦人家，也是明清大散文家、历史学家和文学家。在明清异代之季，一个纨绔子弟经历的浮华与苍凉，在史氏的笔下娓娓道来。本书主要是给西方世界看的，根据张岱的《陶庵梦忆》为主线而写的"繁华靡丽，过眼皆空，五十年来，终成一梦"的传奇。对于不习惯读张岱原著《陶庵梦忆》的朋友，这本书不单单是作者的译文，还有现代一个历史学家想通过400年前一个历史转折时期，管窥明清文人雅士笔下的世相，读来让人爱不释手。由此也顺便把张岱的《夜航船》《西湖寻梦》《螂嬛文集》一并收入囊中，原著省略诸多拾人牙慧的臆想。接着一鼓作气把史景迁的书也全套买下：《康熙：重构一位中国皇帝的内心世界》《雍正王朝之大义觉迷》《王氏之死》等。除了《太平天国》未及细读，其他的本本都很精彩。

日本作家川畑伸子写的《断离舍行法》是2012年春节在台湾诚品书店买到的，大陆还没有出版。这本书的副题是：减法归零的哲学，薄薄的一本书浓缩一个极其简单、简洁的问题——少即得。该书主要是说日常生活中如何把房间整理得清洁有序，如何使生活变得简单，从而使我们的思维变得有序。比如扔掉生活中不必要的东西，过期的衣物、书籍、信件、三个月以上不用的杂物，通过第一步把家中或办公室的案头变得干净整洁简单。第二步是促使自己不去购买不必要的物品。通过外在的简单构建内在的简单，智慧从此而生。《道德经》中说：少则得，多则惑，在本书中被阐释的可以融入到我们的实地生活。由日本管理者推出的"5S"管理的思想在本书中亦可见一脉，本书颇有禅宗的味道。由此联想到乔布斯空空的房间甚至没有一件家具，而乔布斯也崇尚极简主义。无论是艺术还是商业，极简是最高的审美要求和内在逻辑。极简使人获得专注，从某种意义上讲一个人缺乏创造力就难以获得杰出的成就，也在于人们很多时候被各种纷繁的事物所牵绊，没有专注于真正想要的东西。在张艺谋口述的《张艺谋的作业》一书中，如果读者有慧眼也能看到极简的美！

《赖声川的创意学》是我不吝向朋友们推荐的一本书。一般情况下想到创意，多是一鳞半爪的片段思维，靠的是灵感闪现的捕捉，这似乎只是天才人物专享的权利。而赖声川却把创意归纳总结为一门科学，在斯坦福大学作为一门课来讲授，且听者如云。创意靠有意识构建的体系长期积累，在需要的时候才能够随手拈来。除了系统的思维框架，阅读、行走、碰撞、冲突、观察、思考、突破空间与时间的交错、多文化下的交流与融合，并行不悖，都构成了创意的源泉和素材。如果觉得自己思维已经钝化，那不妨拿着这本书读一读或许会豁然开窍。

《曾文正公嘉言钞》是2012年送朋友最多的一本书，也是公司集体学习的一本书。以前也常读《曾国藩家书》《曾文正公全集》等书，但大部头的庞杂使得时间紧迫和缺乏耐心的读者望而生畏，多数只有束之高阁。但《曾文正公嘉言钞》则是撷去其中的精华部分，好比近代版的《论语》，置之案头床边不时翻看，在烦躁的心绪中犹如一剂清凉散，曾国藩像方外的神医一样，各种疑难杂症，不用望闻问切，给你只言片语，一服即安！这种处世良方真该人手一本，对于励志上进、孜孜以求的人尤为如此！

无疑，隔着二百多年，我遥望曾国藩，学习他的一言一行，模仿他的一举一动，除了他的愚忠被时代禁锢，在可资典范的人中，我把他的牌位安放在许多古圣先贤的一列里，对于这些先贤时代已经久远，只能闻其言而不能见其行，而曾国藩则是近代可圈可点，修齐治平，知行合一的典范人物，正如毛泽东所言：予于近人独服曾文正公。

《我的抑郁症》是一插图本的富有幽默感的小书，心酸却别有趣味。作者伊丽莎白·斯瓦多是一个多才多艺的剧作家、导演、作曲家，被抑郁症困扰多年，最后挥笔直书把自己如何战胜抑郁症的艰辛经历通过漫画和独白写了出来。为什么把这本在马桶上就可以看完的小书推荐出来呢？盖因这本书激起我深深的共鸣，在很长一段时间里，我怀疑自己得了抑郁症，对照这本书我看到和自己很多相似的情节，甚至对照抑郁症的9个指标我符合6项，天哪！谁能相信我有抑郁症啊！可不幸的是我被这疑似症状长时间折磨着，深度怀疑自己，怀疑人性，甚至一度对人生都失去达观的心态。然而这本书给了我很多的启迪和鼓励，偶尔翻翻，在郁闷的时候或能起到可以解忧的作用。

《童年的消逝》又名《娱乐至死》，让人深思由于科技的进步究竟带给我们的是幸福抑或不幸。虽然这本书已经出版几十年了，如果作者活到现在，他更需惊叹这个飞速发展的社会和科技文明——QQ、Facebook、微博、微信、飞信，等等，即时通信，无处可藏，无处可匿，无处不在的滥情时代。电视相亲，恶俗选秀，一本正经、谎话连篇的新闻，各种媒介正在成为童年消逝的帮凶，正如赫胥黎的预言：毁掉我们的，不是我们所憎恨的东西，而恰恰是我们所热爱的东西！

2012年管理类的好书不多，但仍有些值得一读。《思考：快与慢》《大数据》《商业的直觉》都是改变人们心智模式开启另类思维的好书。《商业模式新生代》则非常适宜初次创业者，以及准备重新变革开拓新业务的领导者读读，简单明了的一个模板挂在办公室的墙上，可以每天都头脑风暴地获得创意（我看过后就是这么如法炮制的）。

美国人斯图尔特·戴蒙德所著的《沃顿商学院最受欢迎的谈判课》，改变了我一贯对于谈判采取的策略和措施，几乎颠覆了我关于谈判的逻辑和经验。原来谈判以胜利为出发点，我赢你输，本书则通过大量的案例涉及各种形式的谈判，以信任合作和共享信息创造共赢为出发点的谈判思维，创造更大的蛋糕来共享剩余价值。

最后我不能不提及英伦才子阿兰·德波顿，一口气读了他的《哲学的慰藉》《旅行的艺术》《拥抱似水年华》等，没有一本书让人失望。如果从未读过他的书，不放试着读一本。除了能够获得阅读的乐趣还能获得渊博的知识，因为他写作的题材宽泛实在没有边际，当然在阅读之前你首先需要有颗文艺青年的心，并且一直跳动不曾老去，你才能和他合拍。

2012年里重读了叔本华的《人生的智慧》，大卫·奥格威的《一个广告人

每到一处，书店总是一站。摄于广州方所书店。　摄影/刘传辉

的自白》，霍华德·舒尔茨的《一路向前》。但如果要说经典还是德鲁克，2012年里重读了他的《创新与企业家精神》《德鲁克最后的忠告》以及《管理的未来》，经典就是让人百读不厌。

可能还有别的，但都不记得了。身处异域，不能在书房里一一检阅，只能凭借回忆和当当的购书单来反刍那些如饕餮盛宴般的好书。这些回忆零零碎碎，写的时候也断断续续不成章法，朋友不时催促让推荐些看过的好书，自己疏懒成性，又冗于琐碎，提笔多被俗务坏了胃口。写至此长舒一口气，就这些吧，也算亲自下厨给读者做得一桌荤素搭配的家常菜。丰俭由人，请各位食客各取所需，看菜下箸！

2013年3月4日洛杉矶

2012年的阅读书单

一、管理类

《大数据》，涂子沛

《思考：快与慢》，丹尼尔·卡尼曼（美）

《创新与企业家精神》《德鲁克最后的忠告》《管理的未来》。德鲁克（美）

《商业的直觉》，弗朗西斯·高尔（美）

《权力：为什么只为某些人拥有》，杰弗瑞·菲佛（美）

《权力的餐桌》，让–马克·阿尔贝（法）

《认知盈余：自由时间的力量》，克莱·舍基（美）

《沃顿商学院最受欢迎的谈判课》，斯图尔特·戴蒙德（美）

《拖延心理学》，简·博克（美）

《商业模式新生代》，奥斯特瓦德（瑞士）

二、历史类

《康熙：重构一位中国皇帝的内心世界》《雍正王朝之大义觉迷》《王氏之死》《前朝梦忆——张岱的浮华与苍凉》，史景迁（美）

《人类的群星闪耀时》，斯蒂芬·茨威格（奥地利）

三、小说、散文类

《百年孤独》，加西亚·马尔克斯（哥伦比亚）

《少年PI的奇幻漂流》，扬·马特尔（加拿大）

《生命中不能承受之轻》，米兰·昆德拉（捷克）

《送你一颗子弹》，刘瑜

《乡关何处》，野夫

《这些年，那些事》，吴念真

《像我这样笨拙地生活》，廖一梅

《童年的消逝》，尼尔·波兹曼（美）

《我的抑郁症》，伊丽莎白·斯瓦多（美）

《枕草子》，清少纳言（日）

《徒然草》，吉田兼好（日）

《方丈记》，鸭长明（日）

《历史深处的忧虑》，林达

《目送》，龙应台

《爸爸爱喜禾》，蔡春猪

《这样的事和谁细讲》，章诒和

《将饮茶》，杨绛

《人与土地》，阮义忠

四、传记类

《一路向前》，霍华德·舒尔茨（美）

《一个广告人的自白》，大卫·奥格威（美）

《你是人间四月天》，林徽因

《骑驴找马——让子弹飞》，姜文

《张艺谋作业》，张艺谋

《我的价值观》，潘石屹

《成功是和自己较量》，王石

5、哲学类

《哲学的慰藉》《旅行的艺术》《幸福的建筑》，阿兰·德波顿（英）

《论世间苦难》《人生的智慧》，叔本华（德）

《赖声川的创意学》，赖声川

《断舍离行法——减法归零的整理哲学》，川畑伸子（日）

《持续的幸福》，马丁·塞利格曼（美）

《曾文正公嘉言钞》，曾国藩

6、其他

《问茶》，秦燕春

《茶之书》，冈仓天心（日）

读书五段论

说起读书多少有些心得。

过去拉拉杂杂、乱七八糟就像个杂食动物一样，看了不少。到今天有很多的感悟，读书会成就一个人，也会害了一个人。从某个角度上讲，读书既成就了我，也害了我，这是个复杂的命题，如果解释起来需要费很多的笔墨。为了不至于在我的推荐下读书的人再重蹈覆辙，我不吝把读书的几点心得和读过的一些好书分享给大家。

就我的读书体会而言读书分五个阶段：

第一阶段：赶鸭子上架

这个阶段最难，因为读书的人还没有养成读书的习惯，自然没有享受过读书的乐趣，很多人被学校的教课书给毁了，拿起书就头疼，一读书就瞌睡，读书简直成了治疗失眠的一剂良药。即便硬着头皮读也很吃力，不仅读得慢而且生涩拗口，提起读书好似上刑场。在这时候，如果能耐下心性逼迫自己从简单的读本开始，每天坚持读几页，每月坚持读一本，从自己感兴趣的读物开始，哪怕是老少皆宜通俗易懂的《读者》开始都是良好的开端，日久养成了习惯，三日不读书就会觉得面目可憎。

记得自己的读书兴趣就是小时候从小人书开始的，《武松打虎》《兵临城下》《隋唐演义》《七侠五义》《故事会》《民间故事》《辽宁青年》《青年文摘》《读者文摘》等。那时能读到的书少得可怜，就是这些基础的、通俗的读本，构成了童年如饥似渴的阅读记忆。及至高中时代，则被金庸、琼瑶、汪国真忽悠了。有一本《编辑部的故事》记忆深刻，该书的同名电视剧更是风靡一时。

那是我短暂代理经营书屋，慧眼识珠亲自进货挑选的一本畅销书。

养成读书的习惯，没有别的捷径，从你爱好的开始。

第二阶段：学以致用

读书的第二个阶段是学以致用。到了工作中有很多的问题需要理论和经验来支撑，孔子说：或生而知之，或学而知之，或困而知之。学以致用就是困而知之，遇到了问题需要解决，有时候有老师指导，更多的时候是自己解决，专业的书籍往往提供实际问题的解决方案。或能够了解行业资讯，开阔视野。如啃读《营销学》《消费者行为学》《客户关系管理》《广告学》《管理的实践》《零售管理》《如何制作PPT》《经理人的第一课》《时间管理》《会议管理》《谈判技巧》《如何做一个好主管》《一分钟经理》等。这些书籍很多都是看了拿来就用，用了就行，立竿见影的书。

读和本职工作息息相关的书，能够很快提升一个人的职业素养和职业技能，巩固江湖地位，提高职业声誉。

第二阶段的读书可以简单规划一下，比如以月为单位，以年为单位，每月一本，每年一个主题，某个学科为主，其他辅助，时间久了自成体系。

学以致用、融会贯通也需时日，就像怀孕，时间久了才能看出来。

第三阶段：自得其乐

这时候读书经过了一些积淀，爱好被充分调动起来，不读不行，不由自主，随心所欲，无拘无束，信马由缰，怡然自得，如饥似渴，废寝忘食，能读出“书中自有黄金屋，书中自有颜如玉”的味道。对所有新鲜的知识都想涉猎，新知识、新思想、新观念，无所不读，对各个学科，历史、哲学、文学、艺术、科学等来者不拒多多益善。

这时读书是以无用以为用，读书变成一种消遣、享受，乐似神仙，买书如山倒，读书如抽丝，以买为读，此时最为恨恨是好书无涯而吾生有限。

此时读书融入到生活的每个角落，成为一种生活的方式。这时的书不仅是局限在书房里，而是随手散落在沙发上、床上、办公桌上、厕所里、车里、行李箱里、随身包里，在一切时间、一切地点、一些闲暇，都可以见缝插针立即投入其中，忘我地读起来。如果几天没有读书反而会觉得内心惶惶，失魂落魄，犹如饥肠辘辘久不得食，此时忽见一本无趣的书，亦能翻来覆去读出一番趣味来。

此时若听说或看到一本好书，必马上买下先睹为快。

读书读到此时，最大的乐趣就是逛书店。到达一个城市一定要抽出时间去逛逛当地的书店，恨不得掏空钱包把书店搬回家。遗憾的是随着网络书店的崛起，现在能够开出特色的书店越来越少，而泡在当当网上的时间越来越多，但泡在当当网上的感觉，永远没有泡在书店淘书的感觉好。

读书到第三阶段，基本上进入书痴的阶段，此时最应该警惕的是从书里出来，净信书不如无书，不为读而读。

第四阶段：由厚到薄，由博到精

从书里跳出来就进入了第四个阶段，形式上重新又回归到第二阶段，有选择的读，有目的的读。但远不是第二阶段读书的感觉。此时读书越读越薄，进得去，出得来，写得出，辨得明。

此时读书是读经典，读几百年几千年来不断被时间淘洗毁灭重生的书，读几个人的书，因为能够读懂几个人的书已经不易了，比如老子，孔子，柏拉图，苏格拉底。读懂一个人，其他人的书也能够窥一豹而知全身，睹一叶而知秋。

到达第四阶段，读书就有了自己独特的观点和清晰的辨别能力，不仅读而且还能够带着批判地读，能读出书外的玄音和作者对话，哪怕隔着千年，和作者辩论、交流、切磋、相惜、相悟。

第五阶段：由薄到无，无字天书

最后读书，到达第五个阶段。此时，就是读一部人生的无字书了。世界上就有这样的人，一辈子没读过多少书却可以写书，这些人就是先知先觉的智者。对于后知后觉者则需要不断地积累醒悟修炼，最后达到随心所欲不逾矩，恰似练成盖世神功，手中无剑似有剑，心中有书似无书。如《金刚经》所言：所谓佛法者，即非佛法，是名佛法。所谓读书，即非读书，是名读书。

整理于2012年12月4日

生命的重构

观《少年派的奇幻漂流》

很多人少年时期都曾因为某个特征缺陷被别人嘲笑或起一个绰号，大部分人对此无能为力，而屈从于这个恶作剧式的绰号，甚至若干年之后，还会在某发小的聚会中，被某个冒失鬼高声叫出。

电影《少年派的奇幻漂流》中，少年派也不幸因为名字PI而被起了一个绰号——小便。尽管PI是源自法语，一个非常高级的游泳池，但PI无法使人联系到高雅，而不幸和“小便”这个绰号捆绑在一起。这个绰号被同学和老师有意无意地提及嘲笑开涮，但少年PI并没有安于这样的嘲弄，而是在二年级开始的时候，在不同的课堂上给不同的老师通过不同的自我介绍，令原来的同学和老师耳目一新。他突发奇想地根据PI和π的谐音，把自己的名字和π联系起来，并且创造奇迹地当众背诵π（圆周率）后面的几百位数字，引起全校师生争先恐后地围观，引来齐声喝彩，少年PI从而一改过去别人叫他“小便”的负面形象。

你的形象取决于你，并不取决于你的名字外貌还有其他，你可以重设自我来改变大众对你的印象。片头少年PI——“小便”成功改变自己形象的前序，为影片做了很好的铺垫。

命运在你手中，你不必受害任何人任何事。

永远充满对世界的好奇心，好奇心会拯救你，对暴风雨的好奇使得少年PI在夜半跑到甲板上看风暴雷电，遇到沉船时，能第一时间得以逃生，而沉睡中的哥哥则葬送了自己。

少年PI对新来的那只凶猛的孟加拉虎充满好奇，不顾父亲的一再警告，和哥哥偷偷跑去给虎喂食，他相信老虎也具有超动物性的慈悲，甚至他在与老虎的对视中看到老虎眼里的一丝温存。如果不是哥哥叫他的父亲及时赶到，少年PI可能会被老虎咬掉手臂，他的父亲用一只羊喂老虎来警告他：你在老虎眼里看到的只是你自己倒影的反射。

即使在最绝望的时候也要保持积极乐观和坚定的信念，哪怕在茫无边际的大海上与一只孟加拉虎同在一艘小船上漂流几个月，除了不断地战胜自然的虐待，还要喂养一只老虎并且不被它吞噬，还有什么比如此恶劣的环境更令人绝望和孤独的呢，还有什么理由能让人放弃生命呢？

是少年PI拯救了那只老虎，还是那只老虎拯救了少年PI，或许他们彼此都是对方的拯救者，没有那只老虎不断的威胁和挑战，少年PI或许没有死于饥渴风暴而死于绝望无助和孤独。在茫茫大海中，停滞的时间和无尽的等待会消磨任何激情和勇气，使人失去活力和征服自然的信心，没有了对手，失去了目标，失去了战胜对手的欲望和成就感。当人失去目标失去生存的威胁，生存的机能就会蜕化，思维系统就会钝化，在面对恶劣的自然环境或其他变故时就会不堪一击。活着就需要有目标，需要被认可，需要成就感，需要意义，需要理由，哪怕冒着被对手吃掉的危险去尝试喂养对手、驯服对手。在可以扼杀对手时拯救对手，休戚与共，视对手为活着的目标。

只有对手会不断激发你的勇气，挑战你，威胁你，激励你，成就你。你和你的对手相互成就了对方，没有了对手也就没有了你！

最后，故事有两个版本，一个是你看到的，一个是你听到的，究竟是四个人同时上船然后在恶劣的自然环境下彼此杀戮，最后一个人生还，还是那个孩子和老虎战胜自然彼此成就的动人故事，两个故事你更愿意相信哪一个？

我们更愿意相信人性光辉的那一个，而不是人性丑恶的一面。每个人都沐浴上帝的爱，身上都有悲天悯人的佛性和丑恶残暴的兽性，善恶之心并存，在大部分时间里人身上闪现的是人性的光芒，而丑恶与残暴的基因在人类进化的过程中被不断地掩饰抑制。在极其恶劣的环境下，人为了生存可能如那只孟加拉虎一样残暴地吃掉其他的动物甚至同类，为了长久幸福地活着，人类需要信仰来支撑，只有理性的信仰才能不断引导人们抑恶扬善，维持人类社会的发展。

信仰是一盏照耀人性光辉的明灯，不断审视，内心的良知才会驱赶人性中丑恶的一面。

佛祖说：是相非相，皆是虚妄。永远没有真相，与其被真相不断地折磨，不如重构一个真相，坚定内心的信仰，倘若那些崇高的理想和信仰的神灯被某个偶然事件打破，世界一片漆黑，谁引领我们走出黑暗？能拯救我们的只有我们自己和心中的上帝。与其被过去的历史绑架，不如重塑一个内心能够接受的故事，点燃未来之路，一条自我救赎的路，一条通往幸福美满的路，重塑人性光辉的无畏之路。

无论你曾经的信仰是什么，是信奉人性本善还是人性本恶，如果你曾经深信不疑而今被某个事件颠覆，那么看看《少年派的奇幻漂流》，重构历史用另外一个好听的故事，去挣脱尘世的枷锁，触及上帝的脸庞，愿上帝与你同在！

2012年12月18日夜

我的十大好书

好友Z常和我说，把你看过的好书给大家推荐分享一下，省得大家浪费时间去看垃圾书籍。我懒散，随口答应了，过后又忘了，幸好朋友并不记我的过，于是一拖再拖。

感谢朋友Z的敦促，使我得以梳理一下对我影响较大的十本（套）好书，这十本书奠定了我的价值观和我的世界观。这些书对我而言，就像一棵大树的根一样深扎在我的内心，不时给予我能量，又像一个导航仪一样不时引导我前进的方向，修正我偏颇的行为。

1.《四书》。其中《大学》《中庸》《论语》读得较多，部分章节能够背诵，而《孟子》是大部头，读得较少。但基本领悟和默守的是传统儒家的思想：修身齐家治国平天下，不偏不倚的中庸思想，还有达则兼济天下，穷则独善其身的士人风骨。这样的书适宜四十岁之前读，以入世的精神来做事，读多了亦非是件好事，中国人已经被这副枷锁套了两千年了，于自己恐怕今生很难逃脱儒家的窠臼了。

2.四本经。《金刚经》《坛经》《心经》，外加一本《道德经》。解经的版本不计其数，最好的还是原著，需要的不是读，而是不断的诵读。没事就读几遍，在车里或手机里存一段念唱版的有事没事听听，时日久了烂熟于心，自有感悟，妙不可说。配读《当和尚遇上钻石》《李叔同说佛》《南怀瑾谈金刚经》，萧天石著《道德经圣解》。

孔子五十而读《易》，自己目前尚无心力读《易经》，倘若读了我想也能够对我产生很大影响。

3.德鲁克系列管理著作。每个管理者都不可不读德鲁克的著作，读过德鲁克的书，对其他的管理书基本失去了兴趣，其他管理书大多觉得似曾相识，有很多的观点就是拾他老人家的牙慧。读德鲁克的著作需要些管理实践经验，一旦领悟比小说还有兴趣，让人欲罢不能。

4.《人生的智慧》，叔本华著。我得承认，这本书被我奉为圭臬，叔本华的处世哲学对我产生了深远的影响，对于健康、财富、名声、荣誉、养生和待人接物所应遵守的规则，这有形无形地像一把隐形的尺子影响着我的生活。每隔一段时间都会拿出来翻翻，薄薄的一本书，被画得面目全非。尽管叔本华的哲学有些悲观宿命，但仍不失为可以指引迷途羔羊的充满智慧的一本好书。

5.《君主论》，马基雅维利著。这本书不做具体的评价，因为本书极富争议。对我的影响是作为一个领导者如果只有一副菩萨心肠是难以做好的，让人爱，不如让人怕，让人怕，不如让人敬，作为一个另类的领导可以看看。

6.《智慧书》，格拉西安著。诚如书名《智慧书》，简短的箴言，每一篇读后都十分受用。

7.《新教伦理与资本主义精神》，马克思·韦伯著。该书揭示了为什么资本主义兴起在西方，新教的思想对于资本主义的萌芽产生了哪些积极的因素。书中同时还比较了基督教新教思想和儒家文化。新教伦理与资本主义精神提倡的是禁欲主义，节俭、勤奋，敬业而非奢侈、糜烂才是资本主义。还有契约精神和对于财富的态度，也对我产生了深远的影响。

读过此书会明白为什么世界首富产生在西方世界，如近代的洛克菲勒、卡耐基、摩根和当代的比尔·盖茨、巴菲特等。

8.《曾国藩全集》。曾国藩是近代儒家集大成者，真正做到“修齐治平”的典范，是近三百年来知行合一的第一人物。曾国藩的修身，克己，精进，学识，隐忍、进退，坚韧、百折不挠，对我都产生了积极的影响。曾国藩的箴言、家书、文章，百读不厌，受用不尽。

9.《乔布斯传》，沃尔特·艾萨克森著。我为这本书开了两次读书会，几乎手不释卷地把这本传记看完。被乔布斯的精神击中，瞬间把我俘虏成一个标准的苹果迷。他的创新精神和执著鼓舞着每一个投身创业的人。

阅读已成为我生命的一部分，随时随地随心的阅读。　摄影/尹伟

10.《苏东坡传》，林语堂著。这本书带给自己的词汇：乐天、豁达、豪迈、慷慨、悲悯、责任、正直、洒脱、不羁、热爱生活……

以上十本（套）书除《乔布斯传》和《苏东坡传》两本人物传记之外，其他的都可谓是经典中的经典。何谓经典，就是经过了时间的淘洗，经过了无数的仁人先贤的验证，仍然能流传下来。多读经典，人生自然不会偏差到哪里去。

2012年10月

乘物游心

幸福生活是一门艺术，所有的艺术最后都倾向于简洁，没有繁复的琐碎，如画面，照片，摒弃多余的素材。外在物质如果无止境追求，超出生活的必须品就将带来不必要的麻烦和烦恼。所以简单的生活必是幸福的生活。

旅行是后天的混血。旅行的意义是学习接纳包容，理解不同的价值观，不同的行为方式，不断拓宽自己的井口，看到更大的一片天。
二〇一四元月五日 劲洲速与北京

南乡子·西湖寻仙

（2011年11月2日一人雨中游西湖，烟雨迷离有感。）

孑然西湖边，
斜风细雨织如烟，
落入湖中万千朵，
阑珊，
何处觅白蛇许仙。
遥看苏堤现，
远雾近霭几重天，
凭吊断桥越千年，
谁见，
抬眼望峰塔湖山。

生命需要新高度

2010年国庆长假期间，河南户外联盟和四川省登山协会联合举办了一次四姑娘山的登山大会，我报名参加了。

我喜欢登山，常登的是太行山，还登过一些名山如泰山、黄山、武当山、太白山等。每次登山都有一股冲动，从来没有想着半途而废。一般低海拔的山已没太多感触，唯有2007年国庆去登太白山那一次令我至今难忘。太白山是户外登山爱好者的天堂，登太白山需要背负行囊用两天的时间穿越。我没有专业驴友的精神，但经历了一天的风雨交加，在能见度不到十米，没有任何装备，浑身湿透的情况下，历时七八个小时走到太白山峰顶老爷海的痛苦经历，如今回味起来当时连死的心都有了，简直生不如死。然而也就是这次痛苦的经历萌发了我去登雪山的念头。很多事之所以记忆深刻是因为经历的过程很痛苦，快乐很短暂，快乐来自于对痛苦的回味和咀嚼。

四姑娘山位于四川阿坝藏族羌族自治州，由四座长年被冰雪覆盖的山峰组成，是一个旅游胜地，早在上世纪八十年代初期就被国家登山协会辟为登山训练基地。四姑娘山分别是大峰、二峰、三峰、四峰，海拔分别为5355米、5454米、5664米、6250米，攀登的难度也依次增加。传说四峰由于气候变化无常，曾经死过一二十个登山爱好者，至今少有人成功登顶。本次活动是河南户外联盟与四川省登山协会组织的，河南去的大多是各地的户外爱好者，有着丰富的户外徒步穿越的经验，但除了领队都没有登过雪山。大家抱着极大的热情来参与，我也怀着极大的好奇心和征服欲而来，在此之前还专门进行了体能训练。出发时放弃了独自驾车和所有的队友乘坐一辆卧铺大巴车，一路上忍受着车厢内的脏鞋臭袜味，霉味，男女一众的体臭味，长时间的憋尿，无规律的饮食（在两天两夜中只在路边小店里吃了一顿饭）。卷曲在逼仄的卧铺上几乎晃散了骨架，无法入睡。从河南到四川，跋山涉水，历经塌方、堵车、山路、抛锚，长途奔袭1600公里终于到达了四姑娘山脚下的日隆镇，比预定的时间晚了将近12个小时，到达时已是凌晨四点半了。匆匆洗漱躺下已是五点多了，在两天两夜中几乎无法入睡，这是我有史以来坐过最长的一次长途车，现在回想起来都想呕吐。

凌晨5点钟入睡，8点钟集合参加登协的登山大会仪式。组织者给各位登山者敬献了哈达，举行祭山仪式，在一个灵塔前给大家发了烧纸，点燃香火，喇嘛在一边念经祈愿平安。远处的雪山若隐若现，神圣而又圣洁，令人虔诚而又敬畏。雪山就在那里，那一刻，我对自己说：四姑娘山，我来了。

早餐是背包客旅店准备的稀饭咸菜，草草扒了几口，我怀疑所有的饭都煮不熟，因为日隆已经海拔3200米了。平常上三四楼都不会觉得有什么问题，但在日隆上四楼就需要中间休息一下，领队一再强调大家不要快步走，不要剧烈运动，防止高原反应。

无论登四姑娘山的哪一座峰都需要先到大本营休整安顿后再登。日隆镇距离大本营还有步行六七个小时的距离，所幸组织者准备了马匹驮运装备和人，由于是国庆期间，每匹马的价格从120元涨到了将近300元。我们走得晚，有一部分队友没有马匹，只好自己步行到大本营。非常感谢队友们让给我一匹马。真不知道如果自己步行到大本营是否在次日还能够登顶，因为在海拔3500米以上的高山草甸上行走，还要背负沉重的行囊，即使走一小段路都会气喘吁吁，力不能支更，更不要说20多公里的山路了。

天色将晚的时候，我们到达海拔大约4200米的大本营。所谓的大本营绝非想象中设施齐全的营地，仅仅是高山向导在大峰脚下一块相对平整的草甸上搭建起来的一顶大的帆布帐篷，在里面可以简单做些热食。在高山的草甸上想找到一块平整干燥的草地几乎不可能，由于地表的温度高，高山的积雪不断融化，帐篷几乎是在泥地上搭起来的，还未搭起自己的帐篷，天上已经飘起了雪花，洋洋洒洒，不一会儿天地之间已经白茫茫的一片。

雪不停地下着，风不时地刮着，天气奇寒。晚餐时藏族向导做了一锅面片，据说是为了照顾我们北方人的口味做的，来不及辨别味道，多半都是生的，分不出甜咸生熟，但是热的。4200米的海拔煮不熟任何东西——如果要辨别就需要把吃下的都吐出来。站在呼啸的风雪中以飞快的速度吃了两碗，一下子从头暖到了脚。

钻进睡袋，将所有可以御寒的衣物都盖上，加上刚刚吞下的热食似乎可以睡个好觉了。然而，脑子却异常清晰，各种思绪来了去了，去了来了。我知道这是缺氧产生的高原反应，这种感觉和2008年川西之行在海拔4000多米的高城理塘的那一夜如出一辙。雪唰唰地落在帐篷上，不时需要起身从里向外拍打，怕时间长了压塌帐篷。风呼啸着，将帐篷外的一层遮布吹打得啪啪直响；隔邻的帐篷里有人开始剧烈地呕吐，有人咳嗽着找药吃，那是高原反应的典型症状；有人已经起了鼾声，有人起身踩在雪地里去方便，咯吱咯吱地响；风间歇的时候，远处驮马的铃铛不时响起，在夜半的高山幽谷之中异常响亮悠远；帐篷边上的小溪在风止之时也发出潺潺的流水声。那一夜就夹裹在风声、落雪声、马铃声、呕吐声、打鼾声、溪流声中度过，一夜难眠。

夜半三点已经有另一个队伍起身做饭，打点装备准备攀登了。我们一行通知的是早上六点，但已无睡意，徒劳地听着人声嘈杂。天色放亮，起来就着溪水勉强洗把脸，冰冷彻骨，没看到有人刷牙，似乎会冻掉舌头。早餐是稀饭咸菜外加一些肉末拌在一起，浅浅的勺子让人想起学生时代的食堂。还好，稀饭是热的。

终于开始登山了。一根或者两根登山杖，防水登山鞋，雪套，冲锋衣，高热量的零食，一升热水，一副雪镜，这是别人的装备，我外加两台相机，一个镜头。天气阴沉知道也拍不成什么好片子，但总是不死心。出发时天气时雪时晴，雪深处没过半个小腿，还好有前面的领队踩出的一条路，沿路而上，很快就拉开了距离。开始的一程大家都还有兴致拍拍照，及至三分之一的路程，已无人有力气拍照、摆Pose了，弯身系鞋带都需要拿出很大的力气。4200米以上的垭口有了护栏，好了很多。偶尔摘下雪镜，看满山遍野白茫茫的一片，刺得睁不开眼睛。每上几步，都需要停下来喘息一下，气喘如牛，心跳若兔，想起王石给移动做的广告：每上一小步，都是新高度。

内衣湿透，终于登上大峰，历时3.5小时（有人用5.5个小时），第七名（30人队伍，还算满意）。拍照，留念，等待队友，拍他们的囧相还有登顶的喜悦。自己说不上喜悦和满足，觉得意犹未尽，还有气力，怎么就登顶了！山顶白雾茫茫，远处的二峰一闪而过，来不及举起相机。其他的能见度很低，几乎看不到什么风景。登顶是为了看风景吗？如果说无限风光在险峰倒不如说无限风光在过程，风景都在路上，在攀登的路上，在战胜自我的心路上，在不断想要放弃又鼓起勇气坚持的下一步。古人云：胜人者力，胜己者强。至此方知胜己乃人生之大境界。

我想我还没有资格，像奥地利登山家希拉里那样经典地回答为什么要登山——因为山在那里！但如果问我登顶之后有什么感想，我想说：我想念家中的马桶，松软的床，一条干净的内裤，一碗面条，一盘青菜，一杯热茶。在海拔5000多米的世界，在恶劣的自然条件下，人的需求是如此之低。

在峰顶，捡一块石头，装进行囊，同行的两位队友劝我山下随便带一块留个纪念就行了，开玩笑说："老刘我们给你作证是大峰顶的石头。"我的背包是最重的，但我执意装进去，我知道，我无法欺骗自己。

领队建议不要久留，于是下撤。下山的路比上山的路有过之而无不及，主要是滑，摔倒无数。

下撤回营地已经半下午，原计划4日攀登二峰，但鉴于昨天一夜的大雪，二峰攀登的难度大增，大家都是业余选手，加上攀登大峰已经消耗了大部分人的体力，领队建议下次再登。人生处处都有遗憾！如果直接登二峰也能够登上，可也仅仅是如果。

3日夜，日隆镇，背包客客栈。一票登友，虽衣衫狼狈，灰头土脸，但神形轩昂，意气风发，洋洋自得，庆功酒，犒劳宴，纷纷留言留名，豪言书于旗上，壮语草于墙上。估计都已经打好主意编好说辞回去炫耀于亲友。忽见一女子，三十左右，面容白皙，身体修长，神色淡定，衣装整肃，从容不迫，背负登山包，左携登山绳，右跨登山镐。有好事者斗胆问：准备登二峰吗？

答曰：刚从三峰上下来！

众皆哗然。

人外有人，峰外有峰，二峰，三峰，若干峰，6000米，7000米，8848米……

生命需要新高度！

草于2010年10月10日 夜

境由心生

游九寨沟有感

某年4月3日至7日，一行9人至九寨沟游玩。时值春末，九寨尚无秀色，然游历后仍觉美不胜收，与友人有短信分享：

九寨美景，自然天成。文不能表，镜不能摄，言不能达，欲语已忘言。唯与天地同心者，默然会心，始能情景交融，浑然忘我。雪山与白云辉映，碧水与蓝天齐色；观水，澄澈恒古，五彩斑斓，不携一尘，不知所终；阅山，万年屹立，白雪皑皑，不染一纤，莫观其变；一日之天，历时四季；六月飞雪，鬼神难测；藏寨古朴，羌俗纯美；游不逢时，美且如此，待到中秋，何似人间。苏子曰：是造物者之无尽藏也，而吾与子之所共适。

九寨沟的水。 摄影/刘传辉

6日，九黄机场，大雪纷飞，两天一夜。机场关闭，恨无双翼。食不辨味，宿无暖气。九寨美景，再无心情。羁旅难捱，辗转斡旋，急待归途，待到起飞，群情亢奋，如脱苦海，如入涅槃。

昨日之美景，今日之地狱，何者？境由心生！

2010年4月

探寻幸福之旅1

不丹初印象

2012年3月21日，在河南第一猎头宋帆女士积极周密的筹备下，去世界上最幸福的国家不丹的心愿，终于得以成行。

2006年之前，不丹这个只有70万人口的农业国家并没有知名度。但在2006年之后，不丹引起了世人的广泛关注——因为它被评为全世界“幸福指数最高的国家”之一：幸福指数亚洲排名第一，世界排名第十三。农民占全国人口80%的不丹人过着自给自足的生活，他们的幸福生活到底是什么样？他们如何定义幸福？

到底什么是幸福，每个人对幸福的定义都不相同，但不丹这个国家把幸福具体量化了，用“国民幸福指数（GNH）”取代世界上通行的GDP作为国家发展的首要指标。“铺设幸福与民主之路”的第四代国王吉格梅·森格·旺楚克，1972年登基之后，提出在不丹独特的追求精神价值的佛教传统文化的基础上，同步追求可持续性经济发展的“全民幸福总值”的治国方针。

不丹将国民幸福指数归纳为四个框架：可持续发展、保护和促进文化价值、保护自然环境、推动建立良好的政府治理。在这四个框架下，进一步明确制定了能具体产生幸福感的九大因素，分别是心理与精神的健康、时间平衡分配、社区活力、文化坚韧性和多样性、公共卫生与健康、教育、生态环境、生活水平以及良好的社会治理。

不丹是一个政教合一的国家，大部分人信奉佛教。目前国家的主要收入是水电和旅游，水力发电卖给比邻的印度，旅游则是非常节制的开放。每年接待游客五万人，并且对每位游客每天强制收取高达250美元的费用，有效地限制了不丹的入境人数。2011年不丹接待外国游客48000人，接待中国游客每年

世外桃源不丹。 摄影/刘传辉

不超过10000人。不丹没有军防，是首个禁烟的国家，只有不到1%的国民抽烟。1999年才开始电视的全国播放。有意思的是，据说不丹没有“爱情”这个词，可以一夫多妻，也可以一妻多夫。

2012年3月30日，当我们一行即将离开不丹的时候，大家都在自言自语：“结束了？怎么这么快！”回想不丹的五天四夜，恍若隔世一般。这里的山山水水，一草一木，风物人情都让人无比留恋。幸福总是那么短暂，以至于在即将离开这个幸福的国度时，恨不得将所有的美景，所有的美好体会，都摄入眼底留存心间。

五天之前，我们一行七人借道尼泊尔到不丹。一下飞机所有的人都兴奋不已，纷纷在机场举起相机，拍个不停。机场是一座非常精美布满了雕饰绘画红白相间的大房子，旁边竖着年轻国王夫妇幸福的大幅照片，欢迎着世界各地的游客。

我们刚刚见导游就问：为什么说不丹是最幸福的国家？这个国家腐败严重吗？导游没有正面回答，但他说了几点：不丹绝大部分的人都信奉藏传佛教，持佛教的戒律，如不杀生，不偷窃，不说假话。另外每个人的欲望都不高，能够很好地平和自己的心态。所以在不丹很少有腐败行为，人们依靠高度的信仰自律。

机场的出口处有一块广告牌，上面明确图示不允许贩卖和猎杀动物，以至于在有些山区有黑熊和野猪等动物损坏庄稼的事情时有发生，国家为此专门制定了赔偿措施。

开始游览的第一站是周末的菜市场。大家以为那是像我们这里的样板工程一样，但参观之后几个细节给我们留下了深刻的印象。

菜市场里没有生鲜的鱼肉摊位，只有进口的干鱼摊，因为不丹这个国家都信奉佛教，坚守不杀生的戒律，所以没有人宰杀动物。

印象中的菜市场都是混乱不堪，逼仄拥挤，垃圾满地。但不丹的菜市场是一个开放、整洁、宽敞、有序的市场，甚至每一个垃圾桶旁都很干净。令人感动的是菜市场的公共卫生间里也很干净，卫生间里放着两个盛满水的大桶，上面放着水瓢，因为冲水系统坏了，便后需要自己冲洗。我就看到一个孩子在拿着水瓢冲刷刚刚用过的马桶。我们可以想象卖菜这个职业，一般在一个国家里很少有富贵之人，但能如此自觉地维持卫生条件，让你不得不肃然起敬。

在不丹看不到诸如奔驰、宝马这样的豪车，绝大多数的车都是韩国现代的微型车，类似我们的QQ汽车。无论是家庭用车还是出租车，好一点的有丰田的霸道。这里只有一个商场，大多数的商业都是手工艺制品，没有大型的饭店和服务业。但宾馆都很整洁，饭菜和卫生条件非常值得称许，奶酪炒辣椒是颇具特色的菜品，吃几顿之后已令人欲罢不能。全国至今只有两架飞机，即使国王出行也没有专机。作为一个不丹人，或许能在飞机上和国王共吃一顿旅行餐，顺便再给国王提一些民生建议。

探寻幸福之旅2

不丹人好客

在不丹短短几天的时间里，给人印象最深的不是这里的美景，而是这里的人。这里的人祥和，静美，淳朴，淡定，自信，由内而外地充满了喜悦和热忱。

当你轻轻举起相机对准某个拍摄对象时，无论是老人、孩子、靓女、帅男，市井中人还是田间农妇，镜头里呈现的都是一张微笑、自信、恬美、愉悦的脸，每一副面孔，每一双眼睛都由里向外透着温暖、友爱、开放、善意和信赖。去过很多的地方见到过很多人，镜头所摄的人物有悲有喜，有惊有穆，有的躲躲闪闪，有的羞羞涩涩，有的厉声拒绝，有的半推半就，只有这里的人落落大方，略带羞涩但毫不拘谨，一脸的坦然和善意，并且在你放下相机之后对你轻轻说声："Thank you"！

不丹人恭敬谦卑的精神似乎融入到每个人的骨子里，融入在这个民族的精神里。你买东西时小贩找给你钱的手是——双手，饭店的服务生递给你东西的手是——双手，小孩子接你给的东西的手是——双手，山间的农妇递给你东西的手是——双手。 所有接触到的每个人无论是执勤的警卫、值班的公职人员、山间的农夫、寺庙的僧众、导游、饭店的服务人员，都彬彬有礼，笑容可掬。早晨起来，你见到的每个人，只要目光对视，你都会听到对方亲和地说："Good morning" 。似乎你并不是一个语言不通来自远方的游客，而是一个久违的朋友。

我们不时会在寺院里，在某家农舍里受到意外的超乎想象的礼遇。大多时候我们几乎是不速之客，或者闯进了某个寺院禁地或是径自走进了某个农舍，招待我们的，除了大喇嘛或农妇的香茶点心外，还有一份热忱。

不丹的森林资源丰富，房子几乎都是一种格局，三层楼，一楼是牲畜，二楼

放学后。 摄影/刘传辉

手机带来的新玩意。 摄影/刘传辉

是厨房、客厅和卧室，以及每家都有的专门的佛龛经堂，三楼存放杂物。房子周围就是自己耕种的土地，四周一般用木栅栏围起来。不丹人好客，充满善意，几百年来几代人都居住在一栋房子里，过着日出而作，日落而息的慢生活。如果家庭成员增加，国家可以免费拨一块土地和一定额度的树木盖房，全国享有免费的医疗。所以虽然物质不是很充裕，但生活在这里的人不焦虑，不浮躁，不矫情，质朴醇厚，一脸淡定。

不丹的导游是我见到的最好的导游，憨厚朴实，操一口流利的英语，有较高的职业素养。最关键的是他从未暗示、要求，更不会强制你去任何地方购物。即使行程和时间因为我们一帮无拘无束、缺乏时间观念的家伙被搞得一塌糊涂的时候，他也只是无奈地笑笑。

从廷布去布拉卡宗的途中由于修路，傍晚时候，车堵在了半山腰上。山路狭窄，并且还在施工，两车擦肩而过几无空隙。黑暗中导游不是无所事事地等着，而是下车去探看，随行的朋友也跟着下去了。一会儿，道路就通了。朋友上车后无比感叹地说：这儿的人真牛叉，没有警察都是自己下去指挥交通，并且两面的车辆都还很自觉，服从指挥，所以道路很快就疏通了。不丹人相互尊重，彼此坦诚，以善相待的社会效率很高，交易成本自然就很低。

探寻幸福之旅3

不丹好风景

着装是不丹的一大景色。大街上很多的人身着统一的服装，男的穿的服装叫帼，女的穿的叫基拉，都是一种很独特的民族服装。从国王、公务人员、学生，到农妇都是这样着装，已经延续了上百年。根据职业的不同会有不同的颜色，在业余时间可以穿着别的服饰。这让一进入这个国家的客人，就有眼前一亮、耳目一新的鲜明感觉。

时值三月，所到之处，桃花盛开，红白相间的藏式建筑高高低低分布在山间。山间的农舍像是自然的分布，但又像是有序的规划，错落有致地散落在半山之上。抬眼望去，白墙红窗，墙上画着各种吉祥的图腾。房前屋后，栽桃种竹，泥土芬芳，春花烂漫，落英缤纷，溪水淙淙，经幡飘飘。梯田层层叠叠，房屋错错落落，不论从哪个角度看过去都是一幅美丽的乡村图画。

这不禁让人想起陶渊明的《桃花源记》：忽逢桃花林，夹岸数百步，中无杂树，芳草鲜美，落英缤纷……屋舍俨然，有良田美池桑竹之属。阡陌交通，鸡犬相闻。其中往来种作，男女衣著，悉如外人。黄发垂髫，并怡然自乐。

在富吉卡山谷的晚上，万籁俱寂，晚风过松林，夜静草虫鸣。清晨总是会被各种鸣叫的声音叫醒，起身在山间的小路上走走，近处炊烟袅袅，远处薄雾蒙蒙，空气清新，忍不住贪婪地深吸一口气，清新的空气直抵肺部深处，让人不愿再呼出来。

在树林里穿行，从林里落满了树叶，踏上去很是松软，阳光从林间的缝隙洒下来，整个林子在阳光下斑斑驳驳，忽明忽暗，恍若仙境。牦牛不时从松林里走出来，从未看见放牧的人，所有的牛马都是自由自在地在山坡上、草甸上吃草。幸运的是在富吉卡的山谷里，看到两只来此过冬还没有飞走的黑颈鹤，它

高海拔的桃花源。

清晨的富吉卡山谷。　摄影/刘传辉

们悠闲地在远处啄食，像这里的人一样悠闲自在。拿起相机想要拍摄，走近它，它就往前走，总是和你保持不远不近的距离，怡然自得。王羲之曾感慨山川风景如画时说："山阴道上行，山川自相映发，使人应接不暇，如在镜中游"，想来不过如此吧。

田间有路，路边有溪，溪边生草，草间有花，花开四季，季季不同。

远处有山，山上有树，树木成林，林中有鸟，鸟鸣有声，声声不息。

山间，田间，乡村，城市，随处可见瀑布，溪流，小河，大河，所有的河水都清澈见底。通往寺庙的路上，须走过田间的小路，小路边溪水潺潺，梯田交错，在错综复杂、高低错落的梯田里，搞不明白溪水如何灌溉到每一块田地。

车行山路上，不时映入眼帘的是路边怒放的红杜鹃、粉红的桃花，还有紫藤、白玉兰、木棉花，田间有不知名的野花，紫的、黄的、红的，相映成趣，斑斓多彩，这里的树木花草浑然天成，没有任何人工雕饰的痕迹。

探寻幸福之旅4

不丹在微笑

在不丹见到最多的就是寺庙和宗堡。不丹是一个政教合一的国家，所以宗堡不仅是寺庙同时还是行政办公所在地。全国有2000多座寺庙，70万人口，平均350人一座寺庙。每个乡村都会有寺庙、白塔、经幡、酥油灯和转经筒，莲花生大师的雕塑随处可见，即便是在首都廷布快速路边的行人道上，都修建有白墙红顶的转经桶，以便人们朝拜和转经。寺院大小不一，但大多历史悠久，院内古柏苍穹，庄严肃穆，山花烂漫，鸽子成群，整洁有序，一片祥和，红衣喇嘛和白墙寺院谐趣共生。

在这个宗教之国，教育也异常受到重视。所有的孩子上学从入学一直免费十年，早餐和午餐由学校供应。不丹享有世界教科文组织的学生餐补，每个学生即便在偏远的山区都可以获得良好的营养餐。上完高年级之后，如果成绩优秀仍可以获得奖学金和出国留学的机会。令人感动的是，很多不丹的留学生学成之后，没有留在发达国家而是回国效力。

更让人诧异的是这个国家仅仅开放三十年，实行双语教育不过三十年的历史，除了本国官方语言宗卡语之外，英语是第二语言，现在大多数人都能用流利的英语交流。

在不丹不时会看到体育场。在这个山地的国家是很难得的，甚至在富吉卡的山谷里，一块空阔的草地上也竖着两个球门。

从帕罗去廷布的路上，看到放学的孩子站在路边，招手来往空着的车辆搭顺风车，这不仅让人感动，还让人感觉人与人之间的信任和友爱。

在不丹看学生放学是一大景观。各个年龄的学生身着不同颜色但同一款式的校服，男孩穿帼，女孩穿基拉，在城市春花烂漫的大街上，在乡间绿树成

少女的微笑。　摄影/刘传辉

老妇的微笑。　摄影/刘传辉

荫的小路上，在寺院庄严肃穆的转经墙前，三五成群的学生结伴而行，谈笑风生。当你举起相机他就微笑面对，你拿出糖果，他们就有序地双手接过，没有人哄抢和讨要，每个孩子的脸上都洋溢着平和、淳朴，露着不丹式的微笑。特别是不丹的女孩，每一张脸笑起来都灿烂如花，不笑的时候静美如莲。

这种微笑的力量让人震撼，让人感动。这种微笑里充满欢喜，来自对未来的笃定，对美好生活的喜悦，包容，接纳，开放，信任，自信，从容不迫。

在此微笑之下，不丹提倡的生态的平衡就不是一句口号，而是面对利益诱惑时做出的选择。

不丹是个山地国家，适宜修建机场的地方并不多，据说这个国家最长的一条直路就是飞机的跑道。目前不丹只有廷布一个国际机场。富吉卡山谷是一个宽阔的谷地，政府本来计划在此修建一个国际机场，但有人反对。为了保护生物多样性，还有稀有动物——黑颈鹤，这种濒临灭绝的动物每年冬天都会飞越喜马拉雅山从西藏飞到黑山来过冬。为了保护这种鸟，政府限制了山谷里的旅游开发，只批准了三家旅馆，所有建筑晚上不允许有强烈的照明。当夜幕降临时，整个山谷里漆黑一片。尽管这个国家是一个电力输出国，他们并不缺电。

在另一处富含铜矿的山脉，在100平方米纵深的地方可以开采250万吨铜。但这个由印度政府支持的矿产项目，在开采不久因为破坏环境而被中途叫停，原先投资巨大的铜业矿井已经废弃。

探寻幸福之旅5

不丹风趣事

在富吉卡山谷，因为限制过度的旅游开发，山谷里只允许有三家旅馆，设施颇为简陋。晚上，在旅馆小小的餐厅里，有来自五个国家的人，中国、日本、印度、尼泊尔、不丹。各国人民欢聚一堂，喝着当地的酒，飞机上带下来的小包花生米成了稀有之物，一人一颗，酒喝得热烈，人聊得畅快。饭后老板随性唱起不丹的民谣，跳起舞来。当问起中国舞蹈的时候，我们一行中没有擅长跳舞的，一时无措了。借着几分醉意，三个兄弟在老板狭小的客厅里当场打起太极拳，不丹人民估计不了解中国的醉拳，兄弟们怕人看不懂还一个劲说：功夫、功夫，中国功夫！真不知道世界人民如何看我们的：Dance Kongfu！

当我们用蹩脚的英语问及旅馆的老板有几个妻子的时候，他郑重其事地说：六个。大家大笑，将信将疑，不断求证他在场的妻子，她只是笑。又深入地问这么多太太她们之间是不是相互争吵打架，老板连连挥手说：NO，NO。随行原斌兄，一脸嫉妒羡慕恨地说："一个人娶六个老婆还不打架，想不通，想不通。"老石补充说："人家老婆都想通了，你还有啥想不通！"

晚间住的木房里，取暖还须烧柴，房间的墙壁就是一层木板，这边有一点点的响动那边就听得清清楚楚。晚饭后，醉意几分，没有电视电脑，门外也漆黑一片，在这样的山谷里给人的感觉似乎回到了中世纪，回到了几百年前的时光。躺在床上，随手翻看日本名著《枕草子》，看到会心处，忍不住大声朗读。有情人幽会的章节，隔壁住着猎头宋帆女士，听得细致，击节叫好。宋帆隔壁住着老石，因为隔着两个房间听不清楚，遂要求宋帆转述。《枕草子》描写的是中世纪日本的生活，文白夹杂，妙趣横生。我念一遍文言，听不懂的还要再解释一下，宋帆再传递一下，于是三个房间，诵读声此起彼伏，欢笑声来回荡漾，此种情景真是一段趣事佳话。

在去虎穴寺的山上，大家都骑马而上。中途休息时，蒋萌上来得比较晚，所以大家都在大声喊：蒋萌，蒋萌。马夫也跟着喊：蒋萌——蒋萌——声音拖得很长，一路上他都在这么喊着，我们以为他在学习汉语，最后我们才知道，“蒋萌儿——”那是赶马的声音，于是我们一路上对蒋萌有了新的称呼：蒋萌——

不丹虽是个佛教国家，但有阳具崇拜的信仰。在很多墙上都绘着巨大的阳具，像中国的门神一样夸张孔武，有的房屋的四角也挂着木质的阳具和弓箭，甚至在很多的寺庙和工艺品店铺，也有各种材质雕制的阳具。阳具在不丹代表着力量和好运，能够驱邪避凶。这让含蓄的中国人只能调侃一笑，如果有人从不丹捎来礼物——“阳具”，请不要拒绝和诧异，阿弥陀佛，让它带给你力量吧！

在不丹，如何理解他们的国民幸福指数？他们把幸福量化了，变得具体化。 较少的物欲，较小的贫富差距，相对的公平和自由，物质基本满足，虔诚的宗教信仰，教育的平等，可持续发展的自然环境，这些都是构成不丹幸福的基石。

幸福生活是一门艺术，所有的艺术最后都倾向于简洁，没有繁复的琐碎，如画面，照片，摒弃多余的素材。外在物质无止境追求，超出生活的必需品都将带来不必要的麻烦和烦恼，所以简单的生活必是幸福的生活。

网络上对幸福的总结有三条：有人爱，有事做，有期待。我的总结是：财富自由，时间自由，心灵自由。财富自由是相对的，时间的自由则是难得的，太多的时间被我们拿来赚钱，无暇他顾，几乎每个人都陷入有时间的时候没有钱，有钱的时候没有闲的困境中。未来的不确定让我们陷入焦虑当中，只好拼命赚钱来保障未来。除了吃饱一个胃，睡稳一张床，其他的都是多余的产物。很多的不幸，其实来自某个亲近的人又换了辆新车，或者住了更大的房子。

当下我们赚钱是散步的速度，欲望却是跑步的速度，总有太多的欲望我们无法满足，失望导致负面情绪，有效地控制欲望则会增加我们的幸福感。无疑，宗教是一支很好的安慰剂。在物欲横流中迷失自己时，不妨在神前祷告，以利他之心面对周围的一切，至诚至善，至简至朴，自然就没有了是非对错，攀比炫耀，我心自定，不为物役，不为利惑。就像不丹人每天在寺庙里转经祷告一

高耸的政教合一的宗堡。 摄影/刘传辉

样，我们的心灵就会得到自由，幸福将不期而至。

最后，深深地感谢这次同行的每个朋友，大家带给我不同的视角，还有很多的欢乐趣事。去哪里不重要，重要的是与谁同行，本次深有体会，幸福离不开和谐的人际关系。

2012年4月15日

关门键背后隐藏着什么?

欧游拾掇1

欧洲旅游时,在电梯里发现一个细节,电梯里没有关门按钮。大多的中国人对此都不习惯,因为我们习惯了进电梯后按下关门按钮,哪怕只需要等待几秒钟的时间,我们都迫不及待,时常需要后来者狼狈地用身体挡住快要关闭的电梯门。

为什么欧洲的电梯里面没有关门按钮呢?

我想这个小小的关门按钮背后隐藏着某种玄机和秘密,是欧洲人太不珍惜时间了?此后才不断发现印证:他们真是一群无视时间存在的人。节假日商铺关门歇业,无视门外一群持币代购的中国人;到点下班,哪怕还有人要买东西;法国的大餐需要吃三四个小时,遍布在街角的咖啡馆什么时候都不缺悠闲的人,戛纳和尼斯的海边沙滩上满是裸露天体晒太阳的人,让人怀疑他们哪来的那么多时间?

是我们时间观念太强了?太“准时了”?“太守时了”?

我们从小就被灌输“时间就是金钱”“一万年太久,只争朝夕”,所以我们一切都匆匆忙忙,一切都要速度,并且创造各种速度,大到深圳速度,高铁速度, GDP增速,房价的涨速,小到各种速成班,催熟剂,快速致富法,发小邻居同学朋友张三李四王五发财致富的速度,欧洲旅游都要安排7天8国游。在一切飞一样的速度背后,一夜间都可能沧海桑田,日新月异。我们焦灼不安地发现,原来我们古老谚语:三十年河东,三十年河西,根本就是句误人子弟的话。不要说三十年,三年都等不及,如果慢了,哪怕半拍,就落伍了,掉队了,滑落到另外一个世界里。所以逼迫我们变得那么的迫不及待,哪怕等待短短的几秒钟。由此可见我们多么的缺乏耐心,不,我们不是缺乏耐心,我们是恐惧这个飞速变化的世界把我们抛弃。

在每一次按下电梯关门键，后来者仓皇奔突而来，用手臂和身体把即将关闭的门挡开，让人似乎看见前些年公交司机看到后来飞奔赶车的人“嘭”的一声把门关上，一脚油门甩下一脸无奈的乘客，脸上略过一丝得意的笑。而我们的电梯里有多少乘坐电梯的“公交司机”？

按钮背后隐藏着深厚的文化，没有关门键正是基于淡定从容不迫的优雅，基于耐心，基于对人的尊重。而我们电梯关门键的设计正是对人缺乏基本尊重的工业设计，是迎合速度的绥靖。

此外，对于时间的观念，我们有着截然不同的价值观。

我们大多的时间是为了生产、生活和生存，他们的时间大多是为了消费、消磨和消遣。

在此，我们需要明白，欧洲的慢也是经过了上百年的快才慢慢地慢下来的。在饥寒交迫、光怪陆离、充满诱惑的变化中我们难以慢下来，在脑满肠肥、腰围变粗时，我们才发现需要慢下来。所谓仓廪足而知礼仪大约也在此吧。遥望千年前的大唐盛世，西方还是一片蛮夷之地，马可波罗的游记之所以有那么多的读者，我想也在于我们当时的文明，就像现在的西欧文明一样具有令人憧憬的吸引力。

他们也经历了野蛮成长的过程，也有不光彩的历史，黑暗的中世纪，残暴的贩奴，圈地运动，八国联军，殖民战争，雾都阴霾，环境破坏，只是他们醒悟得早，积累得厚，他们人均占有的资源多，他们有资本慢下来。

不必仰望谁羡慕谁，只要有颗醒悟的灵魂，我们终究也会由快到慢，必须经过快才能慢下来。没有快，哪来的慢；没有慢，哪来的快；快就是慢，慢就是快。历史在快和慢中不停地轮回交替。

草于2013年7月29日丽江云上公馆
修改于2013年8月2日

让灵魂靠近上帝

欧游拾掇2

欧洲璀璨的文化，是以基督教文化为核心。所谓的普世价值观也是在欧洲发起，由文艺复兴点燃现代文明的起源，伴随法国大革命和后来的工业革命得以传播到世界各地。

但有井水处皆有教堂　摄影/刘传辉

在对待时间上，我们和欧洲人有着根本不同的时间观念。我们基本没有节假日的概念，特别是还在奋斗中大大小小的企业主，蓝领白领金领，哪有双休日，带薪年假，每周工作35小时，甚至我们根本不知道星期天的由来。

这让我们不得不审视我们的信仰。

在欧洲游不可不看的是欧洲的教堂和基督教文化。矗立在欧洲各地形色不一，或壮丽雄伟，或金碧辉煌，或简朴典雅的教堂，动辄几百年、上千年的教堂建筑，是现代建筑的根基和缘起。无论是哥特式还是巴洛克式，一切现代西方建筑的缘起都来自教堂，来自基督教文化，这是西方文化的根。由此塑造了无数杰出的建筑师、画家、雕塑家，以及由此而延伸的文化艺术。在罗浮宫和凡尔赛宫陈列的大多数艺术品的主题都来自宗教。是什么驱使历史上各个时代的各界精英都在为宗教献身，有时候花费毕生的精力和才华，还有财富，为建造一座教堂而付出呢？很多教堂建筑的时间甚至历时几百年、几代人，汇聚无数能工巧匠、艺术家，从圣彼得大教堂、圣母百花教堂、圣马可教堂、圣保罗教堂，等等，都吸纳并催生了各个时代最璀璨的文化，可以说教堂无处不在，但凡有井水处皆有教堂。

那么教堂是为什么而存在呢？

为了信仰，为了让灵魂得到一个安歇的地方。

基督教认为人出生就带着原罪而来，所以今生要不断地赎罪，不断地忏悔，把收入的十分之一奉献给上帝。人们在活着的时候，都要在一周七天中的最后一天放下工作到教堂里来面对上帝，感恩、忏悔和反省。死后也要埋在教堂旁边，所以在欧洲会看到许多教堂旁边就是墓地，为的是死后让灵魂紧靠上帝。

而我们的文化告诉我们生来没有原罪，是女娲用泥塑而成，没有被蛇诱惑偷吃过谁家的苹果，用不着忏悔，即使有了罪，只要烧香拜佛丢几个钱贿赂一下神消灾灭祸，保佑升官发财，多子多孙，就心安理得万事大吉了。我们连忏悔反省的时间都没有，圣人说吾日三省吾身的教诲，也早就被各种文化运动阉割了。为了忙着赶路，要去哪里却忘记了，剩下的只有一路的奔跑！

西方的神就一个，在门口不远的教堂，不用远去灵山。我们的神不在这座山上就在那个庙里，要去参拜一次并不是那么容易。而且众神繁多，各座庙寺观庵院祠都有自己的神祇，各种牌位竖立在各个案头，从人到神，林林总总，数都数不清，让信众迷茫究竟该信谁。在众神的陆离中，我们投降世俗的信仰：有钱能使鬼推磨，权大一级压死人。我们的信仰原点就是向神索取，从内容和形式都是那么散漫无序，鲜有虔诚的心和规范有序的组织来巩固信众，慢慢地我们都变得无知无畏，神离我们越来越远，渐渐成了一个符号。

如何让我们的灵魂距离神和圣人更近一些，我们烦躁的心会安宁一些。这是一个在当下中国暂时无法回答，或也暂时没有答案的大话题。

2013年7月31日于丽江云上公馆

为什么我们缺少百年老店?

欧游拾掇3

在欧洲游览各个城市时,常会被街角的某个小店所打动。比如在苏黎世的小街上,那是市中心最贵的街道,几百年了,窄窄的小街是几百年前为马车而设计的,现在只能容下人步行穿梭。几百年前这里就是商贾云集的地方,现在许多世界奢侈品的旗舰店坐落于此。

不经意间发现有一家书店,面积不大,100多平方米,在这样一个寸土寸金的地方,有一家书店实属意外,加上网上书店的兴起,实体书店能够生存,让人看来几乎如痴人说梦。我饶有兴趣地进去参观了一下,书不多,人也不多,两个员工,在有条不紊地整理书籍。我耐不住好奇,用蹩脚的英语问这个书店经营多久了,是否赚钱?店员非常热情地把我领到门口窗边,上面赫然写着:1823。这个数字犹如一股电流触及了我,190年,如果说20年一代人,那是多少代人?这当中应该历经多少世事更迭,盛衰沉浮,天灾人祸,战乱饥荒,岁月沧桑,商业变迁,几道轮回,它如何还能安在?

我本能地用我们的商业逻辑估算这家书店的盈利能力,如果按照实体书的售卖,它应该是亏损的,在寸土寸金的商业核心区,出租房屋肯定比经营书店赚钱,那么它为什么不把书店关闭,出租房屋呢?它凭什么屹立于此190年?在此我用"屹立"一词,和一座山一栋伟大的建筑一样,它存在的意义是什么呢?是什么力量让这家小小的书店坚持,坚守,坚定地走到今天?

很遗憾,由于语言的问题,我无法听懂店员介绍它存在至今的奥秘和它存在的意义。无论什么力量让这家小书店走到今天,它都值得尊敬,它的存在就有意义。

或许一个荒谬的解释是:它的存在正是秉持东方的哲学理念——有所为,

有所不为。

如果说书店微薄利润能够坚持凭靠的是一种不为人知的精神，那么意大利米兰的一家面包店就更让人匪夷所思。当导游带我们走过几条商业繁华的街区在临近的一条小街上，有一家面包店，这里需要排队才可以买到的一种特色食品奶酪面包，1欧元一个。这家名为玛格丽特的小店生意额外火爆，旁边不经意的角落上写着始于1888年。只此一家，别无分店。

在100年多间，这么好的生意，这家店的老板为什么不再多开几家呢？

这让我想起一篇关于欧洲一家百年老店餐馆的报道，常常需要提前一个月预定座位，并且也是只此一家别无分店，这惹得世界各地的食客不远万里迢迢赶来美餐一顿。

当中国人问：为什么不再开一家店呢？

店主的回答：为什么要再开一家店呢？

是啊，为什么要再开一家店呢？这陷入富翁问渔夫为什么不利用晒太阳的时光下海多打些鱼呢？

渔夫说为什么要多打些鱼呢？

富翁说多打些鱼可以赚更多的钱，更多的钱可以买更多的船，更多的船可以雇用人为你打鱼，那时候就你可以晒太阳了。

渔夫说：我现在不是在晒太阳吗？

这是个和我们完全相反的逻辑，为什么要赚更多的钱？赚钱的目的是什么？什么才是成功的人生？

是什么力量让欧洲人能够几代的传承，专注于家族生意，哪怕固守一家小小的作坊，心无旁骛，做面包就把面包做好，做啤酒就几代人都做酿酒师，做钟表的匠人，从爷爷的爷爷传到孙子的孙子，历时几百年。在漫长的历史中，有多少诱惑，多少机会，难道他们就没有过做大、做强的梦？

我想这背后的文化是对于成功的定义不同，造成大家的选择不同。我们是以权位的高低和财富的多少来定义社会的阶层和受社会尊重的程度，单一的价值认同标准造成社会的所有资源都向权和钱靠拢，其他的职业和身份被社会边缘化。在漫长的农业社会里我们相信王权，遵守着中国人的游戏规则：成王

苏黎世市中心，1823年创办的书店。

米兰，1888年创办的面包店。　摄影/刘传辉

败寇，白猫黑猫抓住老鼠就是好猫。

所以，我们很难以安心Hold住自己的一亩三分地。本来开家小店生意红火，但生意稍稍一好，就想着再开家大店，如果没开大店的也要想着开连锁，连锁没开几家呢，VC，PE，风投啊，上市啊，接踵而来，让人目不暇接。一夜间，就可以摇身一变，亿万身家了。如果是家面包店，那要卖几辈子的面包才能赚这么多钱！当快钱来得太快的时候，那谁还愿意踏踏实实埋头苦干，靠一丝不苟，精雕细琢，不断创新来赚慢钱呢？发财这么快，谁还会安心秉持传统工艺用心把面包做好呢？

在欧洲，主流的社会价值观不是以金钱来衡量一个人是否成功的唯一标准。对于成功的诠释是多元的，世代的手工匠人、面包师、职业技师和投行的经理，小企业主和大企业老板一样受人尊重，世袭的家族产业和工匠甚至以自己的职业为自豪。

经过工业革命后100多年的工业文明建设，还有几百年来的靠着掠夺、圈地、贸易、工业改良、产品创新，欧洲的市场在几十年前已经处于饱和的状态，很多的品牌不得不依赖世界的其他市场。各个行业都经历了漫长的市场化过程，并形成了基本固定的竞争格局——或寡头或垄断的市场，给后来者创业的机会越来越小，传统行业已没有了暴利的空间。同时，长久的积累使欧洲社会非常稳定，政府已建立起强大的社会保障体系，实行高税收、高福利的政策。高度的市场化，饱和的产业，充分的竞争，使社会发展的空间，特别是传统产业的空间已经非常狭窄。充分的保障，安逸的生活，社会阶层基本形成，贫富差距的缩小，也让人失去创业的原动力。

成就百年老店，成就一个品牌，有一个无法跨越的障碍，那就是时间。你无法在几年十几年里来评论一个品牌，一个品牌的建立需要足够漫长的时间。横切各个历史的截面，好年景坏年景，顺或逆，你能看到它是如何走过来的。

哪怕做得慢，只要一直向前，走的时间足够长、足够久，在某一领域内做长、做精、做细、做深、做透，不被眼前的假象所迷惑，终会抵达一个无法撼动的位置和无法企及的高度。我们没有走到那个位置是因为外在的诱惑太多，以至于经常地迷失自己，迷失方向。

此外，我们的骨子里是差不多的文化，凡事不求甚解，缺乏数字概念和精益求精、追求极致的精神，这也使得我们很难用3年时间来耐心地做一只手表。这就是我们很难创造百年老店，树立百年品牌的文化劣势。

在当下社会剧变时代，或许踩对点，选择对，就有能力在短时间内迅速崛起，淘到丰厚的一桶金。但若没有自己的核心竞争力，则必不能持久地发展。你不可能一口吃个胖子，倘若在短时期内迅速地增肥，必是病态。随着市场化的进程，暴利的市场终将结束。不急不躁，不断创新，精益求精，打造核心竞争力才是一个企业百年梦想的必由之路。

缺乏百年老店，其实是百年来，我们民族一直缺乏的一颗安稳心、一颗平常心、一颗敬畏心。

但愿200年后，也有某位西方人士来到东土，站在街角，按图索骥，望着某个店铺，上面写着始于：1998。

2013年7月31日于丽江云上公馆

性、自由和平等

欧游拾缀4

在欧洲很多国家，如荷兰、德国、卢森堡等国，性是开放的，从事性的职业和经营性的产业是合法的。在这几个国家，妓院是合法的，甚至德国的一条红灯区还区分了男女服务的不同街道。据说还有一家妓院已经上市了，从事性工作的人有工会、有星期天和节假日，这在我们看来是难以理解的。

在荷兰，有三项是我们难以想象的，同性婚姻的合法，并且允许领养孩子，赌博合法和吸毒合法，这三项合法是荷兰历史传统的延续。荷兰历史上是一个航海国家，船员每次出海不知道还能不能回来，所以每次上岸之后，醉生梦死，吃喝嫖赌，花光所有的积蓄，以至于这种文化延续至今。

在欧洲旅行的日子，法国也承认了同性恋婚姻的合法性。原来欧洲只有荷兰承认同性恋婚姻的合法性，并且允许同性婚姻领养孩子。随着越来越多的国家承认同性恋，同性恋已经是一个公开、公共的话题，没有人再歧视同性恋者。在戛纳的一家餐厅，买单时不小心皮夹里的一张照片滑落到地上，一个男服务生赶快帮我捡起来，旁边的另一个服务生嬉笑中和他说些什么。我没有听懂，导游和我说，捡照片的服务生是个同性恋，旁边的服务生调侃他说我很适合他（看来我还有男女通吃的魅力）。

中国人对于性是忌讳的话题，即便是在现在已经开放的社会，性仍然是禁忌的区域，一个不适宜在公众场合谈论的话题。我们的历史上也不乏同性恋，汉朝和明朝几个皇帝都是同性恋，到了明朝娈童甚至一时成为风尚。但到现在对于同性恋，仍然是个让人谈性色变的话题。这背后是我们对传统的固守，还有对于外来文化的禁锢。一个几十年前婚姻都需要媒妁之言才能合法的国家，如何一下子让它过渡到认可并尊重男女不分的性关系。

巴黎著名的康康舞大本营：红磨坊。　摄影/刘传辉

在各个文明国家里，同性恋合法化，挑战到很多人伦领域和宗教戒律。反对者认为，同性恋夫妻无法使一个同性家庭长大的孩子辨识和认同男女角色，如果在更大范围开放，或许会危及人类的生存。

但是为什么西方国家会冒天下之大不韪而公开承认呢？

我觉得开放更多的是基于西方社会对于“自由、平等、博爱”的价值理念的认同和坚持。西方社会是民主的发源地，是现代文明的起源，承认性是对人性，对人自由平等的尊重，对个体选择的尊重。就像伏尔泰所说：我不同意你的观点，但我誓死捍卫你说话的权利。西方的民主自由平等的精神对于言论、集会、罢工、选举这些最基本的人权，已经是普世的价值观。通过立法承认对性取向的选择，是对个体选择的充分尊重，是民主自由精神的更高层次的体现。

如果一个国家，连同性恋都能够承认、尊重，那么还有什么个体自由得不到尊重呢？

在欧洲各地，在所能目及的各个场所，看到随时的接吻、拥抱、亲昵，无所禁忌，不分年龄、场合、时间。巴黎的红磨坊是观看裸体美的饕餮盛宴，观众中令人称奇的是很多老年夫妻一同观看表演，这种美超越了性，是人体艺术的唯美品鉴盛会，来自世界各地的游客使红磨坊场场爆满，历经近百年不衰。

看来，食色，人之性也，是大同世界的根本需求。

我们朗朗乾坤一片净土，没有红灯区，没有妓女，没有性歧视，没有同性恋。可是，在这里打击卖淫嫖娼层出不穷，那边爆出上海五法官集体嫖娼，前面还有几十上百个雷政富、刘志军，还不如一把扯下这块遮羞布吧！

承认性，尊重性，是人类进步和文明的体现。

草于 2013年8月2日 丽江云上公馆

随处感动的文明

美国游1

在美国生活了一段时间了，有些细节时常打动我。

美国是一个汽车轮子上的国家，离了车几乎寸步难行。在很多的小街道上十字路口都有一条Stop line，所有车辆在这条线都必须停下来三秒钟，哪怕前后左右没有一辆车都要停下来。如果有车那么谁先到谁先走，几乎没有人违背先来后到的原则。排队等候在美国是墨守成规的原则，无论在哪里，所有的人都很自觉。

以前常听说在国外是车让人而不是人让车，总有几分怀疑，在实地的生活中，切身体会到哪怕有辆车提前停在STOP线上而你要过马路，你会看到开车的人会很友好礼貌地等你过，直到你走到对面的马路台阶上。有时我们不习惯还想着让车先过，在相互谦让中，对方会非常礼貌地向你挥手示意——您先走！

美国临近城市的高速一般都是五六条道并行，车速都很快。在国内染上了来回变线的坏习惯，哪条道走得快就换那条道。但在美国的高速路上很少看到来回换线的车，即便堵车也没有人往前挤，而是很规矩地等待，所以即便车很多但很少堵。在高速路上很人性地设计了一条专门靠左的快速线，车上坐两个以上包含两个的人可以走快速路，而一个人开车则不能。

一次在停车场里遇到高峰，车排成长龙，被堵在停车位上出不来，当后面的车发现我准备出来的时候他主动停下来给我让出位置，示意我先出来，难以想象如果在国内会是怎样一种情况。

在文明的背后是严格的立法和对秩序的尊崇，使得每个人都按规则办事，这样的社会，社会整体效率自然提高。

在美国孩子入学，没人问你是不是农民工的子女，是不是这个学区的，有没有身份，是偷渡过来的还是黑下来的，只要是符合上学的年龄，拿出在当地住宿的证明，即便是租房协议都行，接受教育是上帝赋予你的权利。

孩子去学校上学，第一件事，是指派一个礼仪老师，教孩子的第一课是见人要问好，进门要敲门，拿别人的东西要征求同意，不能随手乱丢东西，衣服如果允许请每一天一换，两个人说话声音不能让第三个人听到，确切地讲是不能影响到第三个人，打喷嚏需要弯曲肘部侧身对着肘部，而不是我们通常习惯的用手捂着。想想看，我们也在教孩子礼仪，可为什么我们的孩子很少能养成这样的习惯呢？

在餐厅里说话声音最大的是说中文的人。在美国无论多大的餐厅，几乎都静悄悄的，听不到喧哗声，只听到窃窃私语和刀叉轻触盘子的声音。所有的餐厅桌上几乎都铺着浆洗雪白的餐布，通常一张餐布能供两三轮客人使用，碰到中国客人，可能需要一桌一换了。

女士优先，似乎是西方世界通行的法则。随处可见的不仅仅是为女士拉门让路。朋友的老公是个美国人，一次她招待我们，同桌是国内来的朋友，还有她从国内过来刚刚结婚的儿子和儿媳。吃饭中我留意到她的美国丈夫每次上菜都会先给她夹菜，然后自己再吃。而对面坐着的小两口则恰恰相反，每次都是儿媳妇给她儿子夹菜。就餐中，中国人的盘子旁边都是一堆残羹剩炙堆在桌布上，而那个美国人的盘子里始终都吃得干干净净，桌布上几乎没有垃圾。

去年10月，给朋友捎了一套ZEGNA西服回来后发现尺寸大，销售人员告知如果尺寸不合适可以在中国的店铺更换。于是回来去ZEGNA店铺询问，但有诸多不便，因为店里没有这件款式需要拍照后询问总部，还需要把中国的差价补出来（中国大陆比美国的同样款式贵三分之一以上）。这样基本上就失去买这件衣服的价值了。所以这次来美国的时候决定去退了或者换了。很长时间我都担心已经过去几个月了，退货期只有半个月对方是否会退？去之前我特意到干洗店去把那套西装熨烫了一下。谁知道到了店铺见到那个销售员问了一下好“Good morning, Do you remember me ?”对方马上微笑欢迎我的再次光临，问我有什么问题，当得知我想退换的时候，他甚至看都没看就把我带到楼上，让我挑选了。

信赖，促成最高效且成本最低的交流！而最近的调查显示中国人对陌生人的不信赖度已经到达68%。

在健身房，每个人使用过运动机械之后，都会用消毒纸把器械再擦拭一遍以方便后来的人使用。出门遛狗的人都会随身携带报纸或塑料袋，当狗大便后随手清理。这是一种习惯更是一种素养，我们在小范围内都不缺乏私德，我们缺乏的是对公德的尊崇和维护！

去圣地亚哥游览需要给停车场投币，身上没有零钱，找了一个出租脚踏车的人兑换零钱。他没有，但他放下手边的生意带我去一家店铺换硬币，当他知道我是为停车投币后马上制止我说："Sunday no pay"，星期天不用付停车费，我感激得就差把手里的二十美元给他当小费了。

到洛杉矶城里逛，其间问路，有个人拿着地图好像对洛杉矶也不熟悉，他在地图上给我画了半天，临走直接把他的地图交给我说："Good luck to you！"这让人情何以堪。

美国的公交车前面可以携带自行车，便于到达目的地后骑车。我坐公交车第一次搬自行车不知道怎么固定，摆弄了半天，车上一个老美赶快下来帮我搬车固定，我温暖得好像他乡遇到了故知。

走在路边偶尔会看到洗干净的衣服，叠得整整齐齐打包放在路边，谁有需要可以拿走，他们给人体面和尊严！

某家的树上有给鸟做的窝，还有在路边给鸟和其他动物撒的食物，有时候会让人觉得生活在这儿的鸟都是幸福的，不用躲避弹弓和毒饵。这让人不由得想起，湖南某地趁着候鸟迁徙大规模地猎杀售卖野生动物的事。去洛杉矶长滩游玩在近海看到成群的海豹、海豚，还有鲸鱼，海阔天空，自由自在，爱动物、敬畏自然的人才会爱自己、爱他人。

虽然只是走马观花粗略地看些表象，但在美国这些都是常识，是习惯。而且让我这个中国人为之感动，感动于人的真诚和淳朴，感动于人与人彼此的尊重和信赖，感动于人的整洁和素养，感动于人与自然的和谐统一。

2013年3月13日

在美国当居家男人

美国游2

2012年来美数日，寓居在朋友家中，由于倒时差，几天以来都过着黑白颠倒、神魂不清的日子。原来的生活规律和习惯完全被打破，忽然面对一大把无所事事的时间，一时懵懂不知道该干些什么。

对于习惯了工作上紧张有序，偶尔抓狂，生活上弱智，衣来伸手饭来张口的人，一下子要转换一种闲适的生活，就像一下子从笼子里放出的鸟儿，不知道该飞到哪里一样。

听过一堂关于九型人格的课，里面有某个型号的人不能容忍无序的生活，哪怕去夏威夷度假也会马上列出度假的作息时间表。对照一下自己，好像符合那个型号的人，还没过几天清闲日子就马上着手安排新的生活计划，培养新的生活习惯，开始半个多月居家男人的生活。

计划如下：

辅导孩子，学习厨艺，学英语，去图书馆，把国内带来的几本生涩难懂的哲学书和小说读完；每天跑步，去教堂体验基督教文化；考一个美国驾照，在附近逛逛，近距离接触一下美国人完整版的生活，约在美国的朋友聊天……

一个人不能无所事事，一定要找事做，不为别的——

只为证明你还活着！

孩子随行而来，暂时脱离了学校教育，但老师布置的作业每天都会发到手机上，平时很少辅导孩子学习，这次耐下心来和她一起做作业。拿出二年级的教课书，努力把自己变成一个二年级的老师，备课，改错题，背唐诗，摊开练字簿，敦促她写日记。教她收拾床铺房间，叠被子，整理衣物，体会平日里她妈妈的不易，还有我这个小学老师的繁琐无奈。这活干得比当总理还辛苦，让人深刻体会为什么中国古人说要易子而教!

朋友家中住着一帮从国内来美打工的人，形形色色的人干着不同的工作，恰好一个大厨考驾照休假住在隔壁，大家共用一个厨房，多年前学厨艺的梦想忽然近在眼前，于是恳切求教。大厨做饭是工作，平日自己一个人都是简单凑合，有一顿没一顿的，忽然有个殷勤谦卑的徒弟，激起大厨的无比自豪，随不吝倾囊相授。于是一同去采买厨房用料，食材，炊具。入厨后，刀工，配料，腌制，火候，烹调，煲汤，炒菜，凉拌，等等，一一讲解，徒弟殷勤师傅用心，一时忙得不亦乐乎。

开始的时候做菜不是淡了就是咸了，不是生了就是老了，食客们因不动手有现成的饭吃已很知足，只好甜咸由人。居家男人有个好处，即便犯错了，也不过是这道菜放盐多了，那道菜炒老了。但咱是个有追求的居家男人，不断改进，到后来连最挑剔的女儿都叫好，想不到老爸还有这一手，欢迎老爸再接再厉。其他食客也高声唱和，高帽一顶接着一顶，在食客们一致的鼓舞下，好菜不断出炉，一道接着一道。俗话说艺不压身，争取离开美国的时候能够达到饭店帮厨的水平，倘若哪天失业亦可来美国帮厨，混口饭吃，倘若混得还好，哪天露一手也算文武双全。

下午不做饭的时候，泡杯清茶，这地方也没法细致品茶，器具不全，只好随遇而安，坐在朋友的庭院里，看看蔚蓝的天空，朵朵白云飘过，阳光分外明媚，抱本书，有一搭没一搭地看两眼，无所思无所想，那些闹心的事都丢到太平洋那边。慢下来，这辈子晒晒美国的太阳，也是一种奢侈。

美国人爱跑步，一天中什么时候都可以看到美国人跑步的身影。老美干事认真，专门有本《跑步》杂志，详细总结跑步的各种情况，推荐出适宜跑步的最佳线路，给出历任总统5000米的成绩，克林顿在30分钟以内，布什好像比这个速度慢，现任总统奥巴马是篮球爱好者。于是我每天傍晚到蒙特利公园跑5000米，戴上耳机里面放着《英语口语红宝书》，英语都还给老师了，现在听懂听不懂，但最起码咱得把rest room（公用厕所）搞懂，免得内急时找不到地方。行头像标准版美式跑步的样子，环绕宽阔的草地跑步的确是一种享受，晚餐也倍加香甜。

加州理工大学冷餐会。 摄影/刘传辉

美国的物价便宜，4升的红酒仅7.99美元，味道醇厚胜过国内几百元一瓶的干红。晚饭时和朋友小酌一杯，叙叙美国的众生相，亦是一件无比惬意的事。

饭后躺在床上看看书，或者看看iPad里存的奥斯卡获奖电影， 那些电影都是以前想看的，总是找不到合适的时间，偶尔看一部也觉得浪费时间，现在看来是自己太不懂生活了。

闲来无事就和想尽各种办法来到美国、追求美国梦的人聊天，每个人都是一扇通往另外一个世界的窗户，通过了解一个人看到另外一个不同的世界。和新老移民们聊天，发现无论你此前是什么，来到美国你什么都不是。每一个移民背后都有一个不为人知的故事，都有一把辛酸泪。偷渡，打黑工，为了绿卡有家难回，妻离子散。孤独、寂寞、缺乏爱，在逼仄的租屋里搭伙过日子。听听他们调侃来美国的段子，第一年豪言壮语，第二年少言寡语，第三年沉默不语，第四年自言自语，第五年疯言疯语。虽然这么苦这么难，这么孤独寂寞，但比起北漂南漂的人他们又觉得幸福多了，至少还有美金可赚，没有人打道回府，都顽强地活着。

周末的时候去教堂体验了一下基督教的文化，尽管时差还没倒过来，瞌睡随时袭来，但坚持听牧师布道，在优美的唱诗声中恍若隔世。

加州理工大学就在附近。一天去闲逛，恰遇一年一度的家庭节，在草地上举办冷餐会，来者有份，每个家庭都可以参加，带着孩子其乐融融。餐后礼堂里还有电影，顺便蹭顿晚餐，感慨美国的人文精神和自由闲适的生活。

生活里还有很多的乐趣和未知的世界，这样的计划不仅是一串食谱菜单，还有很多。比如去看一场湖人队的比赛，去一次赌场，考美国驾照沿1号公路的黄金海岸线拍片子，到斯坦福大学和硅谷看看……生活精彩着呢！主动积极地去了解未知的世界，透过一个人、一段话、一本书、一段经历、一幅风景来探索人生更多的可能、更多的方式，可以更精彩地活着。

这样慢慢悠悠的日子过了半个月，每天面对柴米油盐，吃喝拉撒，读书，散步。没有工作汇报，没有谈判决策，没有商务考察，没有请客吃饭，似乎提前进入了退休生活。静下来发现生活还可以如此美好，在享受这美好时光的时候，真想哪天去教堂里祷告：上帝啊，如果让我再次选择，就让我做个居家男人吧！

2012年10月洛杉矶

后记：

刘瑜在《一个人要像一支队伍》里面有句话："一个人就像一支队伍，对着自己的头脑和心灵招兵买马，不气馁，有召唤，爱自由。"我被这句话深深地打动和感染。

一个人要对自己有要求，不可以将就，不可以苟且，不可以马虎，不可以堕落，要做就做最好。不能当将军就当一名英勇作战的士兵，不能当大树就当一棵春风吹又生，生命力顽强的小草。不能当一个在外呼风唤雨的男人就当一个居家男人，但一定要当一个最好的男人。哪怕一个人都要昂首挺胸，自己来指挥，自己来演奏，自己来歌唱，自己感召自己，自己引领自己，一路向前，生命就会变得风光无限！

时值深秋的普林斯顿大学。 摄影/刘传辉

名校有感

美国游3

来美多日。在美国东部游览多处，纽约、费城、华盛顿、波士顿，所见之风物感慨良多，竟不知如何谈起。

所摄图片已爆满，文字却不知如何落笔。短短几日，恍若隔世。唯饮食不适，苦思馒头、稀饭、方便面，偶得一榨菜亦觉美味。语言不通，连比带猜，方恨早年不努力。其实努力也未必好用，学的东西早已还给老师，很多场合，欲语已忘言。内急竟忘记厕所曰rest room。

在波士顿机场等飞机，百无聊赖，拿出刚买的iPad，据说玩iPad是很潮的一件事，但我却玩不好。机场有免费的无线网络，费了很大劲才上去，原来机场的网络需要先看一段广告，真觉得自己老土。

国内多闻哈佛、麻省皆名校，前日观普林斯顿大学，始知全美排名第一。地处乡村小镇，湖光天色，野鸭嬉戏，鱼翔浅底，水草丰美，浑然一体。古木参天，古建错落，交相辉映；时值深秋，五彩斑斓，黄叶铺地，斜阳夕照，光影交错，时有松鼠跳跃其间。校舍百年有余，如座座城堡，入内皆古香古色；学生六千，教师千余；历史悠久，名人辈出，大师林立，富可敌国；徜徉其间，如入画中，宁静恬美，令人唏嘘。观瞻半日，亦觉此生无憾。我辈尚崇北大，此间方觉无知。

后日再观哈佛、麻省，与普林斯顿有过者而不及。

2010年11月

梦里不知身是客
——美国游4

在夏威夷，午后睡起，去海边游泳。

晴空万里，白云飘逸，青山作障，海水清澈，激扬冲浪，白帆点点；海风习习，吹面不寒，如沐春风。凭海临风，天高海阔。

或下海游一会儿，随着海浪摇曳起伏，无需费力，看着远处冲浪的人，赶在潮头冲上浪尖。或在沙滩上躺一会儿，随意随性，无拘无束。海风吹着椰树沙沙作响，太阳照在身上温暖而和熙，风从身上抚过，如丝如缕。闭上眼睛，若有想若无想，慵懒而自在。沙滩上各色人等，或坐或卧，或看或寐。云从天上轻轻飘过，远处天海交接，浑然一色，如梦如幻，不知今夕何夕，此身何处。

坐海边游船，深海观览，回望檀香山，如海市蜃楼。

天色渐晚，夕阳西下，余晖映天，灯若繁星，火把林列，游人如梭。临海表演，随处可见。乡村民谣，不绝于耳。三杯入肚，意兴阑珊，有此佳境，不羡神仙。

2010年11月8日于夏威夷

不知今夕何夕，此身暂住夏威夷。 摄影/刘传辉

走马台湾岛

2012年的春节，几个朋友相约去台湾。

本次去台主要不是为了去观光。尽管我们从小就会唱《阿里山的姑娘》和《外婆的澎湖湾》，对日月潭也耳熟能详，但对我而言，真正想看的还是台湾的风物，了解台湾的生活和习俗。

腊月二十七下午出行，飞机降落在台中市后，才发现台中是一个很小的城市，机场非常小，小得就像大陆偏远角落的一个火车站。据说这个飞机场是原来的军用机场改建的，现在还可以看到一些战斗机。到达宾馆已经晚上十一点了，当地有位台湾朋友一直在等着我们，带大家去吃夜市。虽然已经是午夜时分，但台中的小吃夜市非常热闹，几乎是人声鼎沸。各种小吃琳琅满目，种类繁多，盐酥鸡、蚵仔煎、宜兰葱饼、豆花等。各家小吃的卫生条件都比较好，食品机械也都比较先进，想来地沟油在这里应该不会有。

整个台湾没有想象中的春节气氛，所到之处没有见到像大陆一样张灯结彩的喜庆。台湾的春节就像我们过一个元旦节一样，没有烟花鞭炮。询问导游，导游说已经禁放好多年了。只是偶尔会在某个店家的门口，看到有摆放的祭祀用品和专门烧纸用的铁桶。

令人感动的是除夕之夜，有个台湾的朋友跑了好远坚持要请我们吃年夜饭，只是我们跟团已经吃过，也不好意思让他们放弃与家人围炉的机会。台湾人称年夜饭为“围炉”，很形象温暖的称谓。这对夫妇很晚了还是到我们入住的饭店来问候，不仅带来台湾的伴手礼，还分别给孩子们发了红包。又跑出去给我们买地道的台湾啤酒，让我们在异乡的除夕夜多了一份温暖的体验。

这个除夕夜，大家一直担心看不到大陆的春节晚会，没有看春节晚会就像没有过春节一样，春晚是大陆人春节的一道饕餮大餐，虽盛况不再并饱受争议，但似乎除夕之夜没有春 晚总感觉少了些什么。这是我们集体的疲乏记忆和习俗。庆幸的是台湾有一个电视台转播春晚，朋友们于是把街上带来的小吃和高粱酒以及台湾啤酒打开，围坐在宾馆的小茶几前看着一台小电视，虽转播的图像和音乐不同步，但这不妨碍朋友们在台湾欢度除夕夜的兴趣。推杯换盏，共话除夕，春晚的节目倒是有一搭没一搭地看着，这样的除夕还是第一次，虽没有丰盛的大餐，但小酒醺人，朋友亲爱，一片祥和，还没有看完春晚，在欢愉和畅饮中我已昏昏睡去。

宗教自由在台湾表现得尤为突出，或许发达的社会信仰总是普世化。遍布台湾各地的是林林总总的各种庙宇，有佛教的大型寺庙如东台禅寺，也有小小的两三间屋的小型道场，甚至很多家庭或店铺都有佛堂；妈祖庙、关公祠等各式各样的道场遍布在城镇乡村社区，并且香火旺盛。

台湾西海岸信众以佛教为主，东海岸则是以基督教为主，在台东公路上不时会看到各种造型的教堂。由于时间关系只参观了东台禅寺。寺院的辉煌建筑令人叹为观止，大陆的寺院多以传统的古建筑风格为主，而东台禅寺则是非常现代的建筑。富丽堂皇，内部空间的设计也非常现代化，并已经实现网络化，整个寺院常驻和尚和尼姑将近2000人。这些比丘和比丘尼很多都是受过良好的文化教育，甚至很多台湾人以家中有人出家为荣，可见佛教之深入人心。

寺院一般都很富有，信众的捐赠较多，大的寺院开办有自己的学校、医院、佛学院、博物馆。打开电视有好几个佛教电视台，主要是各个寺院办的，由高僧讲解佛法，在这种随处可以接触佛法的环境中，人们很容易接受佛法。

信仰是一个社会文明稳定和谐的基础，信仰人群占整个群体的比例，标志一个社会的幸福程度，拥有信仰相对于没有信仰的人，幸福指数一定较高。

政治话题是台湾人津津乐道的，似乎每个台湾人对人权、法治和民主都有自己的见解，对于执政党不管是国民党还是民进党都有自己的支持抑或反对的论述，并且乐此不疲。有台湾人在大陆做生意，在选举中为了投下自己神圣的一票，特意从大陆飞回台湾，投完票之后再回来。台湾很多的城镇街区的户外广告挂着的不是产品广告而是参选人的广告，大幅的照片或是和马英九的合影，或是单独

气势恢宏的东台禅寺。 摄影/刘传辉

一张照片上面有自己的竞选标语。而马英九似乎是很多产品的代言人，很多的工商业界的老板用与马英九的合影作为产品广告。政治人物至少在这个层面上是为工商界直接在作贡献。

在旅行中经过东海岸的花莲县。它远离大城市，属于穷县。但从幼儿园到高中学费全免，并且有可靠的医疗保障；县长每周有固定的上访者接待日，市民有任何问题都可当面告知，如何处理立即会有结果；花莲县几十万人，公务员仅有几百，当差时都要身穿一个上面绣有职务和姓名的工服，便于民众辨认，提供服务和监督。在台湾也常常看到马英九穿着这样服装的照片。

在台北国父纪念堂看了一个台湾政治进程的历史纪录片，有一个印象很深的片段，台湾的民主一定不是独裁执政者自愿改革的结果，而是民权运动的结果。台湾今天的民主不是某个领导人如蒋经国的英明之举，而是由最后民权运动的压力所致，一定会有人为此流血牺牲，有人为此奋斗，唤醒民众的民主意识，迫使最后执政环境发生变化，最后由执政者顺应民意就坡下驴被迫进行民主改革。

诚品书店，读书人的殿堂。

台湾服务业的态度和意识是大陆少见的。单拿旅游团而言，虽然也有购物点也会花比较长的时间购物，但相对而言台湾导游的素质值得称道，具有较高的职业道德水准。没有大陆和香港导游那么赤裸裸的逼购行为，导游的专业素养也具有一定的水平。入住的宾馆无论年代多么久远，卫生条件都相当不错，服务态度也相当到位。

台北一天的旅游安排较差，购物和乘车占去了大部分时间，等到去台北故宫的时候已经没有多少时间了。我只好一头钻进书画展厅，贪婪地看了苏东坡的字和一些大陆看不到的书画真品。台北故宫的藏品三个月一轮换一百年看不完，如此多的真品只给了一个半小时，令人恼火，因此与导游发生了些许的不快。毕竟，旅行的真正目的在于开阔眼界，体察风物人情和饱览别处的自然风光。

去台湾之前就听说诚品书店，对于一个好书的人而言，这是一个心向往之的地方，可惜在行程中没有书店的安排。于是在台北匆匆吃了点小吃，打车直奔台北敦化南路上的诚品书店，这是唯一的一家通宵营业的书店，晚上十一点以后仍然有川流不息的人群。

诚品书店是一个非常惬意的购书场所，充分考虑到购书者的需求，累了就席地而坐。纯木的地板有些被人踩踏的发旧，但就是这种怀旧让人感到温馨，甚至店家还摆着四个大条凳加两张大书桌供读书人专门看书，还有复印机可以使用。

在杂志区，一般好的杂志都是由塑料纸包装着的，但诚品书店允许读者可以在服务人员的帮助下打开，翻阅后在不影响售卖的情况下再次包装出售。

书店门口有一个咖啡厅，我口渴难耐又没有时间坐下来喝杯咖啡，服务生竟然非常贴体地给我免费倒了两杯白水，让人感到生财有大道，君子不以利为利，以义为利的商业之道。事实上诚品书店已经不是以书籍来盈利了，而是一个涵盖百货业、餐饮业等为一体的商业综合体。这也是诚品书店来大陆开店时众多城市争相抛绣球的原因，诚品书店已经是一个城市品位的象征。对于大陆的光合作用书店、席殊书屋等民营书店的接连倒闭，不妨借鉴一下诚品书店的经营模式。如果以后只能从当当网和卓越上买书，那么世间将缺少一种莫大的乐趣——逛书店。

在诚品书店我如饥似渴地采购，从音像资料、历史、人物传记、管理书籍到佛教读物，内容范围涵盖海峡两岸的种种话题。那天走出诚品书店已经是夜里十一点多了，但这里仍然灯火辉煌人满为患。真希望我们生活的城市也能拥有这样的书店，给匆忙的灵魂一个歇息的地方。

从一个观光客肤浅地看去，台湾的经济已非常成熟了。所到之处房子都是老房子，鲜有新的工程，城市和乡村几乎一体化了，看不出很大的差别。很多的台湾工商业者由于台湾市场的局限也都来大陆发展了，所以留在台湾的都是一些常规的产业。服务业非常的发达，很多台湾的品牌都是墙外开花墙里香，在大陆名气已经很大了，但在台湾规模却很一般，比如上岛咖啡。遍布街头和交通枢纽的便捷7-11连锁店，各种快速食品，小吃糕点，展示出未来的我们也将随着经济的发展，时间价值的凸显，走向快餐式的消费模式。

记得2009年读过一本书《台湾这些年》，我在封页上写道：台湾这些年，或许也是未来我们将会走的路，因为都是华人，都是中华民族一脉相承的文化血脉，相同的基因会构造未来共同的审美价值和行为模式。

2012年2月6日

故人故事

成熟是什么？成熟就是知道自己和别人的区别和差距，并且不羡慕别人，勇于做回自己，不盲从，不比较，做最好的自己。

有一种朋友，纵使天各一方，十年未面，仍如初见。彼此欣赏倾慕历久弥新，此种朋友可谓挚友，人生之稀有不过二三。
二〇一四年元月六日 劲然述与北京

雪迹

昨天傍晚下起了去冬今春以来的第一场雪。

“绿蚁新醅酒，红泥小火炉。晚来天欲雪，能饮一杯无。”白居易的这首诗让每个心怀诗情的人在即将下雪的傍晚，都不可救药地想要找一两个好友喝上一杯。于是约两位友人去临近的一间店里小酌，酒喝得畅快，人聊得开心，酒未醉，人已醺。

酒后天已晚，雪依然在飘，站在十字街头，街灯昏黄映出雪花漫天飞舞，雪后空气清新，让人一吐去岁雾霾的沉重，恨不得贪婪地多吸几口。在雪夜里独自步行很远竟也毫无倦意，久久不愿归来。

第二日午后，雪仍在下，望着窗外雪花迷漫，伫立在窗边让我浮想联翩那些关于雪的记忆。

儿时，大雪过后，于院内用一根棍子支一箩筐，箩下撒一把小米，系绳于棍上，躲在门帘之后静待小鸟飞来。但往往等了多时也不见鸟来，倒是鸡在箩下把米吃了，于是气急败坏跑出去把鸡撵走，顺便也把鸟撵走了。有时是太急躁，还没等待鸟儿步入箩下，已经迫不及待将绳子拉了，结果惊飞了鸟儿。只记得少有的几回扣下了几只麻雀，手忙脚乱，手足无措，进而手舞足蹈。如今我住在高楼里，只能重温记忆，却无法让女儿去体验这样简单的快乐。

儿时，大雪之后的清晨，父亲把我从暖烘烘的被窝里叫醒，拿起铁锨、扫帚，先把院子的雪打扫了，再从门口一直到街上扫出一条路。各扫门前雪就这样内化为我的常识，如今很多时候很多的人连这常识都忘却了。

儿时，穿着母亲纳的布棉鞋踩在雪地里，雪水浸透鞋底，脚上犹如粘了一

又到一年下雪季。 摄影/刘传辉

块冰凉的泥，继而整个脚都冻得麻木了，怎么暖都暖不热，干脆不顾母亲的责骂乐此不疲地在雪地里跑来跑去。如今我鞋柜里摆着厚厚的高帮保暖防水防滑功能齐备的牦牛皮户外鞋，却没有时间去雪地上踩踩。

我努力搜寻记忆，似乎从来没有堆过雪人，大约这样的乐趣只留存在某些

画面里。

记忆里雪是和年连在一起的，一尘不染的雪地和红红的鞭炮屑映衬在一起，不时地夹杂着鞭炮声，构成了过年的印记。如今雪少了，鞭炮也少了，过年越来越没有节奏，越来越没有画面感了。

高一那年冬至，突降大雪，我穿着一条薄薄的秋裤，冻得瑟瑟发抖。父亲骑车冒雪二十几里路来学校，给我送一条新绒裤。由于不知道我在哪个班，他一直在风雪里等我中午放学。正值午饭时间，他却嫌学校食堂饭贵坚持回去。大雪封路，我依稀看见父亲推着自行车，一步一步消失在弥漫的雪花里。那是1989年的冬至。

年少时节，黄昏雪起，路灯映衬的雪扑朔迷离。曾期待与心仪的女子到雪地上走一走，幻想拉着她手的温润、温暖、温存、温馨，在暖和中沉醉。可惜一晚上美丽的女孩亦未赴约，只留下残存的凄美。那是二十多年前的雪夜。

刀郎的《2002年的第一场雪》在耳边回荡，那声音沙哑浑厚，饱经沧桑，曾经一声就击中了心底的软弱。可一晃都十二年过去了，现在是2014年的第一场雪，歌声依旧，人时已非。初听此歌我时值而立，如今已逾不惑，正式步入了中年岁月——五味杂陈，不惑亦惑。

茶楼十周年，邀一票朋友，办一期沙龙。窗外飘着雪，雪下得急，人来得紧，依次推门，进来都忙着抖落身上、头上、围巾上的雪花。室外风雪交夹，室内其乐融融。聊至中午，吃羊肉、喝大酒，散了，相扶而去。那是2008年11月28日，距今六年。

2007年的隆冬，大雪封山，随一票志愿者驱车600公里，又步行二十余里，到深山小学做一次公益活动。抵达时已经下午两三点，冻饿交集，山上风雪正大，雪漫四野。活动时拉着一个小孩的手，他皴裂的手又黑又糙，一如我幼时的手。我像拉着我幼时的手一样，在寒风凛冽中被冻得僵硬。时间在那一刻凝固，手被冻僵的麻木，似乎在此时回忆的一瞬间，仍在指梢。

活动结束后，小学的食堂里炖了一大锅猪肉炖粉条，端起粗陶裂口的大碗，吃了两碗，外加两个大馍馍。破旧食堂里弥漫着热腾腾的水汽，和着辣椒面、醋、馒头香，余味犹存。那是2007年的12月，距今七年。

四姑娘山登山营地，夜宿帐篷，风雪交加，混杂在风声、落雪声、流水声、铃铛声、高原反应的呕吐声、夜半撒尿声、踩雪的咯吱咯吱作响声，一夜难眠。晨起，凛冽的雪被风裹挟着吹打在脸上像刀割一样。在摸黑攀爬过程中，那股征服的欲望如今仍激荡在胸中呼之欲出，那是2010年的深秋，距今四年。

而此时，我伫立在窗前遥想一千多年前的一个雪夜：王徽之想起他的朋友戴逵。书载：

> “王子猷居山阴，夜大雪，眠觉，开室命酌酒，四望皎然。因起彷徨，咏左思招隐诗。忽忆戴安道。时戴在剡，即便夜乘小舟就之。经宿方至，造门不前而返。人问其故，王曰：“吾本乘兴而行，兴尽而返，何必见戴？”

这样的不羁和洒脱成了遥远的绝响。

还有那些美好的诗句：

> “孤舟蓑笠翁，独钓寒江雪。”“欲渡黄河冰塞川，将登太行雪满山。”“柴门闻犬吠，风雪夜归人。”“云横秦岭家何在？雪拥蓝关马不前。”

……

一并在此时与我同在。

于是我写下：

“得意莫过，一个人在这安静的午后，大雪纷飞，读书、临帖、品茶、焚香、赏雪、观鱼。

一个人的快乐只有一个人知道。

此时倘若有佳客不期而至，泡一壶大红袍，说一番会心语，不亦快哉？”

此时，一个人读舒国治的《理想的下午》，手不释卷。窗外，雪漫天飞舞；室内，暖意融融，沉香袅袅，茶香酽酽。

真是个理想的下午。

草于2014年2月5日下午

阳光少年德鲁比的专业与职业

德鲁比是公司男装部的主管，原名陈伟华，为什么叫德鲁比已不可考证。认识他多年，几乎不知道他的原名，大约是他原来从事休闲服饰的专卖，每个人都会起一个英文名字，表达一个欢快的气氛，所以一直沿用下来了，因为“德鲁比”在业内的声誉卓著，所以大家渐渐忘却了他的本名。

德鲁比长着一张娃娃脸，猛看上去像十八九岁，其实已经快三十岁的人了。白皙的脸上架副眼镜更显斯文，永远也长不丰满的瘦弱在这个以瘦为美的时代引无数女生竞折腰。记得他曾经留过长发，是那种烫染过的很时尚的长发，很有些艺术气质，原以为他是从事某种艺术职业，其实他是在佐丹奴专卖店做店长。为了与时尚更贴近，为了职业的需要，为了配合店铺的气氛和形象，他从自己开始第一个烫染头发。在他的带领下，据说店铺里最保守的一个女孩也加入了时尚的行列。他说，改变别人需从改变自己开始。

德鲁比没有进入公司之前我们已经认识三四年了，几年中我们断断续续的交往，使我不断了解他、认识他，发现他身上的优秀品质，特别是他的操守——专业精神和职业风范。我们之间的联系无论是打电话、发短信还是在网上MSN，他总是很客气，回应很及时。有时可能他忙，有时可能不在线，但无论如何他收到信息之后一定会回复。电话里，他一定会等你首先挂断之后他才会结束。他的谦和礼貌甚至让你觉得不好意思。

当时我刚刚进入服装零售领域，很多问题都不了解，经常会请教德鲁比一些问题。他当时在吸引力公司，那是一个非常规范非常优秀的公司。有一次问他有没有培训的资料可以借阅，他说有，但是公司内部的资料不允许对外，他说他可以给我讲解，但不能对外借阅，这样将违反公司的规定。后来公司大了需要培训店长，我想请他来做一次培训，他碍于我的邀请不好回绝，但又忌讳违反公司的回避原则，就邀请他的朋友来给我们公司做了一次“FEEBACK”的培训。虽然我们公司和他们没有直接的竞争关系，但他遵守职业的规范，没有人监督他，也能自我约束，这是他的原则。

后来他从吸引力公司辞职和别人一起创业，代理了一个休闲品牌，他自己带店。有一次德鲁比的一个老同事（我也熟识）从外地来办事，顺便看看他，我们中午约他一起吃饭，他坚持那天是他带班，不能走开。我内心觉得他固执，心想自己开的店有什么不能走开的，但他坚持。饭后我们去看他，他正在开B会议（开B，休闲服饰专卖的一个交接班前会，主要是沟通当日的信息），我们就站在马路对面的广场上，他知道我们在大热的太阳下等他，但他丝毫没有提前结束开B的意思，一直等了半小时他才开B结束，然后一脸轻松地说现在可以走了。我事后明白，虽然是自己开的店，但他当时的身份是店长，故不能擅自脱岗。尽管没有人监督他，但这是他的原则，在其位谋其政。

再后来他和别人合作的品牌由于厂家的经营不力，货品断档，他被迫将店铺转让，损失了不少。这期间还有许多不为人知的酸甜苦辣，还有与合作伙伴之间的误会、矛盾、摩擦，但他也从未抱怨过，从未指责过在这期间的任何人和事。只是看他尽最后的努力，想办法在有限的货品下销售更好，使店铺的损失更小，积极寻求更好的办法，接洽更好的品牌来挽救生意。他总是这样不等、不靠、不要，不抱怨、不指责，心怀阳光，积极行动。

再后来，在我的力邀下他加盟了我们公司。

上班，他总是来得很早。开始时由于男装品牌需要往后推，没有事情安排给他，他积极地询问有什么事情可以做。公司安排他暂时负责培训和营运，他什么也没说，就埋头干去了。后来我看到他的培训计划和培训课件感觉很意外，即使专业的培训人员也未必能够做出那么专业的水准。我了解大家对他的培训反馈都是很好的，有理论、有案例、有互动、有考核，有板有眼，而此前他从来没有做过培训。做一行，像一行，他做事讲究专业。

来公司不久，他就把自己原来的经验，结合公司现状提出了很多可行性的意见。他当时工作还兼着营运，但仍要求自己每周至少要下店铺巡店两次。他不是巡完就完了，而是将巡店问题都一一做成幻灯片，在周会上放给大家，让大家看了很直观。我不知道最后的效果，但我听到大家认同的掌声。

他还整理记录了“马克华菲”品牌开业的始末，让大家看到我们开业一个新品牌的过程。这些都是我们以前没有想到、做到的事，他用心给我们诠释了什么是专业的精神。把自己的工作竭尽全力做到最好，追求完美，这就是专业的精神。

马克华菲开业的前前后后，都是他一个人从前跟到后，我只是给了他一个联系人的名字，还有全年的目标要求，他便独自去了。从参加马克华菲公司的培训开始，因为错过了订货会，在马克华菲的陈列间里，不知道他如何从一堆分不清季节、尺寸、系列的货品中选货下单，分配订货目标，安排打款计划，和其他地市的经销商沟通了解信息，沟通协调和马克华菲公司的各个部门的关系，他都一一搞定，很少来寻求我的帮助，但他会不时给我回馈工作的进展情况。偶尔有些问题问起他，无论是货品、人员、厂家的事，他总是已经安排好了。他给人以很大的安全感和原则性，干什么事情都让你觉得放心，让你觉得有规则。

马克华菲开业前夕，他从头到尾守在工地，开业前夜他一夜未回，直到次日深夜才归。如果知道他家里还有一个身怀六甲即将临产的爱人，你就知道什么叫敬业。职业风范，莫不过此。

他来公司的次日，我发现他对我的称呼有了一个改变，他原来亲切地叫我刘哥，现在叫我刘经理。我并非在意称呼，我更深深觉得他身上闪烁着职业精神的光芒和智慧！

2007年8月22日

我的野蛮成长

女儿八岁，一年级，准备上二年级。临近期末在学校摸底考试中成绩不理想（真扯，一年级就开始摸底了！现在的教育一定要把她极富创造力的生命变成标准答案），被她妈妈罚站面壁。看她可怜楚楚，我想到我顽劣童年的那些糗事。

幼时过年，尚无成挂鞭炮供孩子玩耍，孩子都是等放过鞭炮后，去拣未炸的余炮。大年初一，兴奋异常，听到隔壁三爷家炮声响起，奋不顾身冲到还在噼里啪啦乱响的鞭炮地上狂捡。突然，只听啪啪两声响，手里握的和兜里揣的两个大雷炮炸了，手炸得稀巴烂，脸也炸得黑青，新衣服兜也破了。但战果不小，拣了一兜炮，冒险和勇敢的孩子总有所获。

八岁那年我上了一年级，村里没有幼儿园学前班，八岁前都是在村子周围几公里的地方摸鱼、捅马蜂窝、掏鸟蛋，干尽各种坏事。那时候一大家子二十余口人住在一个屋檐下，大家庭还没有分家。爷爷养了一只高大的黑山羊，健壮而倔强。我每天都得去放羊，年幼力单，经常被那畜生拉翻在地拖着走，弄得灰头土脸。于是我只好把它拴在某棵树上跑去玩了，也不顾它的死活或是否吃饱。堂兄大我两岁，我常抱怨哥哥为什么不去放羊，爷爷说哥哥要上学，于是我急切地想去上学，不是因为有强烈的求知欲，而是上学了就不用再去放羊了，谁知上学了还不如去放羊，自由！

那时村子里的乡镇企业很发达，我们小小的一个村子就办了好几个工厂，有酒厂、罐头厂、纸厂等。家门前有个酒厂，酒厂里生产两种酒，一种是白酒，另一种是类似啤酒的酒——格瓦斯，现在又卷土重来成为流行饮品，那是一种用面包发酵后酿的酒，酒精含量较低，充满了泡沫像饮料一样的酒。因为需要面包发酵，所以总有人赶着驴车往厂里送面包。天哪，上世纪八十年代初期，一车一车金黄色的面包，对于一个农村孩子来说简直是天外来物，除了口水还有挡不住的诱惑。我领着一帮孩子围着驴车，有人打掩护有人拿面包，得手后揣在衣服下面迅速跑开，很有些联合作案的味道。送面包的人一个人赶头毛驴还要看着车，对这帮小孩也无可奈何。一天又去作案，被酒厂里的人抓住，因为都是街坊邻居叔伯大爷，也没有要严厉处罚的意思，就随手在酒缸里舀了一杯白酒说：你喝了就不告你了。我于是捏住鼻子喝下去，之后，自然一个下午都不知道怎么过的。这大概是我第一次醉酒。

第二次醉酒要等到几年后。那时我三姨家时常帮补我们，一次过节给了我们好几瓶葡萄酒。葡萄酒喝着很甜，我当饮料不知不觉喝了一瓶，去上学的时候已经摇摇晃晃了，到上课干脆就伏案大睡。老师看见就用书敲醒我上台去演示某个题目，我摇晃着走到讲台前，忍不住狂呕一地。老师见状以为我得了什么怪病，赶快叫一个同学把我送回家，我躺下美美睡了一觉。学校还没放学我便跑出去玩了。

那时候没有零食，家里偶有过节时亲戚送的点心，是用草纸包着，外面一个红标签，有棱有角，一根绳子四下一扎，里面装着方酥或饼干。大人舍不得吃，偶尔拿出来哄哄更小的弟弟妹妹。心里老惦记奶奶里屋桌上的那包点心，放学了忍不住偷偷解开绳子，把包装纸轻轻打开一个口，拿一块，再原样包好。真是好吃的美味，一块方酥要回味好久。隔日，忍不住再偷偷拿一块。大人看着点心原样不动也不在意，直到某日应急打开一看，成空壳了，奶奶骂哪个龟孙连最后一块也偷吃了。

村里罐头厂每年秋季都要收购大批的苹果、橘子和梨，村办企业也没有正规的仓库，收来的水果就堆在大队部或找一间空房堆放。那时农村很少见水果，不像现在把水果削好孩子都不肯吃。一帮孩子隔着窗户看见堆成小山的水果，一个个舌头都伸出来了，但伸手够不着。于是集思广益找根竹竿，再把前面绑上硬铁丝，像单根鱼叉一样，把竹竿叉子伸进水果堆里用力一插，一下可以穿四五个苹果。如此非凡战绩，结果把各种水果吃得牙倒，最后只剩拉肚子了。

罐头厂生产出来的整箱罐头，也堆在大队部旁边的房子里。大家都垂涎已久，不得机会。一天夜里放电影，月黑风高，在一个堂兄的带领下，几个大胆的孩子偷偷跑到大队部，从窗户的钢筋间隙一个一个钻进仓库。那个晚上虽然错过了一场电影，却大饱口福，简直就是一场饕餮盛宴，把各种罐头吃了个遍。为了不让现场很快察觉，一帮家伙吃过之后，又把空罐头瓶整整齐齐地放回箱子里封好。有个家伙憋不住尿尿，拿了一个刚吃过的空罐头瓶尿了进去，依旧放好。过后我说公安局能根据那罐尿找到他，吓得他好久都惴惴不安，一再询问我有没有什么好办法，我说只好在发现之前把那罐尿再偷回来。他是否偷回来已无从考证，现在想来乐不可支。

记得一次不知怎么手里有三分钱，于是央求母亲再给两分钱，因为街上卖的冰棍是三分钱一个五分钱两个。母亲忍不住孩子磨叽给了两分钱，我欢呼雀跃地从屋里掀开帘子一个箭步飞到门外，门口老母鸡领着一群小鸡在啄食，我躲闪不及一脚踩死一个——得，冰棍没了，一顿暴揍！得意不能忘形啊！

小时候家里老鼠多，但猫稀缺，总是要亲戚托亲戚才能弄只小猫。那时我和女儿现在的状态一样，对猫和一切小动物充满了喜爱。有只猫在家里养了好久，冬天和我一起睡觉，我不时抓麻雀喂它，那是儿时少有的宠物。一天传出噩耗，它吃了死耗子中毒死了。我悲痛欲绝，叫来一帮小跟班，把猫郑重放在一个纸箱里，像棺材里装置死人一样，纸箱里垫些灰土，放几个烂苹果，就差给它穿寿衣了。在屋后刨了一个坑，郑重地把它埋了，烧了香火。最后，让所有家伙一个一个磕头祭拜，谁不拜，以后不带他玩了。

我伯父家对门有个媳妇，在村里很不孝顺，邻里关系紧张。一天她和我伯母吵架了，我打不过更气不过。晚上我揣一把剪刀爬上他们家房上，那时还没有线电视，都是在房上架根天线，摸到他们家的电视天线，咔嚓一刀，把天线剪断。然后又悄悄地拧在一起，看不出破绽。结果好几天他们家都以为是电视坏了。

最搞笑的是一个夏天的晚上，我们班的一群家伙疯玩，在新建的一群房子里分班打仗，恰好跑到老师家的房后。老师结婚不久，后窗亮着灯，有个家伙说爬上去看看，于是架着人梯，我爬上去了。透过窗户，我看见老师光着膀子穿着短裤坐在床上扇着扇子，没有其他的节目。老师听到响动大声问：谁。一群家伙吓得鸟兽散，慌乱中我被疾步出来的老师一把抓住——

问：干啥？

答：玩。

问：都看见什么了？

答：啥也没看见。

老师很生气，后果很严重，事后老师告诉我爹，一夜暴风雨的海扁，真是冤枉啊，还不如看见点什么！

童年那些糗事大多伴随着关于偷吃的味觉记忆，还有些肆无忌惮的恶作剧。给某个溜须拍马的学生凳子上倒插个别针，三天两头打架，脸上总是伤痕累累，放学补作业，留校察看，一周犯错一百多次，叫家长是家常便饭，等等，罄竹难书。如果去葛优在《非诚勿扰》电影里那个教堂祷告，估计忏悔几天几夜也说不完。然而还好，正像一个德高望重的伯父当年劝说我父亲对我宽恕一些，说这孩子长大肯定有出息。或许有着这样的暗示我没有一坏到底，野蛮成长着，成了今天这个样子。

所以，我看到我那可怜的女儿虽说比一个班的孩子还难带，但比其父幼年的顽劣，大可不必惊慌，教给她善良、诚实和爱，其他的就任其自然吧。

2012年6月15日

260元的成人仪式

每一个未拿过薪水的人，都不止一次筹划过自己的第一笔薪水应该怎么花，可成年以后却很少能记起自己的第一笔薪水是怎么花的。

很多人不止有一种打算，拿第一笔薪水去干点什么，买自己喜欢的书，去饭店痛快地大饱一顿口福，给心目中爱恋的人买一件力所能及的礼物，给养育自己的父母反哺一份孝心，等等，不一而足。也或兼而有之，总之是拿第一笔微薄的薪水，花最少的钱办最多的事。

我的第一笔薪水使我终生难忘。随着时间一天天的流逝，随着自己一天天赚钱多起来，一天天摆脱贫困，记忆的长河里这件事被每一次发薪的日子擦磨得愈加闪亮，刻画得愈加深刻，它不时敲击着我去反刍往事，检点今天。

记得那时刚毕业和一个穷哥们儿分到同一个单位，同一天去施工工地摸高爬低实习，上学的时候我们就在一个饭缸里啃日子。当初求学时经常囊中羞涩，不忍走过飘着诱人香味的餐厅橱窗，偶尔也狠心去小饭店叫一份最便宜的鸡皮辣椒，打打牙祭。记得那时非常想吃烤鸭（没有吃过），曾和穷哥们们不止一次订下盟誓，“毕业后挣到的第一笔钱，一定去吃一顿烤鸭，无论如何，如何无论，一言为定，驷马难追！”然而当我们经历二十几年不曾经历的劳苦之后，第一次发薪日真的拿到几张握出汗的钞票——260元，不多但也不少。哥们彼此都很欣喜，可当初的盟誓却不攻自破——谁都没有提及烤鸭的字眼，一是因为一顿烤鸭足以吃掉我们半个月的薪水，我们尚无此决心；二是自立的意识早已远远压过了对烤鸭的垂涎和奢望。

我急切地回家向父母展示我260元的自立。那是1994年7月，天气炎热得足以在太阳下烤熟一只鸭子。回到小镇上花60元买了许多水果，香蕉、菠萝、苹果，还称了几斤肉，足够家里吃几顿的。偏安一隅的父母都是中国传统式的农民，勤劳、善良、俭朴，养我们几个孩子上学，已经使他们力不从心。家庭的境遇从我记事都是那么紧紧巴巴。我们虽不像父辈那样经历过三年自然灾害挨过饿，但也从未感觉家庭宽绰过，每年吃肉的日子是可以掰着手指数的，除了过年、八月十五、祖父的生日，其他的日子很难吃到肉。

母亲见到孩子回来一下子买这么多东西，一时很惊慌，一再喃喃自语："这怎么吃得完，这怎么吃得完，孩儿呀！"话语中充满不知所措的欣喜与责备，一来是觉得高兴，另外也觉得浪费。那时候家里没有冰箱，那么多东西根本无处存放。水果还好，那么多肉很快都会馊掉，母亲只好割下一部分肉放在铝盆里放进水缸凉着。

那顿午餐非常丰盛，说到底是肉多，盛菜的时候不必在锅里翻来覆去挑。印象里好像还买了几瓶啤酒，中午和父亲一起喝了一点。那天好像过年，似乎过年也没有如此的丰盛，可以大口吃肉大碗喝酒。

饭间我拿出剩余的200元工资郑重地交给母亲，说："妈，从今往后我不再给家里要一分钱。这是我第一个月的工资。"母亲一再推让说我刚上班还需要用钱，让我先拿着。母亲自然知道我一个月工资多少，父亲也附和说在外面不容易让我收起来。但我执意要给母亲说我还有，我坚持着要完成一个成人的仪式。

那顿午餐一家人其乐融融，是这个沉闷的家庭一向少有的欢愉，父亲和母亲颇感欣慰，见到儿子成人，似乎苦尽甘来。

饭后，看到那么多水果，母亲想去探望一下邻村的外婆。母亲回娘家步行不到十分钟，但农事繁忙，子女累赘，家贫乏力，以至于回一趟娘家也是件难得的事，借着儿子的一片孝心，母亲自然也想把这份心意传递给自己的父母。

可面对缸底的那一盆肉，母亲怕隔夜放坏了，炖了可以放得稍长些，于是又把肉切切炖上，满满的一锅。临行母亲一再交代我记得一会儿把锅端下来，别把肉炖糊了，我一口应承下来，让母亲放心去吧。

七月的天很容易让人犯困，加上午餐的丰盛和几杯啤酒，我和父亲很快就倒头沉沉睡去。直到听见母亲大喊："糊了，糊了！"才被惊醒。我飞身跑到灶台前，母亲已经把锅端下来，一股焦糊的味道窜起。父亲此时也过来，一脸愠怒。看到一锅焦糊的肉，气急败坏地把勺子摔到锅里，呵责起母亲来。母亲像犯了天大的错，低头不语自顾去翻捡锅里的肉，看看是否还有能吃的。父亲一个农民靠着几亩薄田过日子，平素一分钱掰成两半花，看到一锅炖糊的肉犹如商人蚀了一大笔钱般痛心。

次日回程，母亲像往常送我上学一样，帮我打点行装，放几个馒头，塞几个昨天买的水果，一再叮咛嘱咐。我敷衍应承着说好好，让她别操心。回到公司打开包，看见母亲塞在包内夹层里我昨天给她的200元钱，泪水忍不住地流下来。

那200元钱，一直没舍得花，珍藏着做个纪念，它不断砥砺我，惕厉我，激励我！

草于2000年左右

整理于2012年3月13日

后记：

这篇文字写了好久，原来的草稿在书房的某个角落里，后来随着搬家彻底遗失了，本文前半部分是根据原稿后半部分回忆写的，时间虽已久远，但事件却刻骨铭心。

老六

老六是我大学一个宿舍的兄弟，304宿舍七个人中我排行老五，他排行老六，加上我们是老乡，住的是邻村，有了这层关系，在大学里我们比其他几个弟兄似乎更近一些。

刚刚入学的时候，老六时常会提起一个问题，或者说一个假设成立的问题。当初他和另外一个同学一起参加高考前的招飞（招募空军飞行员），体检时过五关斩六将，那哥们过去了，他在招飞的最后一关被淘汰，仅仅是因为他前额稍宽那么一点点。如果不是这么一点点，他说不定已在某个航空兵学院了。后来那哥们退役后去民航工作了，现在已经是个资深机长，说来人生有时候就差那么一点点！

老六聪明，毕业于我们那个县一中，他平时不怎么用功。我们都解脱在60分万岁的时代，大把地挥霍青春，打球、喝酒、恋爱。但一般临近期末考试，他通常都会熬几个通宵，每次张榜出来成绩都名列前茅，一帮死读书的家伙只能“望洋兴叹”。

他那时拍拖了一个财会班的漂亮女孩，女孩温文尔雅，不是大家闺秀也赛过小家碧玉，女孩父亲是某大型国企的老总。老六英俊，如果不是主考一时走眼，如今他或许已经是上尉飞行员了，所以泡个把美妹自然不在话下。大家都羡慕得要死，把他们称作是金童玉女。我至今还记得，一次他喝醉了在宿舍里，要我一定把那个漂亮的女友叫来。女友来了，他醉眼迷离，从被窝里伸出手来拉着女友的手，温馨的场景现在想来还让人羡慕忌妒恨。毕业后，诸多原因，他们终没有走到一起，留下一个无数次被我们追忆惋惜的话题。

我和老六虽然都是农村出来的，但那时老六家里有个小卖铺。父亲在他幼年时候就出门折腾，长年在外跑，不时也来看他，给他买东西丢些生活费，那时他提及他爸爸是一脸的骄傲。他的经济条件自然比我要好得多。一次我参加学校的演讲比赛，宿舍的弟兄们都去当拉拉队，很荣幸我得了一等奖，奖品也就一个影集。但一帮穷哥们非要我请客，那时囊中羞涩，根本请不起这么一伙打劫的。老六说："我买单，但我有个要求，就是把那奖品给我。"都是亲如骨肉的弟兄，哪还分得清谁是谁的，只是给我找个台阶下吧，那一晚的酒喝得很尽兴，也不知道花了他几个星期的生活费。

再后来我们毕业，开始像没头苍蝇一样各自忙顾着自己，因为弟兄们都是过着仅能自保的日子，找工作，四处应聘，然后埋头工作，谁都顾不上谁。

很幸运，当时我找到了一份现在看来很不错的工作，过年的时候发了3000多元的奖金，那是1994年啊。老六春节前到老家找我，没有什么事，就是拮据！我二话没说数出来1000元给他。再后来，他去了期货公司，我甚至一度很羡慕他坐在高级的办公室里，对着电脑看着红红绿绿的屏幕，一副高级白领的样子。在随后的一两年里我们都相安无事，不时在弟兄们到省城聚会时喝上两杯。他做期货要拉客户，身边能拉的人都拉了，几乎都血本无归，找不到客户就没有佣金，几近失业。几次试探之后他直截了当要我投一些，这时我刚刚攒了4万元，那是半栋房子的钱。明明知道给他是凶多吉少，但他拍胸脯说已经找到制胜的秘诀，加上我一点点的侥幸，1996年的春节前进去，春节后出来，4万变2万，速度惊人。我赶快央求他出来，要不就尸骨不留。

再后来，他从省城到市里，从市里到乡里，从乡里到家里，一晃，十多年过去，他一直坚持在期货行业里。大家曾经劝他离开这个行业，也有同学发迹让他去担一份差事，但都不长久，他就又沉浸在他的期货世界里。我也曾经力挺他的坚持和执著，为此不惜和老二打赌，赌有一天他会一飞冲天，而十多年里，他似乎没有让我赢的迹象。这期间，他结婚，生子，家中丧事，大家来捧场，他办事，我接待，知道兄弟他过得不如意。

前些年弟兄们偶尔有事小聚，他也参与，还像当年一样大大咧咧，打打闹闹，一醉方休。再后来，大家都一天天忙起来，当年宿舍一帮弟兄大多都自立山头，有了自己的一摊事，只有他躲在家里摆弄他的期货。渐渐远离了大家的视野，很少往来。有一次他来市里，隔着茶楼的窗户我看着他从门口路过，径直去了，很想叫他进来中午喝一杯，一时又没了勇气。偶尔的电话也大多是关于钱的事，记忆中他借的钱从未还过。春种秋收时节我有时也回老家探望父母，从他村子里过，隔着车窗看见他坐在拖拉机上去收秋，灰头土脸，我只好想象我和他就像当年睡在一个宿舍中一样和他打招呼，他淡淡地对我点点头，又径直去了。

前年的一天，他在电话中说他要在家盖房子，需要借几万元，我一时手中局促，就没有借给他。他在短信里将我恶心一顿，说我为富不仁，我一时无语，心中凄凉，想想除了钱我们怎么走到了今天。两年过去，之间没有一个电话，没有一个短信。春节回家，顺路捎些年货给我三姨。三姨家和他对门，车停好，看见他从家里的小卖铺出来，看见我，转身又径直去了，我追过去，拉他一起到三姨家喝一杯。他说戒酒了，我只好无趣地说过会儿见。饭后，从三姨家出来，知道他烟瘾大，给他拿了条烟，他媳妇说他去镇上进货了。

……

不知是哪位哲人说过：在世界抛弃你之前，你已经抛弃了世界。

2010年3月20日凌晨2点

又：

前日，老七忽然打来电话说老大父亲不在了，明日早上火化，弟兄们相互通知一下晚上赶过去。他已经通知过老六了，叫我顺便拉上他。久疏联系，竟一时不知该如何和他通话，电话通了，没人接。

三四个小时里，弟兄们赶着夜路从省内省外的各个地方赶到老大家，遍数兄弟少一人！

2010年11月

回想北大匆匆的日子

对一个球迷的真情告白

2000年欧洲杯的前夜，终于与阿兰·希勒同房了。此阿兰·希勒非英格兰队长那般英俊矫健，而是我白皙而文弱的室友。因为在网上混得小有名气，权且也算一回名人吧。但因常让我去卫生间给他送手纸，以至于我对他无法像对江海红狐、妙红、东方晨曦、还俗和尚、刁骗子一样顶礼膜拜。

且称呼他阿兰吧，这符合他的阴柔。网友们常调侃希勒音谐希特勒，可阿兰却是一脸善相，只是鼻梁上架着的镜片后面，不时会闪现几分狡黠和睿智的目光。那天他打开新浪竞技风暴特别推荐的《欧洲杯猜想》让我看，说阿兰·希勒是他的笔名，看完那篇文章，让我大跌眼镜，假如我还有眼镜的话。我以为他烟熏的唇齿只会用方兴东第二的口气点评诸如网站的极限新经济之类的话题，以及掰黄夏流教授的段子，何曾想他竟然是一个十二年球龄的老球迷了。

不二日，阿兰不无得意地说某报邀他写球评，我一脸景仰地看着他说："有稿酬吗？"阿兰便故作淡然地轻轻摇头说，"唉，聊补家用吧！"我恨得牙根痒痒，那顿午饭他居然还让我买单。又二日，阿兰约我共进午餐，说他的文章已经见报，一同庆贺一下，席间他跑出去竟然买了两份小报，虔诚地收好一份，拿出另一份展开让我看。他的文章竟然同黄健翔、张路们同列一版，他灿烂的脸上分明透着聊补家用的喜悦。

欧洲杯开战的前夜，阿兰提着午觉睡足的精神，像期待久别的情人一样守候在电视机前。夜半清脆的键盘敲击声，把我从梦中惊醒，见阿兰佝偻身子盘坐在电脑前，指尖轻舞飞扬。次日，我看到他夜半的大作，那篇荡气回肠的文章《足球的祭奠》已经贴在网上了。

通常我在阿兰击键的音符中睡去，在次日清晨蹑手蹑脚离开散落一地球报的房间去上课，而对于阿兰，日上三竿正如他的月已西斜。他大多是和着未及脱掉的上衣蜷曲在床上，瘦得只剩下骨头的身躯活像一条大虾，这叫我想起网虫都叫大虾的原因，但若把他烹了却未必味道鲜美。电视机前烟缸里塞满的烟头告诉我，这道大菜只会有黄果树的烟味，因为阿兰只抽贵州的黄果树烟。

午饭后，我会给阿兰带些填胃的东西。有时他会醒来，但大多是下午放学后，他才会舒展起虾腰，扒几口盒饭里已经生冷的炒饭，渐渐活过来，脸上有些人气，开始绘声绘色给我这球盲讲解昨夜今晨的精彩进球，评判胜负乾坤，话说德国英雄迟暮，荷兰动物凶猛，英格兰激情四射，意大利妖气十足……我便是不能明白了，为何他吞进去粒粒白米炒饭，却能吐出字字玑珠文章。

阿兰观球写文章是严谨而辛苦的。没有他摆黄色段子的洒脱，这或与他的家学渊源有关。一次他竟为考证一个成语，打电话给远在他方的作家老爸，几个来回，电话的费用也赶上那篇文章的稿酬了，于是阿兰一气之下便买了一本成语词典。阿兰常要边看边记，看球的间隙还要把这种灵感敲击出来，或去网上唱和批刁斗马、漓江烟雨们的帖子。大多的球迷在清晨终场的哨声后，夹裹着一夜的疲倦、兴奋还有失落，倒头睡去。而阿兰却要顶着睡意，把一个球迷的激情洋洒在网上，在报纸定稿前发出去，与足球的情人们共同咀嚼足球。

欧洲杯开战之后，阿兰从此在北大的教室里消失了，于是那个才貌双全气色俱佳，令阿兰十分喜欢的美女老师的魅力，也没有让阿兰再走进教室。阿兰在班上的人缘极佳，少了他，也少了几分风趣幽默。同学便戏称他越来越像名记了，名记乃名妓也。妓，昼伏夜出者也。

我收笔这篇文章天色已放亮，阿兰正在敲击一周评述《子不语：斑驳陆离》，他沏上一杯浓浓的冻顶乌龙，深啜一口，轻摇额冠说："唉，真他妈的……"不知是说球的精彩，还是茶的香浓。

我方知一个球迷妓女的生活竟是这样的爱恨交加。

我来了，我看见了，我征服了！

2000年6月

我和卢劲，摄于开封龙城。

后记：

2000年3月，春光明媚，我去北大进修，与卢劲相识在未名湖畔，蜗居在北大东门，现在想来仍然很温馨。

回想北大匆匆的日子，太多记忆几乎无法承载，回忆如沧海，能捧起的只有一粟。那时与卢劲同宿在北大东门外的一间斗室里。那时的同学大都分住在各处，有着自己男的或女的室友，而我和卢劲是在欧洲杯足球赛开赛的前夜才搬到一起住的，那时我们才开始真正了解对方。一向文弱的卢劲想不到还是一位职业球迷，我们同住期间我目睹了一个球迷业余记者的生活。今天回眷那段日子，特以当时信手涂鸦的此文，来纪念我与卢劲共同学习生活的时光，纪念我们的友谊，我们的知己，我们当时流于集体生活之外的一点轶事。

世贵爷

不久前回老家，不经意地听妈妈说世贵爷过世了。多年不曾在家，世贵爷的印象渐已模糊，忽然听到他过世的消息，他那黝黑的脸又一下闪现在我的眼前。

我小时候，世贵爷和我父亲同在生产队的牛棚里喂牛，我常随父亲在牛棚里玩耍。夜里听他讲些妖魔鬼怪的故事，听了害怕又禁不住想听，第二天不无得意地盗版给我的伙伴。我那时常怀疑他是隐姓埋名的武林高人，传说他能飞檐走壁，有纵身一跃上房顶的本领。尽管我们都不曾见过，但他双手硕大，十指粗糙有力，臂上青筋暴毕，就连腿上的血脉也盘根错节，曲曲弯弯。那时我们都认为是练气功才会如此，长大了才知道那是一种叫静脉曲张的血管疾病。他那时该有六十多岁，仍能健步如飞，赶上一架三匹烈马的大车，打一个响鞭，神灵活现得令我们更加仰慕。坚信他必是满身武艺，多次要求他教我们一招半式，或表演一下跳到房上的本领，可他总是笑笑不答。于是我们便更加深信不疑，他身怀绝技高深莫测，甚至添油加醋地向别的伙伴炫耀。

世贵爷令我们羡慕的并非这些。那时除了过年之外吃肉是很稀罕的，但世贵爷却常有肉吃，并且是大碗吃肉。饭时，邻里的男人们一手端着饭，一手夹着馒头和半小瓯菜，在我家门前的大槐树下，蹲着边吃边聊。大家的菜无非是些毛豆、萝卜之类的青菜，而唯独世贵爷是一大碗炖肉，是那种切得四方的一块一块的，那情景对儿时的孩子们可想而知，便情不自禁地凑上去，世贵爷十分爽快地给孩子们的小碗里拨几块肉，大家便欣喜地大嚼起来。可大人们并不让吃，并严厉地阻止，说是有毒，小孩吃了会药死人的，我于是被拉到家里将肉倒掉。世贵爷的耳朵聋，似乎也没有听见，也不恼火，只是乐呵呵地吃，也从未见他被药死过。

后来大人们说那肉是病死的牲畜肉，世贵爷经常会从外面弄些死的牲畜，大多是病死的。他一般三下五除二地一剥，随便往锅里一扔，撒把盐，放上几瓣大蒜，几颗茴香，便开始煮了。煮肉的香味飘到胡同里宛如过年一般。我们一伙几个小孩伸长脖子围着灶台，甚至帮忙不停地添柴，盼那锅肉早早出锅。出锅的时候他便捞几根骨头犒劳我们狂啃。他自己盛出一碗肉，拿一瓶街上汲来的零酒便自斟自饮起来，他酒量惊人，却很少与人一起喝酒。我们往往期望他喝得醉些，以便给我们打上一趟拳来。有时他喝多了也会在街上翻筋斗，惹得一堆人围观，直到他儿子或隔壁的三爷将他拉回家。

世贵爷嗜酒，一次他在小镇上买了一头蹩脚的毛驴，一时高兴多喝了几杯，赶着毛驴到铁路口上被火车撞了。毛驴被当场撞死，驴车也七零八落，他被撞到几十米外，头破血流。他爬起来硬撑到家，家人拉他去医院检查，医生说肋骨都断了好几根，他说他把火车撞了，他硬朗，自然没死。

生产队解散以后，他延续在队里喂牛的经验，家里的南屋改做了牛棚。普通的农家喂牛只是为了农忙时耕地拉车用，一般都是挑一头犍牛长年喂养。而他圈里牲口没有一头好用的，从跛脚的马，杂毛的驴，抵人的牛，走马灯似的换，甚至有时候一头牲口还没有从镇上牵到家里就在他手上卖了。所以父辈的人都说他是胡倒腾，但他因此酒倒喝得更滋润了。现在想来，那时他已是很有商业意识地在买卖牲畜了。

随着我们都渐渐长大，他也慢慢老去。还是粗布的汗衫，粗布的裤子，没有皮带，只用一条粗布的腰带随便一扎。头发更加花白，黝黑的脸上皱纹也更深了，像刀刻的一般。后来大家生活条件好了，他儿子不让他再吃死畜肉了，只是耳朵更聋了，需要对着他的耳朵大声说话。再后来听说他得了癌症，酒也不大喝了。但他生命力如此的强悍，把那些开玩笑说他吃死畜肉会早早得病而死的相邻同伴，一个一个都熬死了。

晚间的时候，看见他背着手，驼着背，一晃一晃的，一个人，孤零零地穿过那条长长的胡同，消失在那头。

2003年

麦收之战

每年六月初是河南北部收麦的季节，记忆里收麦的季节是难以忘却的。

上世纪八十年代中期，农村包产到户还没几年，每家每户按照人头分到几亩地、一些农具和牲畜，每家都干得热火朝天。

那时候流行的一个词是“三夏大忙”，夏收、夏种、夏管称谓三夏。抢收——收麦子，抢种——种玉米或种棉花，后期田间管理是谓大忙。那是一年中农村最忙的季节，因为稍有不慎，任何一场天灾人祸都可能会颗粒无收。村子里到处都贴着关于三夏大忙的标语，抢种抢收，防火防盗，等等。每个农村人在五月下旬到六月中旬，将近一个月的时间里，都像打了一场硬仗一样脱几层皮。如今回想起来，干了一辈子农活的母亲都会不禁感慨，真不知道那时候她和父亲两个人是怎么过来的，除了每人分的一亩多自留地，为了增加收入，他们又承包了十几亩地，还要帮着照顾伯父和叔叔一家的地，所以一到农忙活就额外的重。

如果有人这时候说，麦收的时候为什么不用联合收割机呢？这相当于西晋惠帝听到说有饿死人时说“何不食肉糜”一样不了解当时生产力的落后。上世纪八十年代中期，大部分的农村仍旧依靠人力和畜力来从事生产，联合收割机是二十年以后的事了。

六月初麦子熟了。需要提前把各种农具准备好，镰刀，牛车，叉子（一种装麦子的特殊农具），木锨，草帽，等等。麦收前的一段时间，为了赶种植的时节，需要在麦子间插播玉米，或者种棉花，不能耽误农时。

那时候全家老少都全部出动，学校会放半个月麦假，现在已经没有这样的假期了，在当时农村是非常普遍的事。那时候农村的民办教师也要收麦，没有人上课只能放假，哪怕是在中招和高考的关头，也需要放下课本去地里帮忙。但凡能拿得起镰刀的人都要到田间地头去，上至八十岁的老人，下至六七岁的孩子，无一例外。曾经有个奢望是：什么时候不用过收麦的季节啊！每每回想起来像场噩梦。

收麦典型的一天是这样开始的：

大约五点起床。第一件事是把镰刀磨磨，这时候母亲一般会煮几个荷包鸡蛋，那是平时很少吃的，权作半顿早餐，趁着天气凉爽赶往地里。那时大家庭分家没几年，祖父还在，父亲弟兄三个，收麦的季节是整个大家庭一起干活，时年我十四五岁，已经当一个强壮劳力来使了。到了地里每人照一垄地开始割麦，所有的工具就一把镰刀，一顶草帽，一身旧衣服和一双旧鞋。有时候和堂兄、三叔、父母暗地里较劲看谁先割完一垄地，于是镰刀飞舞弯腰埋头苦割，一不小心锋利的镰刀会把手割破。记得一次刀至骨头，一时间热血横流，那时没有创可贴，也不能像个孩子一样叫疼，随身撕下一条布随便包扎一下，继续。一个强壮的劳力一个早上三四个小时大约割不到一亩地的麦子，日上三竿到上午九点多的时候人已经累得直不起腰了，横躺在放倒的麦子上片刻的歇息都觉得很享受，到这时，终于可以回家吃早饭了。

早饭亦不过是喝碗玉米粥就几根咸菜，有时母亲会提前为收麦腌一些松花蛋，聊作补充营养。收麦的季节蔬菜还没有下来，那时农村还没有卖菜的。

草草扒几口饭，就需要去套牛车把地里割下的麦子拉回来，牛车前后都需要装上架子，以便把麦子垛起来拉得更多一些。并不是每家都养牛，父亲弟兄三个只有父亲养了几头牛，三叔在外工作，伯父常年卧病，所以父亲还需要把三叔和伯父家的麦子也一并拉回来。年龄小的一般都站在牛车上踩垛，以便把装在牛车上的麦子装实。踩垛的人必须要把握车的平衡，装偏了牛车会翻。三叔、父亲、堂兄和我一般负责装车，拿着大叉把麦子叉起来高高举过头顶装到牛车上，父亲在一边不时吆喝指挥，不是这个放的不是地方，就是那个装偏了。六月的天，太阳炙烤得每个人都大汗淋漓。渴了，铝壶里有白开水，累了，站在地上脱下草帽扇几下。那时还不知道什么是冰镇可口可乐，偶有人推一辆自行车在田间叫卖冰棍，一毛钱一个，那是少有的奖励。母亲、三婶和小一点的兄弟姊妹则在一边拣麦穗，或者牵牛，没有人能脱离收麦这一仗。

地里距离麦场大约几里地，牛车拉着麦子从地里到麦场上卸了摊开，来回需要一个多小时。一个上午拉三四车麦子，等到最后把早上割的麦子拉完一般要到下午一两点了。

此时最是不堪。中午已过，饥肠辘辘，牛困人乏，装了满满一车麦子，牛车在乡间尘土没蹄、坑洼不平的小路上行进，来回颠簸中，车子会慢慢倾斜。为了防止翻车，两个人拿着叉子在一边顶着行进，车上还有人站在另一边踩着平衡，这样小心翼翼地行进。到了大路上，来往的车辆如长龙一般，所有人都担心倾斜的车子会翻掉。但是越是担心什么就越是会发生什么，在某个拐弯处一个小坑轻轻一颠，顷刻间哗的一声高垛的麦车翻倒在路上，人仰牛翻，一车麦子把路堵得死死的，牛累得卧倒在地任鞭子抽打也站立不起，人拄着叉子站在一边无所适从更无力以对。父亲在一边暴怒，那是极度疲惫下无助的呐喊。带穗的麦子一旦散了就不好装了，前后来往的车辆等着通过，不容歇息，这时候连死的心都有了，真不知道后来哪来的气力，把那一车的麦子重新装车拉到麦场去。

错过中午的饭点，到家准备吃饭时，灶台上还是一锅冷水，需要烧地火做饭。弟妹在一边烧火，母亲擀面条，父亲在一边抽几口旱烟，我去给牛添草。这顿饭能熬一锅菜，炒几个鸡蛋，褒奖一顿鸡蛋捞面条。饭后已经两三点了。

午后梦想在床上小睡一下是件很奢侈的事。因为拉到麦场上的几车麦子，还需要摊晾开，趁着日头晒晒，晚上还要打麦子。于是午饭后，就戴一顶草帽，拿一把大叉和抓钩（一种农具）到麦场上把几车麦子摊开。

下午一般也重复上午割麦、拉麦的劳作，傍晚的时候需要把摊开的麦秸再重新拢起来，晚上要打麦子了。

收麦的时候，一般以大家庭为单位或者几个家庭之间联合劳作，很多的农具需要一起用，还有些需要联合作业才能完成，比如使用打麦机。打麦机是生产队里分的，十几个家庭合用一台打麦机，所以打麦机基本上是24小时不停。无论什么时候，轮到哪个家庭使用，哪怕是半夜两点都需要全家出动，用最短的时间把白天收来的麦子打了。过时需候着，下一家还等着用呢。

在紧张的劳作一天之后，本想可以美美睡一觉时，但被通知半夜轮到我们家，于是家里所有的人，大一点的孩子在家带小一点的孩子，其他的人统统都到麦场上。打麦机很老式，只能把麦穗和麦秆打碎而不能把麦子和麦糠分离。入夜，几百亩的麦场上到处是打麦机的轰鸣声。叉、填、喂、送，轮流作业，每一项劳作都会把人累得半死，一夜到天明，白天拉来的麦子才打完。麦芒不时会刺进皮肤，干燥的麦糠会钻进衣服里，浑身上下汗水和着灰尘黏黏糊糊粘在身上，弄得皮肤很痒，痒了挠挠，越挠越痒。

打麦是最脏的一项农活，尘土飞扬，天亮看看，每个人的鼻孔里，耳朵里，眼皮上及身上每个毛孔都是黑的，吐一口痰也是黑乎乎的。没有淋浴，烧一锅开水，站在院子里简单洗洗，赶紧去睡一会儿，一天过去，能睡三四个小时已经不错了。

次日上午，跟着父亲把昨天打过的麦子扬出来。拿把木锨迎着风，用力把麦糠里裹着的麦子撒向半空，麦子和麦糠重量不一遇风自会分落两边，这活叫“扬场”，是个技术活。祖父在一边“指导”父亲，尽管父亲已经出师多年，但他父亲在，他永无毕业的日子。还有如何用步子测量把一堆麦子的重量测出来，这样奥妙的办法一度曾使我着迷，他们也曾一度想把这项技术活传给我。但随着祖父过世，我后来外出求学，联合收割机时代的到来，这项技术在后辈中就渐渐失传了。

下午是把上午扬出来的麦子摊晾在麦场上晒，麦收的季节村子里和附近的马路上，平房的屋顶上，但凡平整的地方都被用来晒麦子。午后需要拿把木锨把麦子不时翻一翻，傍晚的时候把麦子拢起来装到袋子里。有时候碰到突然来袭的大雨，一家人就拼命地把晾晒的麦子拢起来，雨中分不清汗水雨水，泥水和着麦子拢在一起盖上塑料布，不知道一时哪来那么大的力气。过后还需要再晾晒，最后装袋打包拉到家。家中各种容器，缸里，囤里皆是满仓，或用袋子垒起来。这就意味着一个丰年的来临，中国历史上农民世世代代盼望的胜景。

这样的日子需要周而复始的半个多月，才能把所有的麦子收完。记得最后一次参加收麦是1995年，我在公司请了假回家帮忙，半月过去丢了两单业务损失过万，一算当时的麦子价格，两单业务足够几年的收成，从此再没有回家收过麦子。

一晃将近二十年过去。父母年事已高，几年前在我的一再劝说下不再种地了。前几日去探望父亲，他无意中说起有人到村里承包土地，一下包了几百亩地，每年每亩地补偿800元，几乎所有人都签字了，以后再也不用种地了。麦收时节我带着女儿回老家探看，空旷的田野上空无一人。几天之内，所有的收种工作都已结束，昔日这个时候田野上一片繁忙的景象荡然无存。夕阳下，远处放羊人赶着一群羊走来，荡起一层尘土更显寂寥。偶尔马路上还有晒麦子扬起的尘土，空气里不时飘过麦糠的味道，联合收割机在地里扫荡残存的几块麦地，几个人在路边抽着烟谈笑着等收割机过来装麦子。女儿在一边催促快走，机械化把整个小农时代的麦收季节缩短到一个下午，农耕的时代结束了。

对于出生在城市没有经历过麦收季节的幸福孩子，分不清五谷杂粮、麦苗和韭菜，甚至有城市里长大的朋友很诧异为什么麦子会长得那么整齐划一。看到这篇文字或许像遥远的故事，很难感同身受另外一个世界的艰辛，而新生的农村孩子也将对这段历史隔膜起来。农耕时代是上世纪七十年代农村生人的最后记忆，此后断代，土地合并，集约化、规模化、机械化的农业时代开始了，解放的劳动力从此涌入城市，揭开城市化的篇章。历史不可逆转，而过往的时代只能留存在记忆里，此后再无繁忙的麦收时节。

草于2012年6月10日

采茶女

与朋友品茗赏茶之时，常会听朋友讲些采茶的故事，大多的版本是：上等好茶的采摘，须是芳龄二八之未婚少女，沐浴更衣之后去采茶，将茶尖用嘴衔摘，然后放入怀中。香茶与少女有了肌肤之亲，香味自是不同寻常。此等诗情画意的故事，多不过是一厢情愿的臆想，而真实的采茶过程远非这样诗意。

清明前至谷雨之间是信阳毛尖的采摘季节，也是茶农一年中最繁忙的季节。此时的茶树生长较快，每家茶农少则几亩、多则几十亩茶园，自家人手往往不够用，而茶叶的生长一天一个样，如过了一天没有及时采摘，次日品质便下降了，茶价便贱了，所以茶农往往需要雇用采茶女。采茶这项工作绝大多数是女性来完成，男人们负责炒茶卖茶，这或许是女性较之男性更为细心的缘故。

茶农往往需要在开采之前到临近的地方去招募采茶女，非茶区此时则正好是农闲时节，男人们出去打工了，剩下女人们大多闲置在家。她们中倒也有未婚少女，但大多数是已婚妇女，常常是一个村子的妇女三五成群地结伴到茶山采茶，成了茶农们的打工者。

采茶女一般住在茶农家。在茶农低矮的土房里，就地搭一张大通铺，被褥下铺些干草就能睡人。通常一个屋子能住五六人，多的能住十几人，她们的年龄从十三四岁到五六十岁不等。

通常天蒙蒙亮，采茶女就起床，匆匆拨几口冷饭就上山了。浸着晨露的茶是一天中最好的茶，茶农往往会催促她们早些上山，一直到中午她们才会从山上下来。茶山上日间的太阳还是十分灼人的，虽然有草帽遮着，但每个人的脸上都被晒得通红，那种红似乎就是城里人常说的“农村红”，因为长时间的暴晒而映在脸上的红。

茶农一般是管饭的，但有的需要采茶女自己回来做。院子里有两处灶火，一处是茶农家的，一处是采茶女的；有的则是茶农的女主人在家蒸一锅糙米，熬一锅菜，采茶女各自盛一碗端着径自吃去。她们或坐在门前的台阶上，或依在门框边，有的干脆就蹲在地上，吃得倒是都很香甜。饭后稍事休息又上山了，再下山时已是暮霭重重。粗略估算，她们每天在陡峭不平的山坡上，用非正常的站姿采茶需要工作十二三个小时。

每日的工钱根据每人的采摘量来计算，茶农给出一个采摘的标准，比如说只采芽头，每个人提着一个小小的竹篮或是将一个酒瓶盒系上绳子挂在脖子上用来盛放茶叶。手头快的采茶女通常一天能采摘一斤青叶，每日回来过秤，一斤青叶十元工钱，而炒制一斤的成品茶叶须四至五斤青叶。据说上好的一斤毛尖里有十万个芽头，须一个采茶女四到五天的时间采摘。

在茶山上遇见正在采茶的采茶女，将相机的镜头对准她们时，她们通常会赶快弯下腰钻进茶树丛里，或用草帽遮住脸，有的会好奇地看着你，大胆一点儿的会问：你们是哪里来的，我们会上电视吗？

当你要转身离去时，会有采茶女怯懦地嗫嚅着说：能不能给俺“聂”一张——她们读不好“摄”字都叫“聂”字。

大多的采茶女带着农村妇女的朴实、善良。在拍摄茶园时，你高声喊过去请她配合一下站在某个位置，她会跑好远过去。她们面对镜头带着好奇、敬畏、羡慕还有羞涩，她或许一辈子都没有照过几张照片，你给她照一张，要来地址说回头给她寄来，她怀疑地一再问：你真的给俺寄来吗？问她名字寄给谁，她说就写俺孩子他爸吧。在茶农家里吃饭，屋外围着一群叽叽喳喳的采茶女，好奇地往屋里看，你拿着相机说给你们照一张吧，她们哄的一声散去了，都是些十四五岁的孩子。

在茶山上遇见一个采茶的小姑娘，问：“你今年多大了？”

沉默，再问。

“十七岁了。”而她脸上分明写着十三四岁孩子的天真，此时她该在学校里读初中了！

再问：“为什么不上学了？”

采茶女大多是茶农在采摘旺季临时雇佣的打工者。 摄影/刘传辉

沉默，再问，还是沉默。

姑娘倒是未婚，十三四岁的清纯，但却没有故事里采茶女的浪漫和神秘，多的是些沉甸甸的沉默。

晚饭后，茶农的小院里，采茶女有的在洗衣服，有的在唠嗑。搭话给一个中年妇女，问男人一年打工能挣多少钱，那女人倒也爽朗，操一句浓重的豫南口音说：一年三季，好的话能落两三千块钱。此时一个六十余岁的老妇人唠叨着过来，问她多大年龄了，她说十五年前孩儿他爸就过世，死的时候，俺小的才七岁，上面是四个闺女，都出嫁了，俺孩儿去年考上大学了，在新疆。她一路没头没尾、答非所问地说下去，旁边那中年妇女说：她聋了，是个童养媳。

那一夜茶农给采茶女发工钱，干一个月了，那老妇人粗糙干瘦的手里掂着二百二十元钱在灯下看了许久。

茶山回来带了许多茶叶，送予友人，又是一年春茶香，泡上一杯新茶，碧绿的茶叶在杯底摇曳，香气袭来。都言春茶香，不免又想起在茶山上遇到的采茶女，她们劳作的姿势，她们朴实的语言，还有她们的微笑和叹息……

2002年4月

采茶琐记

每年的清明前后都会被朋友感召去信阳采茶，一晃已有十余年了。每次去采茶就像一次度假休闲，采茶也从最早的工作变为一种乐趣与享受，无论平常有多忙，清明前后会抛下一切尘务来到信阳山中，就像每年一次的朝圣，澄澈心境。

最初采茶是哪一年已不可考证了。当时因为工作关系通过一个朋友介绍去信阳黑龙潭茶乡采茶。那时没有私家车，朋友刚买了辆奥拓车，五个人挤在狭小的车厢里，时逢修路，一路颠簸，坑坑洼洼的起伏不时摩擦奥拓车的底盘，朋友的心疼挂在脸上，真不知道是如何走到信阳的。由于朋友急着回去，接下来的路，我们只好去搭乡村班车。幸运的是在车站问路时，恰好碰上来接我们的茶农老贺媳妇，她已经在汽车站等候一天了。那时手机尚不普及，我们坐上最后一班乡村公共班车，又颠簸了一个多小时终于到了传说中的黑龙潭。

那时，通往茶山的路还是最初级的公路，沿途的春色宛如到了江南，不时看到水牛在路边悠悠地吃草，到处都是稻田，路就蜿蜒着南湾水库，车子转弯的一瞬，宽阔的水面时时惊鸿一瞥，这对于一个很少见到水的我充满了欢愉和激动。

老贺家住在黑龙潭下面的村子里，家里有几间破房子，是不是茅草房子已不记得了。一到家，老贺媳妇就忙着张罗。信阳人爱吃也会吃，鸡已经杀好炖上，灶边的小锅里煎着几条南湾水库刚打上来的鱼，还有香椿土鸡蛋，最后端上来的是信阳当地特色的焖锅肉。一锅肉炖着莴苣，肥而不腻。再用地锅闷一锅糙米饭，打饭时铲起米饭带起锅底的锅巴，吃起来香脆，是多少年不曾有过的美味。老贺从里屋拿出来一瓶杂牌子的简装酒助兴，那一顿饭吃得香甜，喝得热烈，至今令人回味。

老贺家上有老下有小，也没有多余的床铺，老贺媳妇热情地忙活着给我们另

信阳茶山。 摄影/刘传辉

采茶女工。 摄影/刘传辉

外打地铺，几个人分头挤在几张床上，不知道是兴奋还是床铺太挤，抑或是老贺家门口那条清澈的小河，哗啦啦地让人听了一夜，那一夜除了小河的流水声，夜宁静极了。

第二天开始见识茶叶。

采茶是一个茶农最忙的时节，一般都会去外地找些采茶工（见拙文《采茶女》）。采茶女工一早去采茶，中午回来每个人都会采一两斤鲜叶。这时候的茶叶都是青叶，大小不一，有芽头有次芽。茶农把新鲜的青叶放在竹箩筐里，这就是第一道工序：摊晾。摊晾到一定时候，就把青叶放到一道筛子上筛拣，筛子把茶叶的芽头和次芽分开。所谓芽头就是嫩如针头的小叶，次芽就是稍微大一些的芽，茶叶的档次贵贱从这时候就开始分别了，一斤芽头的价格是次芽的几倍，一斤上好毛尖里面有四五万个芽头，一个采茶工用四五天的时间才能采一斤。

之后把分开的茶叶倒进一口椭圆形的铁锅里，铁锅下面烧着柴火，火不能太大，也不能太小，烧锅的柴要用一种特殊的木材。一把特制的竹扫帚把锅里的青叶来回地翻炒，青青的茶叶遇到热锅就慢慢凋萎，这道工序叫杀青。杀青完了之后把凋萎的茶叶倒进另外一口锅里，这口锅的温度没有上一口锅的温度高，炒茶工把茶叶在锅里不停地揉捏，使茶叶成为条状，即便不是很高的温度，但也足够把一般人的手烫伤，细细看，每个炒茶工手上都有一层厚厚的茧子。

等到茶叶在锅中都成型之后，再把茶叶倒到一个箩中。箩是特制的，中间凸四周凹，茶叶均匀地摊在箩上，经过一段时间的摊晾散热。然后又将箩放在炭火上烘焙，使茶叶中的水汽再次蒸发，这道工序叫打火。打火是一道技术要求很高的工序，一般由富有经验的老茶农来做，这道工序直接影响到茶叶的香气。火候轻了香气则淡，火候重了茶就容易有糊味。整个过程需要专心看护，不时翻腾茶叶，但又不能用力，以免茶叶碎了。

傍晚各家茶农炒茶的时候，整个村庄里都弥漫着浓郁的茶香，沁人心脾。在山村里随意走走，家家灯火明，户户炒茶香。

一天采摘的茶一般无论多晚，茶农都要把当天的茶炒完再休息，通常情况下炒茶结束已经是后半夜了。很多茶农稍事休息把茶叶用塑料袋简单地包裹一下就匆匆下山，或骑自行车或骑摩托车，三乡五里各处把茶叶卖掉。黑龙潭镇上多年形成的茶市，也称鬼市，一般是在夜半三更开始，等到天亮交易就结束。

夜半，镇上街边两侧的店家都大开街门，放两张桌子，挑一盏灯，茶农们把昨天炒的或三五、七八斤茶用一个塑料袋子包裹着，让各家收购的摊主看价，免不了讨价还价，走了三五家探探行情差不多就把茶卖了 ，一般不会再背回去，因为茶叶的价格随着收购季节的顺延一天比一天低。清明前的最贵，其次是谷雨前，等到谷雨后就更不值钱了。

茶在信阳黑龙潭又分大山茶和小山茶。大山茶因为海拔高，污染少，虫害少，日照长，温差大，产量少，生长周期长，所以茶叶香高味醇。大山茶又分三山两潭一沟一寨，每个地方的茶都有其独特性，其中的奥妙即使当地人也未必都明白。海拔较低的周围地区出产的是小山茶，产量高，但香气淡，口感带土腥，不耐泡，基本上只能有两道茶汤。

在茶乡这家走走那家转转，这个山头逛逛那个山头逛逛，拿着相机这里拍拍那里照照。累了就随便找户人家，泡杯茶，茶农都很真诚，通常都会拿出最好的茶来招待。喝着舒服就顺便买几斤，就像淘宝一样。因为茶没办法大批量的工业化制作，各家的山头不一样，炒制的工艺也不同，大多都是家庭作坊制作出来，所以各家的口味也不同。

好茶也是淘出来的，遇到口味好，香气高，条形好的茶也像淘到一件宝贝，当即全部拿下，备注一下时间地点人家，最后标注——“自用”二字！当中乐趣满满。回来后，给朋友们送茶看到“自用”就像割舍一件宝贝般，不免再三叮嘱交代

制茶第一道工序：摊晾。采茶女工一早去采茶，中午回来每个人都会采一两斤鲜叶。这时候的茶叶都是青叶，大小不一，有芽头有次芽。茶农把新鲜的青叶放在竹箩筐里摊晾。　摄影/刘传辉

制茶第二道工序：筛拣。用筛子把茶叶的芽头和次芽分开。芽头是嫩如针头的小叶，次芽是稍微大一些的芽。茶叶的档次贵贱从此拉开：芽头的价格是次芽的几倍。　摄影/刘传辉

制茶第三道工序：杀青和揉捏。用特制的竹扫帚把椭圆形锅里的青叶来回翻炒，青叶慢慢凋萎，这叫杀青。杀青后的茶叶倒进另外一口锅里，这口锅的温度没有上一口锅的温度高，炒茶工在锅里不停揉捏茶叶，使茶叶成为条状。细细看，每个炒茶工手上都有一层厚厚的茧子。　摄影/刘传辉

制茶第四道工序：打火。成条状的茶叶均匀地摊在一个中间凸四周凹的箩上，经过一段时间的摊晾散热。然后又将箩放在炭火上烘焙，使茶叶中的水汽再次蒸发，这就是打火。这道工序直接影响茶叶的香气。　摄影/刘传辉

制茶第五道工序：挑拣。打完火的茶叶，经过人工挑拣，残次叶子、梗子等杂物统统筛掉，以保品质。
摄影/刘传辉

鬼市卖茶。成品出来后，茶农一般当天晚上就卖茶。黑龙潭镇上多年形成的茶市，也称鬼市，一般是在夜半三更开始，天亮交易结束。　摄影/刘传辉

茶的来路与珍藏方法，怕不懂的人糟蹋了宝贝。

这些年走遍了黑龙潭一带的山山水水。黑龙潭毗邻南湾水库，山水相映，空气清新，每年采茶季节都有大批的人来休闲度假。在黑龙潭边有个店家叫三碗不观潭，每次都人满为患，就那么几道菜，焖锅肉，南湾鱼，清水豆腐。在细雨霏霏的傍晚，坐在三碗不观潭路边简易的棚下，约几个茶中道友，大嚼一顿，狂喝一场，是件不亦乐乎的快事！

这么多年来，采茶的印象就是许许多多零零碎碎地拼凑起来的一幅乡村图画，青山绿水，民风淳厚，而这些美丽的图画随着茶山旅游的开发，茶叶的炒作，都渐行渐远，甚至小小的龙潭村都建起来一个休闲广场，一副新农村的气象，再也无从寻找早年茶山的感觉。乡土式微，渐成记忆，几乎无法追寻，渐成梦中的图画。

2010年4月，整理于2010年12月

又：

2010年4月13日，信阳黑龙潭，接茶农老汤的电话，天降大雪，速上山收茶，恐无茶可收。彼时山下细雨霏霏，待到半山之上，大雪纷飞，车行半途，无力为继，欲上不得，欲下不能，几次打滑，惊出冷汗无数。老汤携雨具至半山来接，几个人连推带拉才把车子开到平地。老汤言50年不遇之大雪，经此大雪，茶树冻死不少，今年恐无茶可采，言中多是忧虑。而十余年来采茶亦不曾遇此险状，至今思来尤觉心惊。

待客之道

昨晚几位好友于家中小聚，聚会仓促，备宴俭薄，萝卜白菜，粗茶淡饭，聊至夜半，宾主皆欢，随有此感：

待客之道，宜循些古意。半碟花生，一壶老酒，二三好友，四五小菜，荤素咸宜，有肉吃肉，无肉吃素，有酒饮酒，无酒品茶，细斟慢饮，细嚼慢咽。主尽地主之谊，客随佳客之礼，客无叨扰之忧，主无不周之道。主客皆君子，淡泊如水，随性自然，无拘无束，宾主两便，天南地北，默契于心，不胜欢愉。

2011年10月24日

一个导游的禅悟

去欧洲旅游，导游马鉴伦颠覆了我以往对于导游的偏见，他一路上的讲解构成了旅途的另类风景，是行万里路阅人无数的开悟。下面是他一路上的“禅语”。

为什么做导游?

他带团十年，是他们旅游学校同班硕果仅存的一个，是什么信念让他十年坚持，因为：可以比别人多活一万次。

出道之初，无所凭持，在一个小旅行社给老板照看宠物兼跑堂，薪水微薄，没有人看上这份工作。但他不尤不怨地把老板的猫照看得很好，如此很长时日，同行中有人看到他能踏踏实实把猫照看好，也一定能把人带好，就找他去带团。凭着伺候猫的精神伺候旅行团的各色人等。慢慢的口碑越来越好，短短几年从最初级的导游拿到最高级的导游资质。周游了世界之后他决定只带欧洲团，带欧洲团对导游要求最高，不仅要外语好，专业好，脾气好，素养高，而且还要做人好。所以，现在预约他的团都排到半年以后了，都是老顾客指定他。

这让我想到《道德经》里一句话：“有之以为利，无之以为用。”无用乃是大用。养猫看似无用，实乃大用。人生需要做些无用功，等待创造有用的世界。

为什么要旅行?

因为旅行是后天的混血。

每个人都有自己的局限和偏见，就像一个井底之蛙，不同的是你在哪口井里。而旅行的意义就是学习接纳、包容、理解不同的价值观、不同的行为方式，不断拓宽自己的井口，看到更大的一片天。

即便如美国如此发达的国家，仍只是38%的人有护照，还有62%的人从来没有出过国。而绝大多数的中国人更是没有走出过国门，所以我们对与外部世界的认识，也大多用带政治色彩的眼睛来看待世界，有太多的我知我见在里面。所以不要盲目听别人说，电视上说，看书上说，要用自己的亲身体验来感悟。

旅行的一个目的就是学习当地的价值观。周游的地方多了，心胸自然就大了，相同的事询问不同的人，当你问到五个人的时候，你就会对这件事有一个完整的看法，觉悟到存在就是合理的。每个地方都有这个地方的历史和文化，造就不同的价值观。越深入一个地方就越会被这个地方打动，体验感悟异域的文化、信仰和价值观，从而看到不一样的人生。

我们从小接受的信念未必是正确的，大多数人的价值观建立来源于自己的父母或师长，还有各种舆论工具。比如从小家长就教育我们不要和陌生人说话，所以我们成长的过程就充满了对陌生人的敌视和抗拒，以至于中国人出去是最冷漠的一个群体。而你出门之后发现，其实世界各地的人都很热忱友爱。

比如我们的历史教科书说中国的四大发明之造纸术，是东汉宦官蔡伦发明的。但去了埃及才知道埃及的草沙纸画比中国的要早上千年。

旅行要：“不定义”。

永怀初心，不要去定义某事的好坏。比如有人说北京的冰糖葫芦不好吃，而你根本没有吃过，你就觉得不好吃。一百年前它存在，一百年后仍然存在，一百年前没有你，一百年后你也没了，可它还在，好吃不好吃它都在，那你有什么资格评论它的好与坏呢？

巴黎的埃菲尔铁塔，在一百年前建设的时候引来众多的非议，甚至著名的文学家莫泊桑都说不能忍受一抬头看见那个庞然怪物耸立在巴黎的上空。这使得当局几乎下决心要拆除铁塔，后来由于电视电台的转播需要才得以保存。可如今有谁想到埃菲尔铁塔是巴黎的地标和象征，如果巴黎没有埃菲尔铁塔会是什么样？

每个人潜意识里都觉得自己的判断是最正确的，这时就产生了我见，就像浮云遮日。没有无聊的时光，无趣的风景，只有不会欣赏的心情和错乱时空的迷离。

在瑞士铁力士山下，浓雾重重，淫雨霏霏，有人哀叹抱怨倒霉的天气，不能看到雪山的壮美。等到坐上缆车穿过云层，看到云层之上晴空万里，云海茫茫，又不仅感叹万千。很多的时候正是被眼前的一层浮云所障，顿生嗔恨。所以别因为天气、他人，奴役自己的心，影响自己的心情。

佛说：无我见、无人见、无众生见、无寿者见。无眼耳鼻舌身意，无色声香味触法，不住相而生其心。不正是此意吗？

随遇而安，活在当下。

唯有永怀一颗初心去体验，安住在当下，不加任何判断，分别对错。花有花香，草有草香，大地山川，城市田野，无一不是风景。夏天有夏天的风景，冬天有冬天的趣味，雨天有雨天的景致，晴天有晴天的风物，正所谓也无风雨也无晴。

旅行途中，身在国外，心在国内，手机不停，电话不断，好像地球离了他不转。微信、微博不停刷，好像远在天边、一面之缘的人今天的午餐，比近在咫尺的人和风景更重要。购物的时候先看价签，脑子里小算盘开始飞速运转，一八得八，二八十六，哎，欧元的比率现在多少了？一瓶水，2.5欧，合人民币20元，太贵了，不喝了，不买了，不吃了，不玩了，那您万里迢迢来这里干什么呢？

人生大抵有四种态度：拒绝，怀疑，尝试，享受。

在童年尚未获得经验之前，人生的态度没有抗拒和怀疑，只有尝试和享受。是什么时候人生止步于拒绝，甚至连怀疑都不曾有过，更不要说尝试的勇气和享受不一样的人生了。是一个人被教育对错是非，来自经验世界的知识，随着年龄越来越蒙蔽最初的那颗初心。所以当旅行中遇到经验之外的事物，未曾体验的美味，未曾看过的风景，未曾经历的过程，当畏惧、抵触、拒绝迎面而来的时候，当经验世界里连怀疑的好奇心都没有的时候，当没有勇气去尝试一下的时候，停下来问自己一句：

“Why not? ”为什么不呢?

尝试,然后尽情享受。

旅游要:“信息节食”。

在旅行的路上发生车祸有惨不忍睹的场面,马导提醒大家不要看,要信息节食。可大家忍不住还是要伸长脖子看一眼,结果脑子里留下深刻记忆,把噩梦的素材都一并收集了。我们面临一个信息泛滥的时代,信息的被动摄入已经让人消化不良了,所以我们能做的只是有节制地选择摄入信息。

旅行是享受另一种人生的开始。是通过一种学习,通过观察、欣赏、体验,看到不同的世界,不同的人物,不同的风物。在路上,某个不经意的一瞬间,在陌生世界里发现了经验世界里某个似曾相识的自己,哦,原来你也在这里,忽然就开悟了,成熟了。

成熟是什么?

成熟就是知道自己和别人的区别和差距,并且不羡慕别人,勇于做回自己,不盲从,不比较,做最好的自己。

草于 2013年5月23日

后记:

马导一路的分享感悟在今天回味起来,已经分不清哪些是他的原话,哪些是我的加工。但美好的东西值得分享,再次感谢那个旅途中为我增长见识增添乐趣的导游——马鉴伦!

菩萨保佑

有一个多年前认识的兄弟，也曾经和他投资做过小生意，赔了，欠了些债。这些年，他弄了个小作坊，本小利薄没有雇人，自己苦干实干既是老板又是安装工，做些加工门窗的活。前些年终于还清了外债，日子渐渐好起来了。

其间有事也偶有往来。一日，忽然打来电话，说代理了某十大品牌的门业，要我帮忙用在工程上。电话中殷切而迫切地说："哥哥就靠你了，全靠你了，我做这个就是冲着你这个工程来的，你一定得帮兄弟，你什么时候用，让我什么时候找你，你得把我这事当成个事……"

我一时无语只有苦笑，本想一笑了之，但又觉得兄弟敷衍不得，转而厉声问他："兄弟，你靠我，我靠谁呢？靠山山倒，靠人人倒，只有靠自己。你做生意公平厚道，货真价实，你用得着靠谁吗？这些年你辛辛苦苦走到今天，日子一天天好起来，你靠谁了？难道不是靠你自己吗？"电话那端他似有所悟："那是，那是，得靠自己！"

无独有偶，一日忽然有一女同学，多年未曾谋面，不知从何处得知我的号码加我QQ。女同学当年学习好人也漂亮，颇得人的倾慕，鄙人亦在倾慕之列。上来Q我第一句话：帮我介绍几个客户。当时并不知道她在哪儿高就，原来记得她曾经是某保险公司的推销员，曾围堵逼迫我签单，我摆脱不开兀自逃了。时隔几年，开口即要我帮着介绍客户，我一时语促随即回复她说：对不起，我帮不了你，每个人的客户都是自己感召而来，谁也拯救不了谁！

不强求，不刻求，不勉强，生意不是求来的，纵然可以求一单也是靠脸面。脸面长在自己的身上，别人如何能给？三十岁以前脸面是父母生的，三十岁以后是自己修来的。别人给的面子也正如你平日在银行的一笔存款，求人一次就是取款一次，很多人只知道取款，不知道存款，即便银行发了信用卡也要刷爆！于是有朝一日取不出款的时候，责备银行为什么不给面子了。倘若时时注意多给别人面子少求别人办事，慢慢地面子就大了。多为他人提供价值，时常关切别人，不卑不亢，我自强了，如何要别人给我脸面呢！

有信众去拜菩萨，烧香磕头，说：菩萨保佑，菩萨保佑！有高僧点悟说，施主看看菩萨也在念念有词地祷告，菩萨在说什么？

信众问：菩萨在说什么呢？

僧曰：菩萨也在说“菩萨保佑，菩萨保佑”！

求人不如求己，谁都无法拯救谁！

草于 2011年8月18日

又：此文若被女同学看了，定被她骂了，几年不见脸阔了，你以为穿上袍子就不是只猴子了吗？权且在此先自嘲一番吧。

挚友

有些人是一时的朋友，在某段路上，某段时间，某种因缘相扶相伴走了一程，到了某个岔口不得不分手，从此天各一方，或音讯全无或相望无力或志向各异，渐行渐远，纵使再见面也只剩下了寒暄和怀旧，彼此分开的路是如何走的都已了然。

还有些朋友也相伴相扶，相互砥砺地走了一程，在某个路口分手，但只是物理上的分手，从此两个灵魂彼此交织融合再难放下对方，虽殊路，却同归，彼此欣赏倾慕历久弥新，纵使天各一方，十年未面，仍如初见。此种朋友可谓挚友，人生之稀有不过一二。

给“低调姐”的回复

夜深看到多年的老友，人称“低调姐”的给我留言，感动万千。低调姐，圈内人称老张，新乡人，女，曾荣任最年轻的区团委书记，最年轻的副县长，文化局长，最擅长考试、面试。家学渊源，口才一流，远赴中西部最需要的省份支边旅游局长，满怀理想，忧国忧民，有一腔报国之情，无半点官僚之气。夫妇皆富相，心宽体胖，没心没肺，倒头能睡，爱漂亮，热心肠，心口直，人缘广，爱学习，善谋划。

与老刘多年好友，多有帮助，是十多年前一帮愤青中的一个，现在已经老于江湖身居处级干部但童心未泯。当年一帮愤青在茶楼彻夜聊天，是一帮精神上的单身主义者，似乎那一票男男女女永远都不会老，都不会结婚。随着岁月的更迭，求学、升迁、外出谋职、结婚、生子——散落在天涯各地，如今彼此相见已是鬓成霜，相聚成了一件奢侈的事。正如我在一篇忆文里所写道：

当年那些一起聊天的男男女女一帮愤青，那些把理想当饭吃的朋友们呢，他们都去哪里了，只留下我一个人，孤独地偶坐此间，独自品饮，在岁月的雕琢中，在慢慢远离茶楼的日子里，渐渐迷失了“我”。

那帮朋友当年给了彼此精神上莫大的享受，甚至在我准备谋求外出发展的时候都会留恋，有这样一帮朋友夫复何求呢？我们一起就着火锅歌唱，茶酣耳热之际，即席开个诗歌朗诵会。舒婷的《致橡树》是老张的拿手好戏，海子的“面朝大海，春暖花开”似乎是燕珂的保留节目。在情人节还是圣诞节的夜半（究竟是哪个节日已经不重要了），跑到郑州把已经熟睡的朋友拉出来去歌唱，一起操办《德馨文化讲座》，开座谈会，开音乐赏析会。个个热情高涨，慷慨激昂，愤世嫉俗，相互吹捧，捉弄圈子里的外来人。对准备和圈子里恋爱的人

评头论足，瞎胡掺合，对不满意的——搞黄，对看上的——促成，就这么相继结婚生子，为人父为人母，各奔东西，留下无比美好的回忆。

当年在茶楼为老张送行(如上图)，左一为吾妻老王，左二为“低调姐”，左三为老崔（后远赴英国留学，夜半被骚扰的友人），右一为晓静，当年的钻石王老五，后来做钻石生意横跨几个城市成了真正的“钻石王”。还少了一个勇敢的朋友，这位朋友辞职考研远赴杭州过起天堂的日子。还好，大家都很幸福地以这样那样的方式活着。

下面是“低调姐”给我的留言：

“低调哥”老刘：

首先为人母之后，为了培养好我国今后参与国际竞争的后续新一代劳动者，加之我党西部大开发事业风生水起，我感觉工作+生活=打仗，为了“责任”两个字，我把时间都交给了社会和“社会细胞”，把每一天都当作最后一天，使自己无愧于社会头衔和家庭头衔，不想给未来留下太多遗憾。为此，我不得不从自己很多的爱好中“挤”出时间或先“戒”了。但是，唯有您的日志文章和短评不敢“戒”，否则觉得心里空着，因为那是自我反思、学习、激励、提升的样本，是我平日教育夫家段子的“教材”。今日，又觉心灵尚缺“鸡汤”食补，故赶紧打开“老鸦空间”，享受墨香袭来。果然，令我产生必反馈于你之冲动，不吐不快。读着那些文字，有些恍惚，似乎一会儿变成了正身居（在）“德馨茶楼”之内，茶桌之上，冒气的热茶和杯具之旁，坐着的几位，调侃却不乏真诚，吹捧却不乏欣赏，轻松自在、激情飞扬……从“前青春”聊至“青春后”的男男女女。《来复之心待自养！》让我看出来老刘“发达”的迹象，纵然很巧妙，旧居换新墅了；《低调哥》让我边看边笑，边笑边看，忍俊不禁；《女儿上学记》让我觉得太写实了，谁都不是圣人，谁都无法超脱，太是你的风格了，有意思，遗憾是不在新乡谋职，未能就这种“小事”助一臂之力；《成功的唯一途径就是热爱你的事业》让我发现岁月依然未能改变你的执著，反而让你更加坚定；《失眠之殇》让我被你夸得不好意思，如你所言：令你嫉妒羡慕恨的，无论在什么地方，无论什么时间，无论用什么姿势甚至谈话间就可以酣然入睡，没心没肺，实属罕见的“神人”，岂不就是我们一家么？（承蒙老张同志对号入座，说真的原型就是你们夫妇二人——老刘注）

唉，可怜的段子（注：段子为“低调姐”老公，为人憨厚朴实），又要“被上课了”，责任不在我，在于你的方向感和价值观与我志同道合，就当他为我培养口才或年老转型（当）教师做点牺牲吧！对了，老刘，你不觉得我看了你那么多篇文章，但从来不做公开评议，才是真正的“低调姐”么？

2011年10月30日

世说新语

打针一

朋友朝辉兄年轻时当兵，在医务室当卫生员。有一老兵每次给长官打针都不疼，领导都夸其手轻，技术高，深得领导宠爱。朝辉兄甚是仰慕，多次求教，老兵秘而不宣。

老兵转业，喝酒送行，趁酒酣耳热之际，悄悄拉住哥们秘授机密。给领导打针每次虽吸满管药水，但扎针后不推药水，只让针管在肉里呆片刻，疼感自然较轻，拔针后迅速收起针管。朝辉兄担心说："病情拖延了怎么办？"老兵笑对："来医务室看病都是看些头痛感冒的小病，打针也是七天，不打过七天就自然好了，死不了！所以打针不打针无所谓。"

朝辉兄自此顿悟，后也深得领导宠爱："小伙子，没白学，手轻。"

打针二

朝辉兄在武汉当兵，彼时部队中河南兵少武汉兵多，常被武汉兵欺负，日久积郁于心。朝辉兄人矮短小，每有冲突自不占上风。

领导都说朝辉手轻，医术好，打针不疼。偏武汉兵说朝辉手重，打针疼。每有武汉兵到医务室看病打针，心中惶悚，人不知其故。

多年之后，战友聚会，酒后畅聊，言及给武汉战友打针为什么疼，朝辉兄道出秘笈。当时针头都放在铝盒里，每逢给武汉兵打针，拿出针头时轻轻在铝盒上一碰，针头被碰歪了一点，像鱼钩的倒钩一样，针头钝了，扎下去疼，拔出来——你想鱼被钓上来的感觉吧。

2013年9月9日

向理想致敬

记城市之光书店

2012年3月初的一天，确切地讲是3月2日，我在郑大上课，下午放学在学校南门偶然发现一个小书店——城市之光。以前也来过，但见在装修就没有进去，这次进去看看令我大为感动，随写了一则短信备忘在手机里：

“在郑大旁边的一个小书店里找到久违的惬意。文艺和书如今是小众的读物，此处独立而深邃，安静，幽静，能坚持到现在已很不易。所以我坐下来，叫了杯啤酒，恰遇一个愤青诗人郎毛（据说网上可以查到），于是给他也叫了一杯啤酒，听他侃拆迁的野蛮，历史与文化被一并阉割。书店温馨，有茶和咖啡，还有酒，卖书难以支撑文艺青年的梦想，只好多元的经营来维持。楼下只好辟出些空间（前时装修正是把卖书的位置腾出来），卖日杂的文具和学生用的小饰品来增加收入。间或在周末请些独立的乐队来娱乐文艺的精神，据说明天请的是浪荡绅士。老板（一对文艺青年夫妇）时常组织一些读书、摄影、话剧、音乐赏析沙龙，还自费拍一些小众的文艺电影。老板娘说准备做一个文艺院线，让小众的电影有更多的观众，已经在筹备了。我一时被感动，买了一堆书，决定下次学习到这里包场开一次读书会，心里想着要支持这样的理想，发现原来自己骨子里也是有股不合时宜的愤青和文艺。”

我决定用实际行动支持一下满怀理想的人，除了刚买的一堆书之外，我决定送班里的同学每人一本《乔布斯传》。我问有没有《乔布斯传》，她说有，我说要60本有没有折扣，她说有折扣但店里没有现货需要到别处去调货，我说好的明天给回话。

班里有个同学是做书生意的，我问了一下他能否买到《乔布斯传》，他打电话问了一下说可以买到，需要6折。平装每本68元，精装每本108元，我粗略算了一下，60本书每本如果节省15~20元的话，大概可以省下1000多元，但我还是选择了让城市之光书店的老板来做这笔生意。

次日打电话给老板娘，她先送来了20多本平装本，我说不够用，她说还有精装本，只是比这个版本要贵几十块，我不假思索地说好的，请尽快送来。最后可能她的仓库较远或者她去别的地方调货了，不得而知，很晚才把书送到，很多同学都等不及走了。她问我如何收费的时候，我说是送给大家的，她显然很惋惜，说送平装本的就已经很好了，精装本的很贵。我自然知道很贵，但她未必知道为什么贵我也要买她的书。

我想是为了一种精神，一种同情和支持，这样的书店现在是少之又少了。当网络购书大行其道的时候，传统的实体书店的生存岌岌可危，纷纷倒闭，席殊书屋早关了，风入松关了，光合作用解体了，三联关停了，之前的龙之媒改成网店"快书包"了，整个民营书店批量死亡，能够坚持到现在并且做最后挣扎和努力的经营者都是心怀理想的人，怀抱一种人文精神。台湾的诚品书店据说在南京准备开业了，但也是政府招商给了很大的支持，广州例外服装的设计师开设的"方所"书店横空出世。幸而看到南方周末刊登了两会代表、著名作家张抗抗提交了《国家要给实体书店补贴》的提案，这让人似乎看到了些许渺茫的希望，令读书人还有少许的欣慰。

在未来的世界里，我们无法想象没有书店的世界，书店是一群人生活的第三处或第N处空间，拥有什么样的书店是一个城市的品位和象征，如果没有这样的空间是生活的缺失。实体书店起到的作用是当当们所不能比拟的，在这个空间里人们可以巧遇同好的人，可以随意性地阅读，可以闻到墨香，可以亲手摩挲体验书的感觉，可以倒杯咖啡安坐一会儿，可以发呆，可以席地而坐消磨一个下午……人们愿意在书店看书，但不愿在书店买书，实体书店基本上快成了网络书店的样品店了。网络购物如此方便并且便宜，但缺乏一个读书人最重要的感觉——逛书店的体验，这种体验无法用鼠标和在线阅读以及其他人的书评来获得。

隔日晚，如约去参加书店举办的小型音乐会，门票50元，我给了100元，说不用找了，算作我对乐队的支持吧。我并不是一个音乐迷，但我怀着对书店活动的关切和浪荡绅士乐队的欣赏而来。草根乐队未来的某一天，可能一夜之间变成了崔健、零点们，炙手可热起来，然而在他们籍籍无名时，为了音乐为了理想奔走在各个城市穿梭在各个音乐酒吧里，为了一口饭，困窘的时候需要用方便面果腹，然而这些人为了自己的理想坚持着。当晚的演唱是精彩和唯美的，在音乐会结束的时候，他们演唱了一首为纪念林徽因故居被保护性拆除而刚刚创作的歌曲，令人唏嘘感慨。结束后我假扮了一下年轻的追星族，买了一张他们的一百元一张的CD，并逐一邀请他们签名。再凭着几分未消的酒力说：如有机会我请你们到体育场的大草坪上举办一场音乐会（在听音乐的过程中我不断幻想着，哪一天在公园的草坪上或体育场里举办一次客户联谊会或冷餐会，请这些未来的崔健们演奏，算作对他们音乐执著的一点支持吧！）。

这让我思考起另外一个问题：人的购买行为是理性的还是感性的？

人们会为了自己认同的东西支付较高的价格，所以品牌认同大多是感情因素在起作用。所谓品牌就是比一般的商品品质好10%，价格比普通的商品贵100%。我们为什么会为贵出来的90%买单呢？因为我们认同的品牌传递和表达了我们的主张和意愿，此时品牌与主观的“我”融为一体，“物”即是“我”，“我”即是“物”，物我一体，自然乐意付账买单。不是为了“物”，而是为了“我”。

很多的时候，我们往往是为了眼下的利益而放弃未来的利益。这让我想到一个故事：在美国的一个小镇上，有一家汽车修理厂，开了很久，小镇上的人都到这个修理厂去修理汽车。有一天沃尔玛开业了，人们发现沃尔玛里的轮胎以及很多汽车通用产品比小镇上的汽车修理厂便宜，于是纷纷在沃尔玛购买汽车用品。不久修理厂由于失去一些产品利润的支撑倒闭了。这时候人们才发现，修理汽车需要开车到二百公里之外的地方，很不方便，修理汽车的费用反而比原来更高了。

万物息息相关，支持他人就是支持自己。

在这里给所有有理想和有追求的人致以深深的敬意和支持。

2012年3月14

齐家之乐

有父母在，总也觉得自己还是个孩子，永远也长不大，永远有依靠，永远有安全感。父母不仅给了我们生命，还给了我们生的勇气，生的力量，生的理由。

夜雨中秋声渐
疏，老妻把盏
烹细乳。有
言对坐互
答问，无语
抱书各自
读。
二〇一四年元月六日劲然速写与北京

永远的港湾

近来不断有同辈朋友的父母住院或去世，让我想起那句“树欲静而风不止，子欲养而亲不待”，马上给母亲打个电话说要去她那里吃饭。

和父母分开住半年多了，好久没有去探望他们。他们的暖气坏了很久一直没有修好，马桶也坏了很久一直在凑合着用。换了一套新橱柜有些高，低矮的母亲一时还没有适应。搬家时还有好多东西落在父母那里，有时候去探望他们，就顺便带走几件，本可以一下都收拾完，却故意落下点什么东西，可以藉此来探望父母。

年近不惑，自己的时间越来越身不由己，虽然住的距离并不远，步行也就十几分钟，但看望父母的次数却并不因路近而频繁。万幸的是父母都安然无恙，于是，父母健康的潜意识成了探望稀疏的某种理由。

到了后来，倒是父母常来看我。不是母亲蒸了我喜欢吃的馒头（尽管我早已不怎么吃馒头了），就是父亲从老家带回来一些新鲜的蔬菜，再不就是母亲给我缝制了一个治疗颈椎的枕头。母亲和父亲过来看看，坐一会儿，聊一会儿，和我那顽皮的女儿玩一会儿，到了快午饭时候，母亲似乎在自问自答地说：俺走吧？分明是有些欲走还休的意思，她总觉得到了别人的家里，自己只是客人。我于是强拉着她说：“你客气啥呢，这就是你的家。”她这才和父亲又坐下，又觉得自己像吃闲饭的样子，又起身去厨房帮厨了。

有时候会忽然想起母亲，于是给她打个电话，说要去她那里吃饭。她已经做好饭了，不好意思地说：“我做了糊涂面条，不知道你爱吃不爱吃。”她都忘记了我是吃着她的糊涂面条长大的，她以为她的儿子现在每天都吃山珍海味，已经吃不得她做的糊涂面条了，她不知道她擀的面条是她儿子的最爱。

父母是儿女永远的港湾。　摄影/刘传辉

年近不惑了，在外面受挫了，悲观了，无助了，无奈了，无处言说了，心里难过了，想逃跑了，又不知道该逃到哪里去，不由自主地就想给母亲打个电话，说妈我晚上去你那儿吃饭。以至于现在一去吃饭，母亲都会不无关切地问，是不是这段时间又有啥不顺的事了，自己赶忙说没有、没有，一边赶快岔开话题。尽管每每都装着无事的样子，却总也逃不过母亲的眼睛。

说是去吃饭，内心里毋宁说是想回到她的怀抱里，回到自己的孩童时代，就像襁褓中嗷嗷待哺受了委屈的孩子一样，吃到母亲的乳汁马上会止住哭声，得到莫大的安慰和安全感。

给父母买些东西，他们会数落半天：多了、贵了……等坐下来，扯些闲话，父亲会唠叨几句，哪里又不舒服了，哪个小孩儿又惹他生气了。母亲则在厨房做菜，一般都是自己喜欢吃的，一盘花生米，不管是油炸的还是水煮的，再炒个萝卜白菜，是他们在老家院子里种的，父母通常不会去买很贵的菜。我去里屋摸出一瓶老酒来，给父亲倒一杯，自己倒一杯，陪他喝上一杯。说是陪他喝不如说是他陪着我喝，父亲一般不喝酒，总是家庭聚餐的时候给他倒一杯，他不会喝酒更不会品酒，再好的酒倒一杯也总是一饮而尽。有时候和他开玩笑说这一瓶酒多好多贵，要他慢慢品，他又觉得贵了，不舍得再喝，直到下次去看，那半瓶酒还在。

和父母就那么有一搭没一搭地吃着聊着，都是家常里短的一些闲话。我尽量粉饰太平给他们报喜，我们的房子卖得不错，拆迁很顺利，小妹刚刚添了辆新车你们不用再担心了，过段时间天暖和了，准备让你们出去转转……母亲一边推辞说不去不去，太费钱，一边流露出对外面世界的渴盼。这些年每年都安排他们去一个地方旅游，每次他们都像个孩子一样兴奋异常。

当说到老二媳妇（我在家中排行老大）月底去上班，准备把小侄子送到早教中心，我已经帮他们说好了。母亲忽然说：真的，他们不让我们给他们看孩子了?！我说是的，不用了，孩子去早教中心比在家里您们带着好，可以学很多东西。我看到她和父亲的神情顿时没着落起来，幽幽地对我说一个由来已久的话题："你们也不再要个孩子，他们也不让我们带孩子了。在这儿也没什么事，不如回老家，把地再要回来，俺俩还回去种地吧！"

去年在我一再强烈的要求下，父母才极不情愿地把老家的地让给一个堂妹种。从此他们失去土地，对于种了一辈子地的农民来说，失去土地就像失业了一样恐慌，好像没饭吃了，无助了。再整天无所事事地待在城里，对他们是一种煎熬。一个人一旦失去他的价值感，就会觉得活着没有意义。

父母早已不再责备我什么，更多的是宽慰、"孩儿啊，钱有多少是个够，别再干了，太费心，钱是啥人是啥，你都四十的人了。"一辈子自给自足的生活，使他们没有太多的欲望，看到他们简朴的生活，忽然觉得心量一下子放宽了很多。大不了回去种地，自己光脚从农村出来，"本来无一物，何处惹尘埃"，有什么放不下的呢?

为人子女的一定要想尽办法让父母觉得自己是有用的，不要让他们觉得自己没有价值，不要让他们觉得自己一无是处。记得一个朋友的母亲久病床榻，他每天无论多晚回来都要到母亲病榻前问候一下，如此多年，他母亲觉得自己拖累了孩子，活着一点意义都没有。在床上熬了几年之后撒手尘寰，母子似乎都得以解脱。葬礼完毕不久，一天晚上回来，他习惯性地去母亲房间探看，看到母亲空空的床铺不由得放声痛哭：妈啊，你活着，就是对孩子最大的价值！

一天深夜，忽然接到母亲打来的电话。我吓了一跳，以为出了什么事。原来她是正睡着听到有人敲门，或是哪个人敲错了门或是她的幻觉在梦中以为是自己儿子深夜回来了。其实和父母分开住之后，我再没有去他们那里住过。她或许只是想念她的儿子了。

儿子这艘船，无论是硕果累累、满载而归还是伤痕累累、空手而回，无论在外漂泊多久，受了多少伤痛，受了多少磕碰，父母都是最后的港湾。他们毫无保留，就像港湾一样伸开臂膀无私地拥抱每一个回家的孩子，在这里给他们给养、安慰、疗伤，还有活着的力量。

有父母在，无论已是白发垂髫的老人，还是年逾不惑的壮岁，总也觉得自己还是个孩子，永远也长不大，永远有依靠，永远有安全感，父母不仅给了我们生命，还给了我们生的勇气，生的力量，生的理由。

无论他们是身体硬朗、精神饱满，还是病体缠身、垂垂老矣，只要他们还活着，就是孩子永远的山，永远的天，永远的港湾。

2012年2月16日深夜

又：

晚上从父母那里回来，深夜里写下这篇文字，泪水止不住地扑簌而下，真想失声痛哭一场，把心中的悲愤、屈辱、郁闷、无助还有对父母的歉疚，一并哭诉出来。探望他们的时间太少，关切他们的太少，给予他们的太少，而直到现在自己还在索取他们的爱……

辛卯中秋夜雨有感

辛卯中秋，是晚阴雨渐息，无月可赏。饭后小女早睡，与老王于茶室小坐。焚香，泡茶，听雨，闲聊，读书。老王执壶煎水烹茶，恰泡抹茶，古称细乳。偶得小诗。

夜雨中秋声渐疏，
老妻把盏烹细乳。
有言对坐互答问，
无语抱书各自读。

2011中秋

我和老王，老王乃吾妻。

哥，是低调哥！

2011年9月8日，适逢智兴公司6周年的庆典晚会，大家筹备的是一个假面聚会，提议很好，在公司的大会议室里举办。一到会场就被假面舞会浓浓的气氛打动，于是我也戴了一个。

开场发言我就把面具拿掉了，我说不戴面具还有些人不认识，我戴了之后就更不认识了，之后就找了一个角落坐下，看大家的表演。由于各家店铺下班的时间不一致，所以后面总有人陆陆续续才来。很长一段时间来忙于公司的其他业务，很少参加公司的活动，加上这半年来公司开店很迅猛，进了很多新人，有时偶尔到了店铺会被新来的员工热情地接待："先生，你想要点什么？"于是装作顾客的样子询问好多问题，正好借此考察一下新员工的技能，直到有熟识的员工过来和我打招呼。

这次晚会上就有很多新员工没见过面。我刚坐下不久就有个迟来的毛头小伙儿，见我旁边有个空座，就顺势坐下。显然他没见过公司这么多人的场面，就问我："你是哪家店铺的？"我顺口答："我是胖东来JJ的。"

"我是百大JJ的，怎么没见过你，怎么称呼？"

"哦，我是刚来的，叫刘传辉，传说的传，光辉的辉，你怎么称呼？"

"我叫某某，这儿的女孩可多啊！"

"是，你还没女朋友吧，到这儿你就奇货可居成香饽饽了！"

"是，我还没女朋友，唉，刚才过去的是谁？长得可漂亮啊！"

"啊，是我们店长……"

……

就这么有一搭没一搭地闲聊，哥心里很受用也很欣慰，我们JJ的同事大多都是二十岁左右的帅哥靓女，哥都快四十的人了，一脸沧桑粗糙得可以当搓衣板，一副严肃的革命斗争相，怎么看也和二十多岁的小伙儿不搭界，或许是夜不观色那哥们看走眼了。直到最后我上台拥抱老员工，发表感言，准备切蛋糕，这哥们才如梦方醒。我把这哥们邀请到台上，把他刚才和我的对话复述给大家，每句对话都引来哄堂大笑，把很多人的脸都笑得痉挛了。我给他颁发一个特别奖，感谢他高看哥，把哥看年轻了20岁，那么信任哥，这年月给哥说掏心窝话的人已经不多了，而且还给大家带来如此HI的快乐。

就着欢乐的气氛，我给大家分享了几个哥被人看错位的故事。

18年前，一天去见一个客户，赶上他们下班，客户急着去接孩子，哥套近乎问客户："孩子多大了？"

客户："上幼儿园大班了，你孩子多大，怎么不去接孩子？"

哥连忙说："我孩子上小班了……"

彼时，哥22岁，一副老相。18年后，哥的孩子刚幼儿园毕业。

有一次过年回老家，路过一个集镇，人山人海，拥堵不堪，车子只好在行人中慢慢前行，打开车窗左右探看怕不小心发生摩擦。忽然远远看见一个多年未见的女同学，项羽说：富贵不回乡，如锦衣夜行。这回终于有个践行项英雄伟大语录的机会，岂能错过。就连忙远远地给女同学摁喇叭，挥手致意，热情招呼。终于走近，女同学稍作端详："你是刘传辉吧？"

"是，是我，你不认我了？"

"认，咋会不认呢，你现在给谁开车呢？"

"啊，啊，在一个单位开车！" ……

哥随即晕车。

一次上电梯，后面上来两位老人，我去12楼，帮老人摁了要去的楼层，有一老人煞是好奇，问："你是在这儿开电梯的？"

答："是。"

老人一脸羡慕地说："这活儿不赖，风吹不着雨淋不着。"

哥会心地一笑:“是,是,这活儿不赖。”

哪个开电梯的像哥这样温文尔雅,风度翩翩的?

有一次,路过自行车看车场,恰遇一辆自行车挡住一辆汽车的路,马上过去帮着把自行车挪了挪,车顺利通过。正要走,忽然听到后面有人高声招呼,回头一看还有辆车也被挡住过不来,司机大声责问:“唉,看车的,看车的!”

见我一脸诧异,司机继续:“叫你呢!看啥呢,听见没有,把车挪挪!”

哥默然不语,一路小跑,赶快把车挪开。事后哥恨不得跑卫生间照照镜子,看看哥哪点像看车的。

早年,初代理JEEP。JEEP衣服风格粗犷,彼时少有人认识此乃名牌,随即装备一套行头。一日街头偶遇一个朋友,这朋友已是大老板了,见过些世面,但看了这身行头竟一时没有认出来,很是关切:“传辉,刚从工地回来?现在哪里又装修了?”转身看看自己,倒真有些灰头土脸,与这身名牌不相称了。方才明白原来自己还是只猴子,即便穿上了名牌还是只未蜕化完的猴子,掩不住一身的毛发和土气。

被人误读、误解、误判,当会心一笑,不辩解,不争论,不证明,不亦乐乎。其实哥明白,哥就是凡人一个,一只猴子,农村出来的,光脚进城,吃过苦,遭过罪,受过挫,和每个普通人一样,混到人堆里看不出有任何的特别之处。每个人都可以通过不懈的努力取得哥今天这样的一点成绩,而今天有了这么一点成绩却被别人左一个刘总,右一个刘经理,偶有尊称叫刘老师,好像很神圣。但哥很清醒,人生修行的路漫长而艰辛,不因为今天取得的一点成绩而忘记了自己是谁,不因为今天穿了一身名牌而变成了谁,不因为今天坐上某个位子而成为了谁,哥还是哥,下地能干活,上场能打仗,吃得了苦,享不得福!

人贵真,本色示人,自会感通神明,至诚若神!

哥,是低调哥!

草于2011年9月15日

老鸦，不仅是我的网名

作者按：2011年，自己就像堂吉诃德战风车一样，在做一件明知不可为而为之之事，奋力与一个自己无力对抗的无形力量较力。这力量像无数的人编织的一张大网，每一个网点上的人看上去并非有意为难，但每个人都那么难一下，就像倍数效应一样，最后变成一张无懈可击、无法逃脱、无力改变的大网，这张网是由愚昧、贪婪、官僚、潜规则交织而成的网，被这张网挟持得连挣脱都缺乏力量。

就像当下流行的一款游戏里的那只小鸟，把自己奋力弹射出去撞击那种种障碍，哪怕粉身碎骨，一次又一次。在不断的抗争中，哥已经变得精疲力竭，几乎快变成游戏里那只——愤怒的小鸟。

2012年伊始，我在此阐释我的网名以释怀，以明志，以勇敢地面对。

2012年伊始，偶读刘禹锡的名句：沉舟侧畔千帆过，病树前头万木春。

以此为始。

现代人的名字一般都有两个，一个是乳名，那是父母或长辈的称呼专利，倘若一天父母或长辈忽然叫了你的学名，倒一下像犯错了一样令人不自在了。另一个是学名，先是姓氏，然后是名，通常这个名字也是父母或某个长辈在上学的时候给起的，更多的是父母对孩子的愿望，或者父母将未能实现的愿望寄托在孩子的名字上，而名字对大多数人终其一生，很少有改变。

在名字的方面我们没有古人自由。大部分的读书人都会有自己的名和号，还有笔名、斋名和斋号等。比如苏轼字子瞻，又字和仲，号东坡居士；鲁迅，原名周樟寿，字豫才，1898年改为周树人，字豫山、豫亭，以笔名鲁迅闻名于世；胡适，原名嗣穈，学名洪骍，字希疆，后改名胡适，字适之，笔名天风、藏晖等。

这些名人如果活到现在，估计每个人都需要起一个网名了。多年前第一次上网，看到千奇百怪的网名，我发现一个新的时代来临了——网络时代。网络是一个虚拟的社会，每个网名都宛若一张面具，个性张扬、棱角鲜明，和现实的世界迥然不同，或多或少都表达和传递了一些信息和主张，抑或是一些价值取向。

我想民国时期的笔名和现在的网名有相似之处，碍于当时言论的不自由，不愿意暴露自己的真实身份，所以起了笔名来保护自己的发言权。而当下的网名似乎是要表现一个人现实之外的内心表达。网名具有随意性，象征性，不稳定性和不真实性，这就使得网名千奇百怪。

我要给自己起一个网名的时候，一时无着了。忽然想起胡适的一首诗《老鸦》：

一

我大清早起，站在人家屋角上哑哑的啼
人家讨嫌我，说我不吉利——
我不能呢呢喃喃讨人家的欢喜！

二

天寒风紧，无枝可栖。
我整日里飞去飞回，整日里又寒又饥——
我不能带着鞘儿，翁翁央央的替人家飞；
不能叫人家系在竹竿头，赚一把小米！

这首诗是胡适写的一首白话诗，用第一人称的视觉描写，直接表达出作者的态度。什么态度呢？我理解是通过乌鸦境遇糟糕但志向不改的态度，来表现“五四”时代知识分子中立、不群不党、不流俗的一种人格精神。

当初读这首诗时，忽然觉得自己就像一只乌鸦，“不能呢呢喃喃讨人家的欢喜”“天寒风紧，无枝可栖”“不能叫人家系在竹竿头，赚一把小米”。就像某位官人有一天不屑地对我说：你是那种不为五斗米折腰的人。是啊，有时候为了五斗米我们放下尊严磕头作揖，赔尽笑脸，为高高在上的人卑躬屈膝，正应和了那句“在中国，生意人的膝盖都是软的”。然而在内心深处，还有一种倔强不屈的声音，就像《肖申克的救赎》中的一句经典台词：“有一种鸟是关不住的，因为它的每一片羽毛都闪着自由的光辉。”

一个热爱自由与幸福的人，一个把自己的一生当作远大前程的人，应该是始终如一地抱着一种“关不住”的精神，为那自由的春色，在人生的逆旅之中，关心自我实现，追逐自己的命运。

经常会有人说：改变不了环境，就改变自己。世界上有两种人，一种人面对无力改变的规则和境遇，妥协了、适应了，削足适履地生存着。一种人顽强地改变了规则，世界正是由后一种人不屈不挠地改变与推进。改变这个世界的人，他们偏执，倔强，毫不妥协，甚至著书立传——《只有偏执狂才能成功》的安迪·格鲁夫说：“活着就是为了改变世界。”“不要被其他人喧嚣的观点掩盖你真正内心的声音。更重要的是，你要有勇气去追随你的直觉和心灵的指标。”——乔布斯如是说。

勇敢地去做一只自由飞翔的鸟儿，自由鸣唱的鸟儿，哪怕每天都要为一只虫儿起早，哪怕每天都要忍受饥寒交迫，谁能鄙视为了自由而勤奋和歌唱呢？哪怕鸣叫的声音不为所有的人喜欢，谁能说那不是自然的声音呢？绝不去做关在笼子里或拴在架子上的鸟，为人鸣叫，为人学舌，只为了一把小米。

所以，我以胡适那首诗《老鸦》为网名，以此来表达内心的倔强、不屈、毫不妥协、独立和追求自由的精神！还有尚未参透世故的幼稚。

2012年2月6日
龙年正月十五日

陋室待人

冬日午后，暖日熙和。书房阳台之上，泡新茗一杯，啖烟一支，坐摇椅一把，持闲书一卷，拥书城一座，或看或寐，或依或坐；或有丝竹之声，隐约在耳。

小女于隔间温习功课，或有典故问，随口而答，父女皆欢。

书房置画案一台，案上笔墨纸砚齐备，以候书。兴起挥毫泼墨，恣意汪洋。书尽一卷，提笔观览，悠然心会。博物书柜，井然有序。柜上置书画折扇，小品斗封，罗列奇石，紫砂茗具，印章数枚。厅内挂山水字画，时时玩赏，如临画中。

有客来，引至茶室，取新茗，随意泡。言天地玄黄，古今中外，谈禅论道，历史轶闻，哲人思辨，唯不谈闲话是非及铜臭，更不言猥亵之事。席间有客皆高人雅士，无有俗人。

唯不待醉客，不待粗口之人，不待邋遢之人。

2009年6月28日

我的书房是我的另外一个世界，我常于此间独自遇见自己。　摄影/刘传辉

起茗记

写给我的女儿丑丑

丑丑，我的宝贝，转眼你已经七个多月了，多年后当你能读懂文字，当你能感知是非、明辨美丑的时候，一定抗议我叫你“丑丑”。正如谚语所说，乌鸦都说自己的孩子是白的，刺猬也说自己的孩子毛顺，我为什么叫我心爱的宝贝“丑丑”呢？

早在你尚未出生之际，你母亲曾不止一次催促我给你起个名字。我那时已经知道你将是爸爸的一件小棉袄，未来的一个小情人，因为人们常说：姑娘是爸爸的贴心小棉袄，女儿是父亲最后的情人。爸爸是在传统的陋习中长大的，不成想你会是个女孩，所以在第一次验证你是个女孩时，我当场就非常失态，以至于因此与你的母亲生了许多闲气。但很快，我就忘却了儿子与女儿的差异，开始一天天享受你成长带给我们的快乐了。

人们对自己孩子的珍惜是无以复加的，以至于常会顾全很多，比如给孩子起名。那时想的很多的都是男孩的名字，当得知是个女孩时，倒一时无措了，以至于你出生已经好几天，尚未想到给你起名，也或想过但不称意罢了。你刚出生就出很严重的黄疸，在医院的育婴箱里，蓝光照着你，双眼被蒙在里面烤着，那黑暗的世界一定怕人，你那么小，那么的孤助，我一时疼惜起来不能自已。因为怕伤到你的眼睛，所以和你母亲轮流看护。闲来无事，听不得你母亲唠叨给你起个名字，于是回家搬来一摞书，《新华字典》《新华词典》《成语词典》《国学经典系列》《唐诗三百首》《宋词三百首》《论语》《老子》等，恨不得将书房一并搬来。先是从新华字典翻起。爸爸不知道其他的父亲在给孩子起名时会怀着怎样的心情，但知道我在给你起名时怀着的欣喜、挑剔、期望心情，无法用文字表述。字典很快就翻完了，许多的字很熟悉，许多的字又很陌生，在几万个汉字里码出一两个字的排列组合都显得单薄、无力，不能表达爸爸对你的期望。许多好的字早就在这期间被苦心的父母探究殆尽了，以至于列出的许多备选，都被你母亲一一枪毙，不是嫌俗就是满大街都叫这个名字。记得很相中“萌”字，“萌”字很有生气的，叫“萌萌”朗朗上口，结果次日去儿科洗澡室，四个孩子中有三个叫萌萌。真无法想象，某日街上叫你，会有一群孩子回头来看爸爸，所以只好忍痛割爱了。

后来读《论语》，有句话很好。君子有九思：视思明，听思聪，色思温，貌思恭，言思忠，事思敬，疑思问，忿思难，见得思义。又想到《论语》中的一个成语：见贤思齐。于是集合了几个名字备选：思明、思聪、思齐。又忽然想起《茶经》起首一句：茶者，南方之嘉木也。不禁喜从中来，真是踏破铁鞋无觅处，得来全不费工夫。于是将备选名字中第一备选为：嘉木，其次为：思明、思聪、思齐。后来的三个被一一否定，思明的“明”字，被用烂了，“明明”是小学课本当中最惯常用的一个名字，言及“明明”马上让人联想起小学数学课本中那个做数学题的明明。正如中国人在文章或谈话中要动用某人名，必用“张三、李四、王五”之类的通俗，所以落选。而思聪和思齐大抵都是名人用过的，如傅雷的儿子叫思聪，而毛泽东的儿媳叫思齐，所以也都作罢了。唯有“嘉木”备受赞誉，所以不久后，我和你母亲便不再征求大家的意见而叫你嘉木了。嘉木也是有异议的，有人说用我们家乡小冀方言念平声木（mu）不好听，在方言中是很呆板的，如木头、榆木疙瘩等，但由于我和你母亲的钟爱就力排众议。我们戏言你将来不定去北京或上海，也许去伦敦、纽约，哪还有人说小冀的方言呢？ “嘉木”饱含了爸爸对你的三重寄念。首先，爸爸希望你有茶的品性，“茶者，南方之嘉木也”。茶是集中国文化之大成的象征物，有不尽的传说和内涵；其次，嘉木，栋梁也，爸爸希望你成为有用的人，一个栋梁之才；再次，爸爸是以茶楼、茶叶开始创业的，那份事业也像爸爸的第一个孩子一样，有重要的纪念意义。所以在众多的名选当中，一锤定音，其实几乎在想到这个词时就认定了。

茶性温凉，先苦后甘，温良恭俭，和敬清寂，韵味悠长。

再说丑丑。我们都叫你嘉木，但似乎又欠缺些什么，因为通常一个人都是有乳名的。这时给孩子起乳名流行两个叠字，如你有姐姐叫畅畅，哥哥叫彤彤、佳佳等，似乎好字都被抢注完了。爸爸不愿你随俗起舞。一日大家就餐时，你当场出恭，臭不可闻，大家一时取笑你“臭臭”，你自管笑笑，更是不明就里的憨厚。随后，爸爸就在你出恭后叫你“臭臭”，你听多了自然就回应了。爸爸想起早年农村人常有叫一些很土很脏的名字，说这样的孩子好养，如“粪堆、蛤蟆、ci烂”等名字，这些名字流行于你爷爷的一代，但这其中包含着中国的哲学，即“大俗大雅”“大象无形”“大巧若拙”，自然“大美若丑”了。中国人讲究，天然去雕饰，清水出芙蓉。爸爸的一个同学，乳名小丑，念及此，就由臭臭改丑丑了。不想“丑丑”是一个著名的童装品牌，可见爸爸的英明。到你七个月时，见到你的人都说你真像爸爸，连表情都酷似。爸爸以丑丑为荣，从某种意义上讲爸爸不是英俊的男生。

丑丑，你是爸爸眼中最美的女孩，爸爸希望你有朝一日丑小鸭变成白天鹅。希望亲爱的丑丑谨记：女孩是因为可爱才美丽，而不是美丽才可爱。

草于2005年7月

后记：

整理抽屉，发现这篇文字的草稿，当时随手写写，没有整理，今天把它整理出来。此时丑丑已经快五岁半了，会不时问我：爸爸，为什么最丑的就是最美的？

整理于2010年3月23日

女儿上学记

女儿六岁半，该上小学了。整个暑期，家里不时会冒出女儿上学的话题，孩子妈妈不停地催促，说市里的重点小学比往年的招生量减少了一半，要及早找人去说。女儿幼儿园的一帮妈妈们都面临着这样的问题，一时气氛很是紧张。

由于家庭住址不在重点小学的片区，而市里重点小学的学生家庭都是非富即贵的，想想自己属于非富非贵的，没有什么背景只好提前托人去说。

有一个多年前在教育系统工作的领导朋友，女儿幼儿园的时候请朋友帮过忙，如今早已调离教育系统。世道不古，人走茶凉也是常态，小心地探问现在是否还能说和一个学生，朋友非常爽快，一口应承下来。于是心里有了底气，待到孩子妈妈催促时，看到她心急火燎，便装作一副气定神闲的样子对她说："没事，没事，连这点事都搞不定，我还怎么当爸爸。"那口气似乎比教育局长还牛气。

然而随着开学的日子一天天临近，女儿幼儿园的小朋友都陆续找到关系搞定了，而女儿尚无着落，那几天的日子被她妈妈催促得几乎不敢回家了，自己又不好意思催促朋友。托人办事还是以不催促为好，办事的人若办了一定会在第一时间通知你，若有难度催促只是徒添烦恼，于是只好等着。眼看开学剩下几天了，朋友忽然打来电话，让给校长直接联系。于是给校长打电话，报了名字，说了关系的来由，校长也很客气，说等到25日以后再联系，此前要解决片区内的学生入学问题。想想校长也是为难，官不大，事不少，面对那么多头头脑脑，谁家没个把学生要给面子，哪个都得罪不起，只好小心应酬。听说有择校费，虽说这事国家一再明令禁止，但屡禁不止也是有着现实的原因。僧多粥少，就那么几个好学校，谁不想让自己的孩子上所好学校呢？

惴惴地问校长："需要多少择校费？"

校长一时估计没有想好究竟说多少合适，就客气地说："一般都是两万五，你是老局长的关系，就按一万八算吧。"

于是回来如实汇报给孩子妈妈，准备银子给孩子上学。谁知孩子妈妈情绪很是激动，言：某某（女儿同学）花了一万搞定，某某不花钱都上了，现在要出一万八，我没钱，一副死猪不怕开水烫的样子。人啊，不患贫患不均，幸福都是比较出来的，不幸也是比较出来的，那些想掏钱但找不到关系的人该作何感想呢？有时候我们一边骂着社会的不公平，一边享受着社会的不公平，一边还制造着这样的不公平。

于是角色转换，妈妈开始粉墨登场。她有个熟识的朋友，找人给了个一万元的指标，看看一转眼省了八千，后又有更铁的朋友说把孩子的户口迁到片区就不用掏择校费了，于是改迁户口，托关系，几天就把户口搞定了。妈妈回家一副志满意得的样子，很有成就感。

这世道，搞定，似乎就是能力的代名词，我一时无语。

有时候，聪明会成事，但更多的是聪明人持着聪明把自己误了。

那几天恰逢在外出差，忽然接到一个陌生电话，电话那头硬气地说：请问你是刘嘉木的爸爸吗？

这明白无误、绝对不会有错的问题还能有假？！于是也硬气回答：是。

电话里又问：请问你们家在什么地方？我们是某某小学的老师，现在要去你们家做入学前的家访。

顿时脑子一片空白："啊，我们家在什么地方，啊，这个，让我想想，啊，啊，这个，这个你还是问孩子的妈妈吧！"

电话里开始责问："你们家在什么地方还用想吗？"

这明白无误的问题还用想吗？多滑稽的事，一个人连自己的家住哪都不知道，不是痴呆就是傻子！还有个结果就是穿帮了。

学校为了防止临时改迁户口要入户调查，孩子妈妈只顾得教孩子如何应付家访，万一家访的老师来了问起来："嘉木，你们家住哪啊？"我那可爱的女儿，倒背如流把新的户口地址说出来，似乎天衣无缝，唯一的漏洞是没有培训爸爸，于是爸爸忘了我们家住哪里了。

我那天真无邪的孩子什么时候开始学会说谎话了？

只好坐等坏消息。眼看报名结束，焦灼的妈妈像是被泡在油锅里煎炸一样，于是我们大家都成了受害者，在家里连大气都不敢喘。尊敬的校长失踪了，他必须失踪，他每年必须失踪一次，要不那么多乱七八糟的事怎么收场。于是辗转多条路线去找他，朋友、朋友的朋友，朋友朋友的朋友，能想到的都想了，能找的都找了，这是何苦呢？围堵，守候，终于在最后一刻把校长抓到，赔上可怜天下父母的苦心，造假的歉意，热脸，熟人，还有——唉，你懂的，不管怎样终于解决了。

通知书拿到了却没有一点的喜悦。晚间，盘点这一遭，拜托了多少熟人，朋友，一个，两个，还有谁，谁，谁——差不多够一桌了，需要一一答谢，一万八千元如何能够报答这么多朋友呢？不要动不动就折腾朋友，朋友，还是以无事相求为好！《无间道》里有句话，出来混早晚是要还的。人啊，欠什么，别欠人情。孩子，为了你，我们都欠了，有一天你看到需要拜谢的那一串长长的名单，该作何感想呢？

我亲爱的孩子，这还只是上小学，爸爸可不希望若干年之后你考初中、考高中、考大学，还需要爸爸妈妈扛着老脸去找关系。那时爸爸的脸老了，也一定认不得北大清华，哈佛牛津的门，那里也托不得的关系，全靠你自己了。

事情尚未到底，妈妈们又开始打探进哪个班，哪个老师品学兼优。终于又有了消息，妈妈打来电话问：有两个选择，一个较为严厉教学抓得好，一个较为温和学生带得好。爸爸不加思考：要温和的老师。

想想我的女儿，一个无拘无束，自由散漫，充满了无限创造力，带她比带一个连还难，怎么能受得了严厉的老师，那定会扼杀她的天性。爸爸希望你自由快乐地生活，而不是每次都要痛苦地争取考第一。爸爸不希望你被训教成温顺听话怯懦的小绵羊，循规蹈矩讨小学老师的喜欢。因为爸爸上小学的时候就是一个几乎每天都会被罚站，调皮捣蛋，不断认错，经常被老师揪去叫家长的孩子。如果说爸爸今天还有一点点成绩可以骄傲的话，爸爸把这归功于少年时代无拘无束、无畏无惧、顽冥不化的天性。这天性是如此的弥足珍贵，是创造一切世界的原动力，爸爸可不希望你被哪个无知粗暴的小学老师阉割了自然的天性。

开学的前一天，妈妈领着你和爸爸去认校门，认教室，认厕所，认打开水的地方。无独有偶，一群家长都在干同样的工作，孩子真不知道你长大后该如何独自面对生活？

上学了，无知的你不知道从此将被套上缰绳，开始应试教育的慢慢长路。　摄影/刘传辉

妈妈去开了第一次家长会，回来教育爸爸，以后要对女儿约法N章：如写不完作业不许吃饭，九点钟之前必须睡觉，没写完作业不许睡觉（这两条不知道该执行哪一条），不许带华丽的书包，不许带铁皮的文具盒，不许……

还有许多“不许”爸爸都不记得了，也懒得记，爸爸担心你长成在“不许”的模子里。

晚间，给你整理新书包，新书，包书皮，书皮上工整地写上：

刘嘉木，某某小学一年级，某班。

你如获至宝，亢奋，激动，不知道那一夜你睡得是否香甜。只知道你妈妈夜半一反常态起身去做饭，7点半之前必须到校。

9月1日一早，你匆匆洗脸、吃饭，吵着要第一个到校。于是，爸爸骑上前天专门为接送你买的自行车，在你“快、快”的催促中飞驰而去。到校门口，挥手兹去。无知的你不知道从此将被套上缰绳，背负枷锁，开始应试教育的漫漫长路。

2011年9月3日

吾家有女初长成

晚间，爸爸拖着疲惫的身体回家，准备吃饭。

八岁的女儿迅速跑进厨房，不一会儿听见厨房响作一团并伴随着一股糊味。

爸爸进厨房看见女儿正在把一个鸡蛋磕破往碗里倒蛋清，煎锅里一个煎鸡蛋已经被分尸八块，冒着烟嗞嗞作响，乱作一团。

爸爸大声问女儿：你这是在干什么?

女儿答：煎鸡蛋。

爸爸：你这叫煎鸡蛋吗?我看你像是炒鸡蛋!

妈妈进来，大声对女儿说：你在干什么?

女儿答：煎鸡蛋。

妈妈：你这是煎鸡蛋吗?看你都弄成什么样子了，马上停下来!

女儿：……

爸爸妈妈回到餐桌。

一会儿，女儿端出来一个小盘子，盘子里放了酱油，上面有个煎得有点糊了的蛋黄，放在爸爸面前，说：

爸爸，我只是想给你煎一个——蛋黄!

2012年9月8日

一个小报童的生意经

报社一个朋友组织了一次公益活动，让小学生到街上义卖报纸，卖报纸的收入捐给慈善机构。孩子们也可以在这种社会实践中得到锻炼，是个一举两得的好事。这让我想起儿时的一首儿歌《我是卖报的小行家》。

女儿八岁，马上上二年级，得到这个消息，兴奋不已，终于可以有自己的收入了，晚间央求我明天买她一份报纸。在和她的对话中，引发了我和女儿很多的思考。

我首先问女儿：一份报纸进价多少钱？你卖多少钱？

女儿说：报社给我们五毛一份报纸，我们卖一块一份。

我说：那你一份报纸赚了多少啊？

女儿：五毛（她已经学过加减法，算这个不成问题）。

我继续问：你准备卖多少份报纸啊？计划赚多少钱啊？

女儿：嗯……

她显然没有思考过这个问题（大多数初次创业者对这个问题都思考不多，对自己的商业模式和盈利目标不清晰）。

我继续提示：如果你卖50份报纸，你赚了多少钱？

女儿把两只手都用上了，最后说25元钱，她还没学过乘法。

但她马上就顾虑起来：爸爸，如果我买50份报纸而卖不掉，我不就亏了？

哦，聪明的小家伙，这个问题问得好（一项生意首先需要考虑一次进货多少，存货和货品的折旧，货品的周转率以及如果滞销带来的损失。初次创业的乐观主义者，总是认为会把所有的货品都销售完或者所有的座位都坐满，认为自己开的餐厅上座率是100%，然后计算盈利能力，而忽略了货品损失空置率和折旧）。

爸爸：如果你买了50份报纸，有10份（假设有20%折损率）报纸卖不掉，你损失多少？最后赚了多少钱？

女儿算了一下说：损失5块，赚了25元，减5元，赚了20元。

爸爸：如果你买100份报纸，有20份(20%折损率)报纸卖不掉，你亏了多少钱，赚了多少钱？

女儿思考了一下说：亏了10元钱，赚了40元。

爸爸：那你准备买多少份报纸？

女儿：那当然是100份了。

生意的目的之一就是在有限的资源下创造出最大化的利润。积极的预期必然导致积极的结果，对未来乐观将导致乐观的结果。比如你预计自己只能卖到50份，那么你最多卖50份，如果你预期100份说不定能卖到80份。

如果总是害怕损失，就不可能利润最大化。所以，冒险创造价值。

那么现实中究竟一次进货多少合适呢？50份还是100份，其实要根据实际的情况逐步加量而不是一口吃个胖子。初次创业者的目的不是产生暴利而是活着，暴利会让人冲昏头脑，忘了脚下的路，跟头就不远了。

第二天，女儿和几十个小朋友在步行街口每人一次批发三份报纸，卖完再来。一帮小朋友拿到报纸后一窝蜂地在步行街口逢人就推销，很快有的小朋友就卖完了，有的一张也没卖出去。

我问一个一份也没有卖出去的小朋友是怎么和顾客说话的。

她说：叔叔，请买份报纸吧!

我问女儿是怎么说的，女儿说：叔叔，请献一份爱心吧!

“请买一份报纸吧”，这是推销!

“请献一份爱心吧”，这是感召，是营销!

顾客买的不是报纸，是爱心，一定要为自己的产品找到卖点，你的商品一定要满足顾客的需求，有时候是实用的需求，有时候是心里的满足，很多时候是二者合一的需求。所以，义卖报纸的顾客对象不是读报纸的人而是有爱心的人。

我叫过女儿问她：有没有人不买你的报纸？为什么不买？你的报纸都卖给谁了？如果顾客拒绝你怎么办（分析你的客户你才会知道你的客户是谁，以及失败和成功的原因）？

在这期间，我看到她给一个发传单的学生和公共汽车站等车的人推销，结果遭到拒绝，因此我一再告诫她即使不买的顾客，也不要忘了对别人说声谢谢!

女儿说：一份给了一个高贵的叔叔（很显然高贵的叔叔有钱需要尊严，他怎肯拒绝一个孩子的善良呢！），一份给了一对带小孩的夫妇（小孩的父母要时刻以身作则给孩子做爱心的榜样，他们怎肯失去一次教育孩子的机会呢！），一份给了一对情侣（那男孩面对一份义卖的报纸就像面对一束玫瑰花一样不能拒绝，正是体现爱心的绝佳机会）。

我说：哦，很好，这些就是你的目标客户（找准你的目标客户精确制导，成功的概率就会更高）。那么哪里有你的顾客呢？步行街里卖报纸的小朋友很多，往来的人很多都已经买过其他小朋友的报纸了（很显然这是一片红海的市场，产品同质化，竞争激烈）。如果去对面的圣路易蛋糕房里试试是不是会更好呢（寻找你的蓝海市场，避开竞争，找对池塘钓大鱼）？

女儿又进了三份报纸后飞快跑去，很快回来，高兴地说：爸爸卖完了（显然蛋糕房里有很多她的目标顾客，借用蛋糕房的客流搭了顺风车，也就是借势营销）！

我说：下次去哪里呢？女儿说前面还有一家心岸蛋糕房一定也可以，

我点头称是(要提高你的生意就需要不断扩大你的市场份额,开辟新的领地,占领更多的市场,不仅要在有鱼的地方钓鱼,而且要不断寻找新的鱼塘。成功生意的秘诀有两条,一是把你的产品卖给更多的人,二是使已有的顾客购买你更多的产品。如果吸引一个新顾客需要6元的营销费用,那么维护一个老顾客只需要一元就足够了。而很多人往往忽略客户关系的维护和管理,忘了——成交只是生意的第一步)。

经过一个多小时的努力,女儿最后成功卖掉10份报纸,盈利5元钱。我看到她和一个小朋友准备去麦当劳犒劳一下自己,就问她买什么,她说准备花5元钱买一个冰激凌,5元钱!正好是她今天所有的盈利所得。

我问她:那么你下次准备拿什么进货呢?你营销的口号是慈善义卖,你准备捐多少给慈善机构呢?如果税务局要你缴税,你需要缴1块钱的所得税(中国的税率大概至少在20%以上),你要不要给自己开一份工资呢?如果你有工人是不是还需要开一份工资啊?你今天买报纸借我的钱还没给我利息呢……(这就是成果管理,年轻的一代都养成了月光族,从不去考虑未来,怎么会未雨绸缪呢?从某种意义上讲,月光族就是及时享乐主义者,不负责任的一族。连自己的明天都不负责,如何能为这个世界负责呢?)

不要当月光族,降低你的消费预期你将获得更多的幸福,量入为出,时刻保持你的现金流。充盈的现金储备总能让你张弛有度,获得冷静的判断,当机会来临之际才会有更从容的选择。

当然这些都超出了八岁孩子的想象力和理解能力。为什么我自己挣来的钱不能都花掉呢?她一脸茫然地看着我说:爸爸,我能不能花一块钱买一包跳跳糖呢?

OK, No problem!卖报的小行家!

2012年9月8日

孩子，给自己一点耐心

嘉木吾女：

放暑假了，爸爸要计划计划，上个寒假里你把《大学》背会了，这次就背《中庸》吧。爸爸说如果你把《中庸》背会了就带你去香港迪斯尼，迪斯尼是你早就梦寐以求的地方，你马上手舞足蹈欣然应允。姐姐（我侄女）十岁了从未出过远门，这次我想就让你们一起去吧，我用中国式家长的标准版本说：你们两个谁背会带谁去，背不会不能去。

在开始准备去迪斯尼的等待中，你的噩梦似乎就开始了。原来计划每天背会一个章节，二十四个章节对于你整个假期绰绰有余。结果你每天白天抓紧一切时间拼命地玩耍，对爸爸的忠告熟视无睹、置若罔闻，晚上临阵磨枪还没有看三分钟就跑到我书房来汇报说："爸爸，我给你背背"，结果自然是吞吞吐吐、结结巴巴，只好回头重来。三五分钟一次，如此反复，你是那么急于求成，从未有耐心地朗读五分钟以上。有一天短短的一个章节你竟然背了六个小时，把你的老爸直接逼疯抓狂地陪你背到凌晨两点，睡梦中我都能清楚地背出每一句，可你仍然没有背会。孩子，如果你有点耐心，以你聪明的脑子只需要短短的半小时。

为了让你背书，我和你妈妈用尽一切办法威逼利诱就差把渣滓洞的刑具搬来了，可在你誓死不屈、意志坚定、负隅顽抗的斗争面前我们都一一溃败下来。

你不停地数着去迪斯尼的日子，却从不关心背书的进度，在最后截止日期之前检查你和姐姐，最终还是有几个章节没有背会，你嚎哭一夜，最后把去与不去的皮球踢给爸爸。高尔基说爱孩子是连母鸡都会的事，爸爸怎么能连母鸡也不如呢！只好妥协改签机票以宽限几天再给你们一次机会，最后看在你们有所进展的面上爸爸再妥协一次，唉，去吧！爸爸的软弱并一再投降妥协，简直就像晚清政府了。

待到真的去迪斯尼，在路上，飞机上，的士上，无论任何地方任何时候，你都不失时机见缝插针迫不及待地询问：还需要多久？飞机怎么还不起飞？天气为什么这么热？宾馆还有多远？为什么不打的呢？

到了香港，根据时间的安排，我们下午先去了海洋公园，此处几乎所有的游戏和场馆都需要排队，短则十五分钟长则半个多小时，而游戏一般都是几分钟最多半小时。天气炎热，你不停地抱怨，天气为什么这么热，我不想排队，我要插队，太没意思了，还要等多久啊，怎么还不开始，海洋馆以前都看过了真没意思，我要回宾馆！你在整个人群中用尽一切办法要回去，哪怕你根本就不知道回去的路。那是香港，偌大的游乐场有上万人，转眼之间都可以把你丢失，更何况你还是个不满八岁的孩子。所有的孩子都欢天喜地，唯独你在不停地嚎哭，吵闹，抗争，嚷着天气炎热你要回宾馆。爸爸好话说了几箩筐，古今中外的故事讲得嗓子都哑了你仍不配合，逼得爸爸只好动用专制政策把你押解到游乐场。

第二天你在迪斯尼又故伎重演，看了没几个项目你就觉得不好玩了，要回家，你不能忍耐一点点的炎热、一点点的饥饿和一点点的不适，没有一点点的配合意识，以自我为中心，不知道同去的还有你的老爸和姐姐。

同去的姐姐，虽然长你两岁，因为是第一次坐飞机，第一次看海洋公园，第一次去迪斯尼，第一次坐过山车，什么都是新鲜的，所以尽管和你一样感到天气炎热，在慢慢长队中等待，但仍然充满乐趣，欢天喜地，一路上没有一句怨言！

在迪斯尼有一个项目是值得回味的。在几乎所有精彩的节目和游戏都需要等待时，只有游园的小火车整点出发不需要等待。但结果小火车上的人寥寥无几，整个旅途也乏味无趣。

孩子，你必须先干完必须干的，才能干自己喜欢干的，你必须先等待后游乐，你必须先写完作业才能去玩，如果你先玩要而后再去写作业，你将发现生活变得异常痛苦。

孩子，请你耐心点，好东西值得等待，唾手可得的东西一文不值，就像小火车之旅。

不需要等待的东西，一定没有什么价值。上帝很公平，得之太易必不珍惜，延迟你的满足感，你将得到更多的快乐。

香港海洋公园，爸爸是2007年元旦，34岁时才第一次看到这么好玩的东西，叹为观止。各种游乐的设施都是第一次游玩，个中奇异鱼类，美丽的水母馆，海豹、海象，北极馆，企鹅馆，过山车，在山顶上看大海，就像刘姥姥进大观园一样，流连忘返。去香港的时候不知道香港的物价有多贵，同去的朋友甚至背着方便面，住低档的小旅馆，在路边小店吃一碗三十五港币的云吞面都咂舌。爸爸童年里偶尔也在黑白电视里见过唐老鸭和米老鼠，但从未有想过去迪斯尼吃麦当劳，更不要说吃鲍鱼了。

这次爸爸陪你来也是第一次看迪斯尼，好有兴趣啊，怀着一颗不老的童心，沉醉其间，乐此不彼。不仅游玩得高兴，还仔细观察商业图书上描写迪斯尼的营销策略，以及如何做延伸产品，如何做服务，请你用心地陪爸爸玩一次好吗?

爸爸每每想起你现在所拥有的一切都觉得无比的幸福，比我小时候好多了。

这一路上你哭闹不休，带你比带一个连还累！即使爸爸下了最后的通牒，如果你仍不顾别人吵闹不休——你将得不到一件迪斯尼的礼物。游园在你的痛苦中结束，你的姐姐挑了几件满意的礼物，而你只能空手而回。这时候我能感觉到你开始后悔、沮丧、失落，当我们最后即将走出迪斯尼坐上返程车的时候，你开始绝望爆发，用歇斯底里的疯狂哭闹、撒泼打滚儿要求爸爸回去给你买礼物。

但一切都晚了！

其实，一切都不晚！——只不过你需要为自己的错误买单，今天的惩罚可能仅仅是没有得到你想要的礼物，但如果你犯错误一直心存侥幸而得不到应有的惩罚，那在你以后的成长岁月中，你将会付出更大的代价。

爸爸一直遵循富养姑娘穷养儿的教诲，如今开始怀疑了，你得到的太多太快，幸福的燃点也越来越高，以至于爸爸燃烧了所有的爱都很难点燃你的快乐。那么，这世界未来还有谁肯如此付出博你一笑呢？未来还有什么能令你感受到幸福呢？！

孩子，请你安静一下!

孩子，从花开到花落，从春到秋收获果实，都需要等待和忍耐。

孩子，不要活在自己的世界里，要求世界来配合你，这个世界不是以你为中心的，不会有人无条件地配合你。你不是世界的主宰，固然，只有偏执狂才能成功，但偏执需要成功做注脚，否则偏执和神经错乱没有区别。

你不是世界的主人，你充其量是自己的主人，有时候你甚至连自己的主人也不是。

天气溽热不会因你的抱怨而变得凉爽，迪斯尼也不会因为你的到来而只为你开放，飞机不会因你的急迫而提前起飞，即使最爱你的爸爸妈妈，也不会因你的嚎哭而对你百依百顺。世界总有那么多不如意，不听从你的命令，你要抗拒它你就得瞪大眼睛看到一个真实的结果——原来你不是世界的中心，也不是家庭的中心，一切地位都需要你自己耐心地树立奠定。如果你要改变它，你就要慢慢地等待和忍耐，等待自己的强大和学会接受不可能改变的事实，比如溽热难耐的天气。

如果你无视规则去插队，当你还是个孩子时人们会原谅你的无知，当你是个成人时世界自有一套规则来惩罚你。

你什么时候开始用对话而不是对抗，用倾听而不是嚎哭，用交流而不是撒泼，你就长大了。哭是孩子的专利，哭也是成长的必由之路，只有你慢慢发现哭解决不了问题，你才会学着面对、妥协、合作、接受，从你小小的自我里走出来。

孩子，请收起你的眼泪，这个世界不相信眼泪，眼泪的代名词是弱者!除了你的爸爸妈妈一时犯浑，会同情你哭泣的把戏妥协投降以外，再不会有人相信你的眼泪，不仅莫斯科不相信眼泪，整个世界都不相信眼泪。

爸爸童年的暑假，是在酷暑下去棉花地里捉虫子，在溽热难耐、密不透风的玉米地里撒肥料，或者去割草放羊，不仅单调乏味而且没有精彩的游戏在前面等待，所有避暑的工具只有一顶破草帽。空调是不曾听说过的，也没有冰激凌和冰镇的可口可乐，这样的生活换做你简直是酷刑。偶尔偷偷跑出去捉几只知了都会高兴一天，实在没有好玩的游戏只好去捅马蜂窝或掏鸟窝。倘若这时有迪斯尼，爸爸肯定不会选择去玩这么危险的游戏。

而现在你只是在炎热的夏日排队，还是为了去看精彩的表演和狂飙过山车，或者等待和你心爱的米妮、小熊维尼等合影，为这么美妙的事等待片刻你都难以容忍，若干年之后，你或许对痛苦场景的记忆，却是在迪斯尼乐园里排队看演出的一幕，那将是多么的荒诞！

现在你不耐心地等待，你仅仅失去一场好玩的游戏，一场精彩的演出，一次与偶像的合影，一段快乐之旅，这些都无关紧要。长大后，你将不得不面对很多很多枯燥无奈的等待，你都得忍耐，而且不是为了等待一场精彩的演出或者一场刺激的游戏，而是等待一次求职面试，等待一个重要的客户，等待白马王子的出现，等待某个高人的指点。像三顾茅庐、程门立雪一样，你都需要耐心。虽然你有权利选择拂袖而去，但你没有力量挥手而别，不等待面试你将失去体面的工作，不等待客户你将失去生意，不等待高人的指点你会失去立足的机会，不等待白马王子你将失去爱情，最终有可能找个蹩脚的丈夫毁灭你的一生。

你不等待，你不耐心，行吗？

孩子，收起你的眼泪，请你耐心点！

爸爸于2012年8月

请谁喝喜酒?

四十不惑，又添一女，再为人父，总是要喝杯酒的，然而请谁喝酒成了问题。

中国人注重长幼有序尊卑有别，比如结婚自古就有正室偏房、嫡出庶出、长子幼子的分别。头婚长子自有不必说的隆重，到了再婚，或次子次女的时候大摆酒席，则多少显得不符旧制。遵循这样的传统，二女儿的宴还是低调办为好，小范围的请大家小酌一杯也就算了。

然而亲友似乎要掀起颠覆传统的革命，一拨拨地询问或来家里探望初生的孩子，似乎谁来晚了就显得远了，这让人不得不被这热情友好的情谊感染，无论如何要请大家吃杯喜酒。

于是问了黄道吉日，准备摆几桌回馈一下她各路叔叔阿姨，三姑六婆的关切。打开电话簿，一个个的对照，忽然发现这事已经上升为一个严肃的人际问题。从一个人的私事变成了一个人的公事，是一次人际关系的检验和界定，到最后成了你和谁好，谁和你是个圈子的问题，是个划线问题，这问题一时大了。

首先是请谁？总不能把电话本里一千多个人都通知一遍，那么就涉及一个请谁不请谁的纠结问题。

其实每个人的电话簿里即使不分组也隐藏一个不被人知的秘密，谁是你的至亲好友？就像你买房要借钱第一个想起打电话的是谁？你落魄无奈、失恋失意、痛不欲生时你会想起谁？同样你添丁进口、锦上添花时你会想起谁？

父母兄弟姊妹自不必说，你每天都在他们的关切之下过活，无论你是谁他们都是你打断骨头连着筋的人。血脉相连，你风光他们也不阿谀你，你落魄他

我们一家四口

们也不睥睨你，你生个孩子他们跟着升级，一般升级到2.0版都是要付费的，那么喜酒也一定是要喝的。

其他人呢？

一个人再风光，官做得再大，财富积累得再多，掏心掏肺的知己也就那么三两个，这些人或近在咫尺或远在天涯，请不请，来不来，都无所谓，不会为一顿酒，多一面，少一面，情谊就厚一尺，或薄一寸。当然如果方便你不请他们也会赶着来。

其次就是朋友，朋友又有老朋友和新朋友。老朋友多是年轻时一起走过来彼此结婚生子都保持着常年的往来，一年总要喝几场大酒，比如高中的同学，这帮人一个锅里耍勺儿，一个碗里喝粥，不分彼此你我，不论有钱没钱，二十多年前就已经铁定了那么几个人雷打不动生死不弃，你进号子里了会第一时间给你送烧鸡的人，所以这些是必须请的。你不请他也要来，这时候谁有个事就是添个喝酒的噱头。

大学的同学就不必请了，他们已经不像十多年前结婚一样，闲着无聊是来起哄的主力军，那帮爷们现在都散落各处一个个忙得像孙子一样，不是你请不请来不来的问题，而是你是否知会了他们，咱们又有个下一代。

还有不同时期不同圈子的核心朋友也都会赶着来，他们名义上为了看新生的孩子一面，实则是为了和孩子的爸爸妈妈，叙叙旧，聊聊天，探讨一下再为人父人母的经验和感受，顺便扯扯人生。

反倒是有些不新不老、不咸不淡、不远不近的朋友最难斟酌，你是否邀请他们来喝酒。有些朋友一时玩得很好，因为各自的发展或脾气不投已渐行渐远，久疏联系，虽然当年也把酒言欢礼尚往来，但此时突兀的通知他们喝酒好像是要去讨一份礼钱，于是斟酌再三还是免了吧。但恰恰是这些人最挑理儿，这帮人有张三有李四，叫了张三没叫李四，李四听说你请了张三，没请他，他心里酸酸的，与你顿生芥蒂，在心里也一刀把你划到朋友圈外。事后见了你理直气壮地说：怎么不请我喝酒！

暗示要来喝酒的人，赶快盛情相邀，把面子给足。对别人的好意最好笑纳，待到日后加倍地报答，别人给我们脸，我们一定要给别人长脸。

等到喝酒那天，一般有三种情况：

一、 被请而来，那是给面子，好好敬酒大口喝，下次他若再结N次婚生N个娃儿你都跑快些。

二、 请而不来，一般这种人少有，即使不来也会电话说：“哥们儿，抱歉，我出差了，礼我让谁捎去了。”对这种哥们儿，你大可说没事没事，回头再单独请你。电话没来，礼金也没来的，他多半一时忘了，你也忘了吧。

三、 不请自来。慕名而来，添喜添福的，一般不是十分熟识但是和某个朋友熟，由此及彼觉得哥们儿的哥们儿就是哥们儿，这哥们儿从此就被划入哥们儿的圈子，有事你得担着。

请人喝喜酒，到最后就是个场面。就像杜月笙说的：人就是三碗面，情面，体面，场面。来的人都是给面子，所以你要办得体面，到最后就是个热闹的场面。

既然请客就面临着收礼的问题，其实收礼就是透支未来，不但是物质还有精神和时间。别人今天给你付礼1000，你总不能十年后他孩子结婚你还付1000，十年里物价都上涨多少了，公开统计的CPI你也信，你丫好意思拿出手吗？所以，那时候你必须根据物价的涨幅和人情的涨幅适当增加码洋。所以冯仑说：存钱不如存人。

付多少礼金是门学问，在此不作讨论，总之各有规则。

窃以为请客喝酒是给别人添麻烦，给自己添麻烦，人在道上混迟早是要还的。本着不给自己添麻烦，不给别人添乱的原则，我觉得还是应该一切从简。然而生在这样的礼俗之下，难逃人间烟火，就像一个善于此道的朋友所说，礼尚往来是人之常情，一年里有些婚丧嫁娶的事也是朋友圈子聚会的理由。有了这堂而皇之的理由，我似乎应该给手机里一千多个电话都发出邀请——哎，哥们儿，我生了个孩子，给你一个聚会的理由。

请谁，不请谁，自己说。

谁说，谁不说，任他说。

2013年4月20日

后记

后记，就是主人宣讲完毕，帮闲上台来说点后知后觉的话。

记，识也。

诸君看到前百余篇洋洋洒洒30余万字，即是传辉之识、之感、之悟。感悟人人皆有，但大多是随性而来，随手而弃，不着文字。传辉是有文字癖的人，便签、烟盒、手机、登机牌，凡有空白处，皆可留文。经年累月，便有这份见识。集结起来，就成了书。

“太上立德，其次立功，其次立言。”新乡深藏中原腹地，生于斯，长于斯的传辉，对儒家这“三不朽”自不陌生。有书为证，立言算是达到标尺。再往前看，前方的立功、立德的标杆反倒变得可疑起来。若无有数的事功做铺陈、做陪练，若无《来时的路》章节中所记录的种种磨砺，何来立言以叙功？若没无数的顿渐双修的深省自息，若无《打叠得心下无事》《止语》中的种种精进领悟，何来立言以叙德？立德、立功、立言，本就是三位一体无可切割，所以，我与读者诸君都有些福气，我们看到的不单是传辉的语言，更是他的身言、心言。

或问，一言既出，已属过去，着笔一字，顿成故纸。一念映万相，何又执著此处——刘传辉之感之悟？这个刁钻的问题我很是挠头，准备问问传辉该怎么作答，传辉的电话来了——

这天是腊月二十四，扫舍宇、打埃尘的日子。他花了一上午的时间把书架上1500余本书，清扫出三分之一，多余出三分之一的空间。电话里的传辉为此很有一份惬意要与我分享。这种做减法的哲学，在本书的《2012年的阅读》中可以找到此惬意的出处。传辉对日本作家川畑伸子的《断离舍行法》极是推崇，他这样写道：“该书主要是说日常生活中如何把房间整理得清洁有序，如何使生活变得简单，从而使我们的思维变得有序。比如扔掉生活中不必要的东西，过期的衣物、书籍、信件、三个月以上不用的杂物……通过外在的简单构建内在的简单，智慧从此而生。”借清书、丢书来构建内在的简单，这不就是无数法师开导我们“借假修真”的一种法门吗？境界如幻，肉身是假，更何况一册书？到头来都是过河用的筏，过了河，谁还把筏背在身上？

看到藏书都被传辉这个好书之人丢得这么惨，我不禁悲从中来，《生命需要新高度》，早晚也会被传辉和诸君丢进垃圾箱，重化为一堆纸浆。

可就在这早与晚之间，我们均可借传辉的这本假书，来修炼我们每一个当下的真。过去确无可念，未来确无可惧，就在我一篇篇阅读本书的那一个个当下（当然已是过去了），心中少不了肃然起敬：传辉的自律自修、自我规划以及每日十功课的坚持，都是不同寻常之处，令我等寻常人汗颜。吁唏之余，不能仅羡慕他日日精进日胜一日的奋进；起敬之后，需知迷悟在我，发心即到。

记，刻度也。

我和传辉十五年前在北大认识。随后我们相距一宿之地（早期北京到新乡的火车时间），后缩短为午睡之距，因为通了高铁。即使不通高铁，十余年来我们之间，一直没体会到杜少陵“动如参与商”的悲情。用刘夫人王灿的话说，老刘每次见到老卢，都像过节一样欢喜。

去年我们先后进入四十不惑期。在老刘生日前，王灿背地里通知我，让我生日当天秘密潜入新乡，以神秘嘉宾面目出现，给老刘一个惊喜。我知道我已不可能穿戴成一个Showgirl从蛋糕中跳出来惊吓一次老刘，那就老老实实去买个生日礼物吧。时值亚马逊的电子阅读器Kindle在中国上市，毫无疑问，这正好对上了老刘手不释卷的胃口。

生日宴自然酒酣耳热，众宾客酩酊大醉尽兴欲归之时，老刘从后车厢抬出一箱子崭新的Kindle，众宾客人手一个！全然不顾此刻我这个被惊呆的老友（我千里背来的Kindle还在酒店房间未见光已死），老刘分明是得意地说，“好东西嘛，就是要和朋友们一起分享……”

买个礼物都要撞衫。这是为何？

盖因为，这十余年来，我们均以对方为刻度，来记录、注脚自己人生的轨迹。

当老刘借上一台桑塔纳带我去少林寺时，我还是初到帝都的一懵懂小书童。

当老刘开上自己的小POLO时，我在前崇文区东花市大街的某杂志闹出点小动静。

当老刘换上本田SUV时，我开始坐上开往朝阳门的拥挤2号线地铁，努力跻身次级CBD中。

当老刘再换成奥迪Q7时，我该怎么办？时任某杂志主编，至少得采访到丰田的董事长张富士夫才能追上他吧？

老刘感言：十余年我们不曾断掉联系，皆因我们都能以同样的速度携手成长。可兄弟你所不知道的是，要跟上你的排气量不掉队，是件多么辛苦的事。

我能给老刘的刻度，又会是什么呢？

我出第一本书时，老刘卖茶叶赚下第一桶金。

我出第二本书时，老刘把服装卖得风生水起。

老刘出第一本书时，我该去卖什么？去卖房子吗？不是那个命。大半年前，老刘搜箱倒柜把十余年攒下的各种文字全翻腾出来，不怀好意地邀请我当特约编辑时，我竟以诚惶诚恐的谦敬允诺下来。

可没有料到，我们向来引以为荣的刻度计，由此有了悲催的裂痕。

出书的进度远远落后于老刘的预期，而我从老刘多次以自责拖延来含沙射影我的拖延中，已深深知道，我无可挽回地沉沦在他的底线之下。结局是，他的下一本书，绝不会再请我当编辑，写后记了。

所以，在此要与诸君做最后道别了。弥留之际，我想起十五年前一个夜晚的话。

我和老刘、王灿等一行四人，在当初高大上的中国大饭店饮茶出来，时值深秋，夤夜风紧，第二天他们俩要回新乡了。

分别之际总得说点什么吧。老刘说："老卢，北方是一阵秋雨一阵凉，你要注意多加衣服。"哦，他记得我是一个南方人，一个从来没有在北方过个秋天以及比秋天更冷的冬天的南方人。这是一句温暖的话。许多次，我可以用来给自己打底、取暖。冷暖晃动之间，过去了十五个秋冬。

前两年在微博上，我曾深情地晒出这个桥段，并辅以我们俩重返未名湖畔的大头合照。80后的朋友们从"好基友，好基情"的角度纷纷点赞。对此我愿意以正能量的姿态积极感受基友之情，譬如黄庭坚寄友黄几复的"桃李春风一杯酒，江湖夜雨十年灯"两句，可以咏怀。

再譬如，弃捐勿复道，努力加餐饭，可为记。

卢劲

于2014年农历元宵